**Original-Prüfungsaufgaben mit Lösungen**

# Mathematik

Gymnasium Bayern
2013–2015

## CD-ROM

© 2015 by Stark Verlagsgesellschaft mbH & Co. KG
6. ergänzte Auflage
www.stark-verlag.de

Das Werk und alle seine Bestandteile sind urheberrechtlich geschützt. Jede vollständige oder teilweise Vervielfältigung, Verbreitung und Veröffentlichung bedarf der ausdrücklichen Genehmigung des Verlages.

# Inhalt

Vorwort
Stichwortverzeichnis

## Hinweise und Tipps zum Abitur

1 Ablauf der Prüfung .................................................................... I
2 Leistungsanforderungen und Bewertung ........................................ III
3 Methodische Hinweise und allgemeine Tipps zur schriftlichen Prüfung ...... IV
4 Hinweise zum CAS .................................................................. VI

## Übungsaufgaben zum Prüfungsteil A ohne Hilfsmittel

Übungsaufgabe 1 (Analysis, Stochastik, Geometrie) ............................. 1
Übungsaufgabe 2 (Analysis, Stochastik, Geometrie) ............................. 15
Übungsaufgabe 3 (Analysis, Stochastik, Geometrie) ............................. 26
Übungsaufgabe 4 (Analysis, Stochastik, Geometrie) ............................. 40

## Abiturprüfung 2013

Analysis I ................................................................... 2013-1
Analysis II .................................................................. 2013-20
Stochastik I ................................................................ 2013-38
Stochastik II ............................................................... 2013-47
Geometrie I ................................................................ 2013-56
Geometrie II ............................................................... 2013-66

## Abiturprüfung 2014

Prüfungsteil A Analysis – Aufgabengruppe 1 und 2 ......................... 2014-1
Prüfungsteil A Stochastik – Aufgabengruppe 1 und 2 ...................... 2014-13
Prüfungsteil A Geometrie – Aufgabengruppe 1 und 2 ...................... 2014-20
Prüfungsteil B Analysis – Aufgabengruppe 1 .............................. 2014-28
Prüfungsteil B Analysis – Aufgabengruppe 2 .............................. 2014-37
Prüfungsteil B Stochastik – Aufgabengruppe 1 ............................ 2014-47
Prüfungsteil B Stochastik – Aufgabengruppe 2 ............................ 2014-54
Prüfungsteil B Geometrie – Aufgabengruppe 1 ............................. 2014-60
Prüfungsteil B Geometrie – Aufgabengruppe 2 ............................. 2014-66

**Abiturprüfung 2015**

Prüfungsteil A Analysis – Aufgabengruppe 1 und 2 .......................... 2015-1
Prüfungsteil A Stochastik – Aufgabengruppe 1 und 2 ........................ 2015-10
Prüfungsteil A Geometrie – Aufgabengruppe 1 und 2 ........................ 2015-16
Prüfungsteil B Analysis – Aufgabengruppe 1 ................................. 2015-23
Prüfungsteil B Analysis – Aufgabengruppe 2 ................................. 2015-33
Prüfungsteil B Stochastik – Aufgabengruppe 1 ............................... 2015-44
Prüfungsteil B Stochastik – Aufgabengruppe 2 ............................... 2015-50
Prüfungsteil B Geometrie – Aufgabengruppe 1 ............................... 2015-56
Prüfungsteil B Geometrie – Aufgabengruppe 2 ............................... 2015-64

 **CD-ROM**

**Abiturprüfungen ohne CAS**
Jahrgang 2011
Jahrgang 2012

**Abiturprüfungen mit CAS**
Jahrgang 2012 (nur Analysis)
Jahrgang 2013
Jahrgang 2014 (nur Prüfungsteil B, da Prüfungsteil A im Buch)
Jahrgang 2015

Sitzen alle mathematischen Begriffe? Unter www.stark-verlag.de/ mathematik-glossar/ finden Sie ein **kostenloses Glossar** zum schnellen Nachschlagen aller wichtigen Definitionen mitsamt hilfreicher Abbildungen und Erläuterungen.

Jeweils zu Beginn des neuen Schuljahres erscheinen die neuen Ausgaben der Abiturprüfungsaufgaben mit Lösungen.

**Autoren:**
Sybille Reimann (Abituraufgaben ohne CAS, Übungsaufgaben)
Dr. Ewald Bichler (Abituraufgaben mit CAS)

# Vorwort

Liebe Schülerin, lieber Schüler,

für Sie ist Mathematik verbindlich als schriftliches Abiturfach vorgegeben. Ein Fach, auf das man sich durch konsequentes Üben optimal vorbereiten kann, wobei Sie dieser Band hervorragend unterstützt.

Seit dem **Schuljahr 2013/2014** gliedert sich die Abiturprüfung Mathematik in die beiden **Prüfungsteile A und B**. Jede Schülerin und jeder Schüler hat für die Abiturprüfung 2016 die individuelle Wahlmöglichkeit, den Prüfungsteil A mit oder ohne Hilfsmittel zu bearbeiten (siehe Hinweise zum Buch).

Das vorliegende Buch enthält:
- 4 Aufgaben im Stil der **Abiturprüfung ohne Hilfsmittel (Prüfungsteil A)**
- alle Aufgaben der **Abiturjahrgänge 2013 bis 2015**

Die CD enthält:
- alle Aufgaben der **Abiturjahrgänge 2011 und 2012 ohne CAS**
- **Analysisaufgaben I und II der CAS-Abiturprüfung 2012**
- **CAS-Abiturjahrgänge 2013 bis 2015**

*Hinweis für alle Nutzer eines CAS:* Die Stochastik- und Geometrieaufgaben (Sto I, II, Geo I, II) der CAS-Abiturprüfung 2012 und der „normalen" Abiturprüfung 2012 sind exakt dieselben. Da ein Einsatz eines CAS bei diesen Aufgaben nur bedingt möglich ist, finden Sie als CAS-Nutzer die entsprechenden Aufgaben auf CD beim Abitur ohne CAS. In den Lösungen auf der CD sind jeweils mehrere Screenshots des **TI-Nspire CX CAS** abgebildet (in den Analysisaufgaben des Jahrgangs 2012 zusätzlich Screenshots des ClassPad 330 von CASIO).

Anhand dieser Fülle von Aufgaben können Sie mit eigenverantwortlichem Üben die nötige Sicherheit erlangen und somit die „Schrecksekunden" am Prüfungstag minimieren.

Zu allen Aufgaben gibt es umfassende und **ausführliche Lösungen**.

Sie finden bei allen Aufgaben zunächst die Aufgabenstellung, die Sie versuchen sollten, allein und in der vorgegebenen Zeit zu lösen (siehe hierzu auch den Abschnitt „Hinweise und Tipps zum Zentralabitur"). Sollten Sie sich bei einer Teilaufgabe nicht sicher sein, was sich hinter der Aufgabenstellung verbirgt, oder aber den Einstieg in die Bearbeitung nicht finden, so können Sie die ✱ **Tipps und Hinweise** unmittelbar hinter der Angabe im Buch aufschlagen. Hier werden Sie an Dinge erinnert, die in dieser Teilaufgabe wichtig sind, und Sie werden auf rechnerische Schritte aufmerksam gemacht, die Sie zur Lösung benötigen. Sie sollten immer nur den obersten Tipp lesen, es dann wieder allein versuchen und nur im Bedarfsfall auf die weiteren Tipps – möglichst immer nur einen als Anregung zum Weiterdenken – zurückgreifen. Auf diese Weise gelingt es Ihnen, die Aufgabe weitgehend selbstständig zu bearbeiten und erst anschließend Ihre Lösung mit der vorgegebenen Lösung zu vergleichen.

In den Lösungstipps und in den Lösungen selbst finden Sie oft einen Hinweis auf die Merkhilfe, wenn sich auf dieser eine passende Formel befindet. Die Merkhilfe ist ein wesentlicher Bestandteil der zugelassenen Hilfsmittel und unterstützt Sie bei der Abiturvorbereitung. Sie sollten frühzeitig den Umgang mit ihr lernen.

Sollten nach Erscheinen dieses Bandes noch wichtige Änderungen in der Abitur-Prüfung 2016 vom Kultusministerium bekannt gegeben werden, finden Sie aktuelle Informationen dazu im Internet unter:
www.stark-verlag.de/pruefung-aktuell

So vorbereitet kann Ihr Abitur in Mathematik nur ein Erfolg werden!

Sybille Reimann

Dr. Ewald Bichler

Lust auf gemeinsames Lernen im Team? Dann ist ein STARKplus-Kurs genau das Richtige für Sie: Unter Anleitung erfahrener Tutoren wiederholen und üben Sie systematisch den gesamten prüfungsrelevanten Mathematikstoff.
Alle Infos zu den Kursorten und -terminen unter www.stark-plus.de.

# Stichwortverzeichnis

*Das Verzeichnis gliedert sich in die drei Themenbereiche Analysis, Stochastik und Geometrie.*
*Folgende Abkürzungen wurden zur Kennzeichnung der einzelnen Aufgaben gewählt:*

Ü1 1b          Übungsaufgabe **1**, Aufgabe **1b**

*Jahrgang 13:*
13 I T2 1b      Abiturprüfung **2013**, Aufgabengruppe **I**, Teil **2**, Aufgabe **1b**

*Jahrgänge 14 und 15:*
14 A2 3c       Abiturprüfung **2014**, Prüfungsteil **A**, Aufgabengruppe **2**, Aufgabe **3c**

## Analysis

| | |
|---|---|
| Ableitung | Ü1 2; Ü2 1b; Ü4 2; 13 I T1 1b, T2 1b; 13 II T1 2, T2 1b; 14 A1 1, 2, 3b; 14 A2 2, 4; 14 B1 1b, 3b; 14 B2 1b; 15 A1 5a; 15 A2 1b, 4; 15 B1 2a; 15 B2 1ab |
| • Kettenregel | Ü1 2; Ü4 2; 13 I T1 1b, T2 1b; Ü1 2; 14 A1 3b; 14 B1 1b; 15 A2 1b, 4 |
| • Produktregel | 13 I T2 1b; 13 II T1 2; 14 A1 2; 14 A2 2, 4; 15 A2 4 |
| • Quotientenregel | Ü2 1b; 13 II T2 1b; 14 A1 1; 14 B2 1b; 15 B1 2a |
| Ablesen aus gegebenem Graphen | 13 I T1 4, T2 3ac; 13 II T2 3c; 14 B2 2e; 15 B2 3b |
| Änderungsrate | 13 I T2 1c |
| Asymptote | |
| • schiefe/schräge | Ü1 1c; 13 II T2 1a |
| • senkrechte | Ü1 1c; 13 II T2 1a; 14 B2 1a; 15 B1 1b |
| • waagerechte | 14 B2 1a; 15 A2 3b; 15 B1 1b |
| Begründung von Eigenschaften | Ü4 1; 13 I T2 2c, 3b; 14 B1 3c; 14 B2 2bc; 15 B1 2b |
| Beispiel wählen | 13 I T1 2, T2 2b |
| Berührung | |
| • Graph mit x-Achse | Ü3 3; Ü4 1b |

| | |
|---|---|
| Beschreibung eines Graphen | 13 II T2 3b; 14 A1 4a; 14 A2 5a |
| Beschreibung eines Lösungswegs | 13 I T2 3c; 14 B2 2e |
| Definitionsbereich | Ü1 1a; Ü2 1a; Ü4 4ac; 13 I T1 1a; 13 II T1 1; 14 B1 1be; 14 B2 1a; 15 A1 1a, 3b; 15 A2 1a |
| Deutung einer Eigenschaft | 14 A2 3 |
| Deutung eines Ergebnisses | 13 I T2 1d; 13 II T2 3ab; 14 B1 1b; 15 B1 3c; 15 B2 3ac |
| Deutung eines Graphen | 13 I T2 3b; 14 A2 3; 15 A1 2a |
| Extrempunkte/-stellen | Ü2 2; Ü3 3; 12 I T1 2a, 4; 12 II T2 1b, 2a; 13 I T2 1b, 2a; 13 II T2 1b; 14 A1 1, 4b; 14 A2 4, 5b; 15 B1 1c; 15 B2 1b |
| Extremwertaufgabe | 13 I T2 3c; 14 A2 4 |
| Flächenbilanz | 13 I T1 4; 13 II T2 2b |
| Flächeninhalt | |
| • abschätzen | 13 I T1 4; 15 B1 2c |
| • berechnen | 13 I T2 1de, 2c; 13 II T2 2b; 14 B1 3a; 14 B2 1e; 15 B2 1d |
| Funktion | |
| • cos | Ü2 4; Ü4 4 |
| • exponential | Ü1 2; Ü2 3; Ü3 2; 13 I T2; 13 II T1 3; 14 A1 2; 14 A2 2; 15 A1 3c; 15 A2 4; 15 B1 2 |
| • ganzrational (siehe Polynom) | Ü4 1; 15 A1 1, 2, 5; 15 A2 2; 15 B1 1c; 15 B2 1, 2 |
| • gebrochen | 14 A1 1; 15 B1 2 |
| • gebrochen-rational | Ü1 1; Ü2 1, 4; Ü3 2; Ü4 3; 13 II T2; 14 B2; 15 A2 3b; 15 B1 1, 3 |
| • Logarithmus | Ü1 2; Ü3 4; Ü4 4; 13 II T1 1; 14 A1 1; 14 A2 4; 15 A1 1; 15 A2 1 |
| • Polynom | Ü3 2, 3; Ü4 1; 14 B1 2 |
| • sin | Ü1 3; Ü4 2; 13 II T1 2; 14 A1 3; 14 A2 1; 15 A1 3a; 15 B2 3 |
| • Wurzel | Ü3 2; 13 I T1 1; 14 B1; 15 A1 3b; 15 A2 3a |
| Funktionsterm | |
| • aus Eigenschaften ermitteln | Ü3 3; 15 A2 3ab |
| • aus Grafik ermitteln | Ü4 1 |
| Funktionswerte (pos/neg) | Ü2 1b; Ü4 3; 13 II T1 4, T2 3a; 14 B1 1ad; 14 B2 2a |
| Gerade | 13 I T2 1e; 15 B2 1c |
| Gleichung lösen/umformen/ verifizieren | Ü2 3; Ü3 4; Ü4 3, 4; 13 I T1 3, T2 1de; 13 II T2 2b; 14 B2 2de; 15 B1 3a |
| grafische Darstellung | 13 I T1 4, T2 2c, 3a; 13 II T1 3, 4, T2 1a, 2b; 14 A1 4b; 14 A2 5b; 14 B1 1d, 2b; 14 B2 1c; 15 A1 2a; 15 B1 1d, 2c; 15 B2 1c, 3d |

| | |
|---|---|
| grafische Lösung | Ü1 3b; 13 I T1 4 |
| Grenzwert für | |
| • x → a | Ü1 1b; 13 II T1 1 |
| • x → ±∞ | Ü1 1b; 13 I T2 1ad, 2a; 13 II T1 1; 14 B1 1ab; 14 B2 1g; 15 B1 2a; 15 B2 2b |
| Integral | |
| • bestimmtes | 13 I T2 1de; 13 II T2 2b; 14 B1 3a; 14 B2 1e; 15 A1 2b; 15 B1 3c; 15 B2 1d, 3c |
| Integralfunktion | 13 I T1 4; 13 II T1 4; 15 B1 2bc |
| Integration | Ü2 4 |
| • von $\frac{f'(x)}{f(x)}$ | Ü2 4; 15 B1 3c |
| • von $f(ax+b)$ | 15 B1 3c; 15 B2 3c |
| Krümmungsverhalten | Ü4 1b; 13 II T1 2; 15 B1 2b |
| Modellierung | 13 I T2 3; 13 II T2 3; 14 B1 3; 14 B2 2; 15 B1 3; 15 B2 3 |
| Monotonieeigenschaften | Ü4 1c; 13 I T2 1b, 3c; 13 II T2 1b; 14 A1 1; 14 B1 1c; 14 B2 1b; 15 B1 1c, 2b |
| Näherungswert | 13 I T1 4, T2 3c; 13 II T1 3, T2 3c; 15 B1 2c, 3bc |
| Newton-Verfahren | 13 II T1 3; 15 A1 4 |
| Nullstellen | Ü2 2; Ü3 2; Ü4 1a; 13 I T1 1a, T2 2b; 14 A1 2; 14 A2 2; 14 B2 1a; 15 A1 1b, 3a; 15 A2 1b, 3b; 15 B1 1c, 2c |
| Parabel | 15 A1 2a; 15 B1 1c |
| Parameter | |
| • Bestimmung von | 14 A1 3; 14 B2 1f; 15 A1 3ab; 15 A2 4; 15 B2 1a, 3e |
| Polstelle | 15 A2 3b |
| prozentuale Abweichung | 13 I T2 1c |
| Punkt auf Gerade | 15 A1 5a; 15 A2 2a |
| Scheitel | 14 B1 2b |
| Schnittpunkte | |
| • m. d. Koordinatenachsen | 13 II T1 1; 14 B1 1a; 15 B1 1b |
| • zweier Graphen/Kurven | Ü4 3; 13 I T2 1e; 13 II T1 3, T2 1a; 14 B1 2a |
| Spiegelung | |
| • an x-Achse | 13 II T1 3 |
| Stammfunktion | Ü2 2, 4; 13 I T2 1d; 13 II T2 2b; 14 A1 2, 4a; 14 A2 2, 5a; 15 A1 2b |
| Steigung | 14 B1 2b |
| Symmetrie | |
| • bez. Ursprung | 13 I T2 1a; 13 II T2 2a; 14 B2 1a |
| • bez. y-Achse | 15 A1 2a |

| | |
|---|---|
| Tangente | Ü2 1b; Ü4 2; 12 I T1 4, T2 1d; 12 II T1 3b; 13 I T1 1b; 14 B1 3b; 15 A2 1b |
| Umformung | 14 B2 2d; 15 B1 1a |
| Umkehrfunktion | Ü4 4; 12 I T2 1f; 14 B1 1e; 14 B2 1d |
| Ungleichung | 13 II T2 3c |
| Verhältnis von Flächen | 15 B2 1d |
| Verschiebung/Streckung/ Spiegelung von Graphen | Ü1 3a; Ü2 2a; Ü3 1; Ü4 4; 13 I T2 2, 3; 13 II T1 3, T2 2a; 14 A1 3a; 14 A2 1abc; 15 A1 3c, 5b; 15 A2 2b; 15 B1 3b |
| Wachstumsrate | 15 B1 3 |
| Wendepunkt | 14 A1 4b; 14 A2 3, 5b; 15 A1 5a; 15 A2 2a; 15 B2 1a |
| Wertemenge | Ü4 4ac; 13 I T1 2; 14 A1 3b; 14 B1 1c; 15 A1 3c; 15 A2 1a |
| Winkelberechnung | 14 B1 3b; 14 B2 1b |
| Zuordnung Term–Graph | Ü2 2; Ü4 1; 15 B2 2a |
| Zusammenhang von | |
| • Graphen | Ü1 3; Ü3 1; 15 B1 1c |
| • Funktion und Ableitungsfunktion | Ü1 2; Ü2 2; Ü4 1c |
| • Funktion und Integralfunktion | 13 I T1 4 |
| • Funktion und Stammfunktion | 14 A1 4; 14 A2 5 |

**Stochastik**

| | |
|---|---|
| Abhängigkeit/Unabhängigkeit | |
| • von Ereignissen | Ü1 1a; Ü2 1c; Ü3 2bc; 14 A2 2bc; 14 B1 1c |
| Ablehnungs-/Annahmebereich | 14 B1 2a; 15 B1 2a |
| Ablesen von Werten | Ü4 1; 13 I 1abc; 14 B1 1abc, 2b; 15 A2 2a; 15 B2 1bc |
| Abschätzung | 14 A1 3; 14 B1 3 |
| absolute Häufigkeit | Ü4 1b; |
| Additionssatz | Ü1 1a; 12 II 1b |
| Anzahl von Möglichkeiten | 14 A1 1a; 14 A2 1a; 15 A1 2ab |
| Baumdiagramm | Ü1 3b; Ü2 1a; Ü3 2; 13 I 2b; 14 A1 1; 14 A2 1, 2; 15 B1 1a |
| Begründung v. Eigenschaft/Term | Ü2 2; Ü4 1c; 13 II 2b; 14 B1 1d; 14 B2 1a; 15 A1 1b |
| Bernoulli-Kette/Binomialverteilung | |
| • mit genau k Treffern | 13 I 1a; 13 II 1c; 14 B1 2b; 15 A1 1a; 15 A2 1ab |
| • mit höchstens k Treffern | 14 B1 1d, 2a |

| | |
|---|---|
| • mit mehr als k Treffern | 13 I 1b; 13 II 2a |
| • mit mind. k Treffern | 14 A1 2 |
| • mit mind. k und höchstens m Treffern | 15 B2 2a |
| • mit unbekannter Länge n und mind. 1 Treffer | 13 I 1c; 14 B2 1c; 15 B1 1d |
| Beschreibung eines Ereignisses | Ü1 2; 12 II 1b, 4b; 13 I 2a; 14 A1 2; 15 A2 1b |
| Entscheidungsregel | siehe Ablehnungs-/Annahmebereich |
| Ergebnisraum | 14 A1 1a; 14 A2 1a |
| Erwartungswert | Ü2 2; 13 I 2c, 3b; 13 II 3bc; 14 A1 3; 14 B2 2bc; 15 A2 2a; 15 B1 1b; 15 B2 3 |
| Gegenereignis | Ü4 2; 14 A1 1b; 14 A2 1b, 2a |
| Graph einer Binomialverteilung | Ü2 2 |
| Interpretation | |
| • eines Ergebnisses | 14 B2 2b |
| • stochastischer Zusammenhänge | Ü4 1c; 13 I 2b; 13 II 1b; 15 B1 2b |
| Mengenschreibweise | Ü1 1; 13 I 2a; 15 B2 1a |
| Nullhypothese | 13 II 2a; 15 B1 2 |
| Pfadregeln | Ü1 3b; Ü3 1abc; Ü3 2b; Ü4 1a, 2; 13 I 2bc; 13 II 1a; 14 A1 1b; 14 A2 1b, 2b |
| Reingewinn (Handelsspanne) | 13 I 3; 14 B2 2c; 15 B2 3 |
| relative Häufigkeit | Ü4 1b; |
| Säulendiagramm | 13 II 3 |
| Signifikanztest | 13 II 2a; 15 B1 2 |
| Simulation | 15 A1 1b |
| Stellungnahme | Ü4 1c |
| Summe von Zufallsgrößen | 15 A2 2b |
| Umformungen bei Mengen | Ü1 1ab; 13 I 2a; 15 B2 1ac |
| Varianz | 13 II 3bc |
| Vierfeldertafel | Ü1 3a; Ü2 1a; Ü4 2; 13 II 1a; 15 B2 1c |
| Verteilungsfunktion | siehe Wahrscheinlichkeitsfunktion/-verteilung |
| Wahrscheinlichkeit | |
| • bedingte | Ü4 1c; 13 I 2b; 13 II 1ab; 14 B1 1b; 15 B2 1bc |
| • Berechnung | Ü1 1ab; Ü2 1bc; Ü3 1abc, 2ac; Ü4 1abc, 2; 13 I 1ab, 2bc, 3a; 13 II 1ab, 3a; 14 A1 1b; 14 A2 1b, 2c; 14 B1 1abc, 2b, 3; 14 B2 1b, 2ab; 15 A1 1a; 15 A2 2b; 15 B1 1ac |
| • Laplace | Ü4 1b; 13 I 3a; 14 A1 1b; 14 A2 1b; 14 B1 1abc, 2b, 3; 14 B2 1ab, 2ab; 15 A2 1 |
| Wahrscheinlichkeitsfunktion/ -verteilung | 13 II 3abc; 14 A1 3; 14 B2 2c |

Ziehen
- mit Zurücklegen          siehe Bernoulli-Kette
- ohne Zurücklegen       Ü1 2; 13 I 3a; 13 II 3a; 15 B2 2b

## Geometrie

| | |
|---|---|
| Ablesen | |
| • von Koordinaten | 13 I a; 13 II 1a; 14 A1 1; 15 A2 2b |
| Abstand | |
| • Ebene/Ebene | Ü1 2b; Ü4 c |
| • paralleler Geraden | 14 B2 c |
| • Punkt/Ebene | Ü1 2b; Ü2 d; 13 II 1c; 14 A1 2b; 14 A2 2b |
| ähnliche Dreiecke | 13 II 1c |
| Begründung einer geometrischen Eigenschaft | 14 B1 b; 14 B2 ce; 15 B2 e |
| Berührung Ebene/Kugel | Ü1 2a; 14 A2 2b |
| Berührung Gerade/Kugel | 13 I h |
| Beschreibung eines Rechenweges | 13 I h |
| Darstellung, räumlich | 15 A2 2; 15 B1 a |
| Dreieck | Ü3 2a |
| • gleichschenklig | Ü2 a |
| • rechtwinklig | 13 II 1c; 14 A1 1b |
| Durchmesser | Ü1 2a; 14 A2 2a |
| Ebenengleichung | |
| • Normalenform | Ü1 1a, 2a; Ü4 b; 13 I bd; 13 II 1b; 14 B1 d; 14 B2 e; 15 B2 a |
| • Parameterform | Ü1 1d |
| Einheitsvektor | 13 I g; 13 II 2c; 14 B2 d |
| Entfernung | 13 II 2bc; 14 A1 1a; 14 B2 c; 15 A1 1a; 15 A2 1a |
| Erläuterung einer Formel | 13 I e |
| Flächeninhalt | |
| • eines Dreiecks | 13 II 1d; 14 B1 a |
| • eines Rechtecks | 14 B2 a |
| Geradengleichung | Ü3 2b; Ü4 d; 13 I g; 14 B1 b; 15 A2 2b; 15 B2 d |
| Gerade in Ebene | Ü1 1c; 14 B1 d; 15 B1 ac |
| Höhe | |
| • eines Dreiecks | Ü3 2a |
| • einer Pyramide | 15 A1 2b; 15 A2 2a |
| Interpretation eines Ergebnisses | Ü3 1b; 13 II 1e |
| Koordinatenebene | 13 I c; 13 II 1ae; 15 B2 d |
| Kreis | 15 B1 1cde |

| | |
|---|---|
| Kugel | Ü1 2a; 13 I h; 14 A1 2b; 14 A2 2 |
| Lage | |
| • Ebene/Gerade | 14 B2 c; 15 B1 a |
| • einer Ebene | Ü2 c; 14 A1 2a; 15 B1 a |
| • eines Punktes | 15 B2 d |
| Länge | Ü1 2b; Ü2 a; Ü3 2b; 13 I ag; 14 A1 1a; 14 A2 2b; 14 B2 cd; 15 A1 1a, 2b; 15 A2 1a; 15 B1 cde; 15 B2 c |
| Lotgerade | 13 II 1c; 14 B1 d; 15 B1 c |
| Maßstab | 13 I; 13 II 1; 14 B2 ad; 15 B1 e; 15 B2 c |
| Mittelpunkt einer Strecke | 13 I g; 13 II 1cd; 14 A1 1b; 15 B2 ae |
| Normalenvektor | 13 I bd; 13 II 1b; 14 B1 d; 15 B1 bc |
| Orthogonalität | |
| • bei Gerade/Ebene | Ü4 d; 15 B2 c |
| • bei Vektor/Vektor | Ü3 2a; 13 I a; 14 B2 cd; 15 A1 2a |
| Parallelität | |
| • von Ebenen | Ü1 2a; Ü4 b; 13 I d |
| • von Geraden | 15 B1 d |
| • von Gerade/Ebene | Ü1 1b |
| Parallelogramm | 15 A1 1b; 15 A2 1b |
| Parameterbestimmung | Ü1 1ab; 14 A1 1b; 14 A2 1b; 14 B2 d |
| Prisma | 13 I; 14 A1 1 |
| Projektion | |
| • eines Punktes | 13 II 1ac |
| Punkt | |
| • auf einer Geraden | Ü1 2a; Ü3 2a; 13 I g; 13 II 2bc; 15 A1 1a; 15 A2 1a |
| • in einer Ebene | Ü4 a |
| • im Koordinatensystem | 13 I a; 13 II 1a |
| Pyramide | 13 II 1; 15 A1 2; 15 A2 2 |
| Pythagoras | 13 II 1cd |
| Quader | 14 A2 1 |
| Quadrat | 13 I a; 13 II 1a |
| Radius | 15 B1 c |
| Raute | Ü2 b |
| Rechteck | 13 I e; 13 II 2c; 15 A1 2a; 15 B2 a |
| Richtungsvektor | 13 I b; 13 II 1bc |
| Schnitt | |
| • von Gerade/Ebene | Ü4 e; 13 II 1c; 14 B1 b; 14 B2 f; 15 B1 a; 15 B2 d |
| • von Gerade/Gerade | Ü3 2b; 13 II 2a; 15 B1 c |
| • von Kugel/Ebene | 14 A1 2b |

| | |
|---|---|
| Skalarprodukt | Ü1 1b; Ü3 2a; 13 I a; 14 A1 1b; 14 A2 1a; 15 A1 2a |
| Spat | 13 I |
| Spiegelpunkt | 14 B1 c |
| Strahlensatz | 13 II 1d |
| Symmetrie | 14 B1 c |
| **U**mfang eines Kreises | 15 B1 e |
| Umkreis | 13 II 2c |
| Umwandlung Ebene Normalenform in Parameterform | Ü1 1d |
| Umwandlung Spat in Quader | 13 I e |
| **V**ektorkette | Ü3 1a |
| Vektorprodukt | 13 I b; 13 II 1b; 14 B1 ad; 14 B2 a; 15 B1 c; 15 B2 a |
| Volumen | |
| • eines Prismas | 13 I e |
| • einer Pyramide | 13 II 1a; 15 A1 2b |
| • eines Quaders | 14 A2 1b |
| • eines Spats | 13 I ef |
| • eines Würfels | 15 A2 2a |
| **W**inkel | |
| • zwischen Ebene/Ebene | 13 I c; 13 II 1e; 15 B2 b |
| • zwischen Gerade/Ebene | 15 B1 b |
| • zwischen Vektor/Vektor | 14 B1 e; 14 B2 b |
| **z**entrische Streckung | 15 A2 2a |

# Hinweise und Tipps zum Zentralabitur

## 1 Ablauf der Prüfung

**Die zentrale schriftliche Abiturprüfung**
Die Aufgaben werden im Auftrag des Bayerischen Staatsministeriums für Unterricht und Kultus von einer Fachkommission zusammengestellt, die dabei Aufgaben verwendet, die von Fachlehrern erstellt wurden. Die verbindlichen curricularen Vorgaben (siehe auch www.isb.bayern.de), nach denen in den Jahrgangsstufen 11 und 12 der Qualifikationsphase unterrichtet wird, bestimmen Inhalte und Anforderungen der Abituraufgaben.

**Prüfungsvarianten**
Seit dem Schuljahr 2011/2012 wird in Bayern neben der „normalen" Abiturprüfung für alle Schulen auch eine CAS-Abiturprüfung angeboten. Jedes Gymnasium kann entscheiden, ob es ab der Jahrgangsstufe 10 Klassen oder Kurse einrichtet, die mit CAS arbeiten. Selbst wenn Sie in einer CAS-Klasse sind, können Sie ein paar Monate vor der Abiturprüfung selbst entscheiden, ob Sie die „normale" Abiturprüfung oder die CAS-Abiturprüfung schreiben möchten.

**Aufbau der Prüfungsaufgaben**
Seit dem Schuljahr 2013/2014 gliedert sich die Abiturprüfung Mathematik in die beiden **Prüfungsteile A und B**. Jede Schülerin und jeder Schüler hat für die „normalen" Abiturprüfung 2016 die individuelle Wahlmöglichkeit, den Prüfungsteil A mit oder ohne Hilfsmittel zu bearbeiten und sich somit vorab für eine der beiden folgenden Varianten zu entscheiden:

*Variante 1*: Schülerinnen und Schüler, die den Prüfungsteil A **ohne Hilfsmittel** bearbeiten möchten, erhalten als Prüfungszeit – wie länderübergreifend vorgesehen – **270 Minuten** (davon 90 Minuten für den Prüfungsteil A) und damit 30 Minuten mehr Zeit. Nach den ersten 90 Minuten wird eine **Pause** von zusätzlichen **15 Minuten** eingelegt, in der der Prüfungsteil A eingesammelt und der Prüfungsteil B sowie die im Prüfungsteil B zugelassenen Hilfsmittel ausgeteilt werden.

*Variante 2*: Schülerinnen und Schüler, die im Prüfungsteil A **nicht auf die zugelassenen Hilfsmittel verzichten möchten,** erhalten zu Beginn der Prüfungszeit sowohl Prüfungsteil A als Prüfungsteil B zusammen mit allen zugelassenen Hilfsmitteln. In der auch bislang üblichen Arbeitszeit von **240 Minuten** sind dann alle vorgelegten Aufgaben in frei gewählter Reihenfolge zu bearbeiten. Beide Prüfungsteile müssen erst am Ende der Prüfung abgegeben werden.

*Hinweis für Schüler(innen), die ein CAS im Unterricht nutzen:*
Schülerinnen und Schüler haben statt der beiden oben beschriebenen Varianten auch die Möglichkeit, **freiwillig** an der Prüfung Mathematik mit **CAS** teilzunehmen. Da bei der Verwendung von CAS in besonderer Weise darauf zu achten ist, dass grundlegende mathematische Fertigkeiten beherrscht werden, ist in diesem Fall der **Prüfungsteil A ohne Hilfsmittel** zu bearbeiten. Die Gesamtarbeitszeit beträgt **270 Minuten**, davon 90 Minuten für den Prüfungsteil A. Wie in Variante 1 wird nach den ersten 90 Minuten eine **Pause** von zusätzlichen **15 Minuten** eingelegt, in der der Prüfungsteil A eingesammelt und der Prüfungsteil B sowie die im Prüfungsteil B zugelassenen Hilfsmittel ausgeteilt werden.

Erreichbare Bewertungseinheiten in den Prüfungsaufgaben:

| Prüfungsteil A | Prüfungsteil B |
|---|---|
| Analysis    20 BE | Analysis    40 BE |
| Stochastik  10 BE | Stochastik  20 BE |
| Geometrie   10 BE | Geometrie   20 BE |

Die Angaben, die Sie vorgelegt bekommen, beinhalten für jeden der drei Bereiche **Analysis**, **Stochastik** und **Geometrie** (gilt in gleicher Weise für die CAS-Abiturprüfung) jeweils zwei Aufgabengruppen. Aus diesen wählt vor Beginn Ihrer Prüfungszeit jeder Lehrer für seine Klasse einheitlich jeweils eine aus. Dabei beachtet Ihr Lehrer, dass innerhalb eines Bereichs für beide Prüfungsteile dieselbe Aufgabengruppe gewählt werden muss. Sie haben also **aus jedem der drei Bereiche jeweils genau eine Aufgabengruppe** zu bearbeiten (z. B. in beiden Prüfungsteilen in Analysis Aufgabengruppe 1, in Stochastik Aufgabengruppe 2 und in Geometrie Aufgabengruppe 1).

Beachten Sie bereits bei der Vorbereitung auf Ihre Prüfung, dass für das Lösen der Aufgaben im **Prüfungsteil A** weder ein Taschenrechner noch die Merkhilfe noch das Stochastische Tafelwerk zugelassen sind, falls Sie sich dafür entscheiden, diesen Teil im Abitur ohne Hilfsmittel zu bearbeiten. Das bedeutet jedoch nicht, dass Sie bei der Bearbeitung dieser Aufgaben weder rechnen müssen noch ohne jede Formel auskommen können! Um Ihnen für diesen Prüfungsteil A, den es erst seit dem Schuljahr 2013/14 in Bayern gibt, zusätzliche Übungsmöglichkeiten zu bieten, finden Sie in diesem Buch vier Übungsaufgaben, die diesen neuen Stil widerspiegeln. In den Lösungen sind bei den Rechnungen Zwischenschritte angegeben, die Sie beim „Kopfrechnen" eventuell benötigen. In den Tipps und Hinweisen finden Sie benötigte Formeln eigens ausgewiesen.

Es wird vom Kultusministerium ausdrücklich darauf hingewiesen, dass sich der Prüfungsteil A der CAS-Abiturprüfung vom Prüfungsteil A der „normalen" Abiturprüfung unterscheiden kann, wenn dies Prüfungsteil B erforderlich macht. Dies wird bereits im Abitur 2015 kenntlich, wo einige Analysisaufgaben von der „normalen" Prüfung abweichen.

Zur Vorbereitung auf die Abiturprüfung finden Sie in diesem Band inkl. CD-ROM auch die Prüfungsangaben der Jahrgänge **2011 bis 2013**. Diese wurden noch nach dem alten Prüfungsaufbau geschrieben, bei dem **bei allen Aufgaben Hilfsmittel** erlaubt waren. Damals bestand nur der Bereich Analysis aus zwei Aufgabenteilen. Im Teil 1 gab es mehrere kürzere, voneinander unabhängige Aufgaben zum „Warmlaufen". Der Inhalt dieser Aufgaben musste nichts mit der zusammenhängende Aufgabe des zweiten Teils zu tun haben, konnte aber möglicherweise eine Teilaufgabe aus Teil 2 vorbereiten. Die Punkteverteilung insgesamt betrug (bei einer Gesamtarbeitszeit von 240 Minuten) auch damals schon: Analysis 60 BE, Stochastik 30 BE, Geometrie 30 BE.

**Zugelassene Hilfsmittel**
Für die schriftliche Abiturprüfung im Fach Mathematik sind zugelassen
im **Prüfungsteil A „hilfsmittelfrei"**:
- für Mathematik übliche Schreib- und Zeichengeräte

im **Prüfungsteil B und Prüfungsteil A „mit Hilfsmitteln"**:
- für Mathematik übliche Schreib- und Zeichengeräte
- Merkhilfe
- ein zugelassenes Stochastisches Tafelwerk
- **entweder** ein nicht programmierbarer und nicht grafikfähiger Taschenrechner (für die „normale" Abiturprüfung) **oder** eines der CAS-Systeme TI-Nspire CAS, TI-Nspire CX CAS, CASIO ClassPad 330, CASIO ClassPad II fx-CP400, Prime Graphing Calculator von Hewlett Packard (für die CAS-Abiturprüfung)

Die Merkhilfe steht auf
http://www.isb.bayern.de/gymnasium/faecher/mathematik-informatik/mathematik/weitere-informationen/merkhilfe_fuer_das_fach_mathematik/
zum Download bereit.

Sämtliche Entwürfe und Aufzeichnungen gehören zur Abiturarbeit und dürfen nur auf Papier, das den Stempel der Schule trägt, angefertigt werden.

## 2 Leistungsanforderungen und Bewertung

Die Bewertung Ihrer Prüfungsarbeit erfolgt auf der Grundlage zweier Korrekturen: Die Erstkorrektur führt in der Regel der Mathematiklehrer durch, der Sie in der Jahrgangsstufe 12 unterrichtet hat. Die Zweitkorrektur erfolgt in der Regel durch einen anderen Mathematiklehrer Ihrer Schule. Beide Lehrer korrigieren Ihre Prüfungsarbeit unabhängig voneinander. Jede Korrektur ist an die bei jeder Aufgabe am linken Rand des Angabenblattes vermerkte, maximal erreichbare Zahl von Bewertungseinheiten (BE) gebunden. Auf der Grundlage dieser Punkteverteilung ermittelt jeder Korrektor die erreichte Gesamtpunktzahl für jede Aufgabe und damit auch die erzielte Gesamtsumme der Bewertungseinheiten. Diese werden nach folgender Tabelle in Notenpunkte umgesetzt.

| Notenpunkte | Noten | Bewertungseinheiten | Intervalle in % |
|---|---|---|---|
| 15 | 1+ | 120 ... 115 | |
| 14 | 1 | 114 ... 109 | 15 |
| 13 | 1− | 108 ... 103 | |
| 12 | 2+ | 102 ... 97 | |
| 11 | 2 | 96 ... 91 | 15 |
| 10 | 2− | 90 ... 85 | |
| 9 | 3+ | 84 ... 79 | |
| 8 | 3 | 78 ... 73 | 15 |
| 7 | 3− | 72 ... 67 | |
| 6 | 4+ | 66 ... 61 | |
| 5 | 4 | 60 ... 55 | 15 |
| 4 | 4− | 54 ... 49 | |
| 3 | 5+ | 48 ... 41 | |
| 2 | 5 | 40 ... 33 | 20 |
| 1 | 5− | 32 ... 25 | |
| 0 | 6 | 24 ... 0 | 20 |

In die Bewertung geht vor allem die **fachliche Richtigkeit** und **Vollständigkeit** ein. Ein weiteres wichtiges Bewertungskriterium ist die **Darstellungsqualität**, in welche der richtige Einsatz der Fachsprache und die Strukturierung der Ausführungen einfließen. Sollten Sie in Ihrer Lösung unkonventionelle, aber richtige Wege gehen, so werden diese natürlich entsprechend gewürdigt. Auch die **Sprachrichtigkeit** (Rechtschreibung, Grammatik, Zeichensetzung) bei Erläuterungen, Beschreibungen etc. und die äußere Form gehen in die Bewertung ein.

### 3 Methodische Hinweise und allgemeine Tipps zur schriftlichen Prüfung

**Vorbereitung**
- Bereiten Sie sich **langfristig** auf die Abiturprüfung vor und fertigen Sie sich eine Übersicht über die von Ihnen bereits bearbeiteten Themen, Inhalte und Verfahren an. Teilen Sie die Inhalte in sinnvolle Teilbereiche ein und legen Sie fest, bis wann Sie welche Teilbereiche bearbeitet haben wollen.
- Es ist zweckmäßig, alle Ihre korrigierten und mit Anmerkungen (was bereitet Schwierigkeiten, was wird in der Angabe missverstanden, welche Berechnungsart ist noch zu wenig geübt, u. ä.) versehenen Bearbeitungen der Übungs- und Prüfungsaufgaben dieses Buches übersichtlich aufzubewahren, das erleichtert spätere Wiederholungen.
- Benutzen Sie zur Prüfungsvorbereitung neben diesem Übungsbuch Ihre **Unterrichtsaufzeichnungen** und das Lehrbuch.
- Verwenden Sie während der Prüfungsvorbereitung grundsätzlich die **Hilfsmittel**, die auch in der Prüfung zugelassen sind. Prägen Sie sich wichtige Stellen Ihrer Merkhilfe ein und nutzen Sie Ihren Taschenrechner mit allen Funktionen.
- Oft ist der Zeitfaktor ein großes Problem. Testen Sie, ob Sie die Aufgabe in der dafür vorgegebenen Zeit allein lösen können.

**Simulieren Sie selbst eine Prüfungssituation.**
- Gehen Sie optimistisch in die Prüfung. Wer sich gut vorbereitet, braucht sich keine Sorgen zu machen.

**Bearbeitung der Prüfung**
- Bearbeiten Sie jedes Gebiet auf gesonderten Blättern! Das schafft Ordnung, falls Sie eine Aufgabe nicht durchgehend bearbeiten, und erleichtert Ihnen den „Wiedereinstieg".
- Lesen Sie die Aufgabenstellungen genau durch, bevor Sie mit der Lösung einer Aufgabe beginnen.
- Es ist hilfreich, wenn Sie bei der Analyse der Aufgabenstellungen wichtige Angaben oder Informationen (z. B. gegebene Größen, Lösungshinweise) **farblich markieren**.
- Um den Lösungsansatz zu einer Aufgabe zu finden oder die gegebene Problemstellung zu veranschaulichen, kann das **Anfertigen einer Skizze** nützlich sein.
- Beachten Sie, dass in manchen Aufgaben **„Zwischenlösungen"** angegeben sind, die Ihnen als Kontrolle dienen bzw. mit denen Sie unter allen Umständen weiterarbeiten sollten.
- Falls Sie bei einer Aufgabe gar nicht weiterkommen, so halten Sie sich nicht zu lange damit auf. Versuchen Sie, mit der nächsten Aufgabe oder mit einer Aufgabe aus einem anderen Gebiet weiterzumachen. Wenn Sie die anderen Aufgaben bearbeitet haben, kommen Sie nochmals auf die angefangene Aufgabe zurück und versuchen Sie in Ruhe, eine Lösung zu finden.
- Orientieren Sie sich **nicht** zu sehr an den angegebenen **Bewertungseinheiten**: Je nach dem, was Sie im Unterricht besonders geübt haben, fällt Ihnen vielleicht genau das leicht, was für andere eine Schwierigkeit darstellt.
- Achten Sie auf die **sprachliche Richtigkeit** und eine **saubere äußere Form** Ihrer Lösungen.

## 4 Hinweise zum CAS

Das CAS ist ein Hilfsmittel zum Lernen (und auch zum Lehren) von Mathematik. In den vergangenen Jahren ist es Ihnen ein selbstverständlicher Begleiter beim Lösen von mathematischen Aufgabenstellungen geworden. Die folgenden Hinweise sollen die Vorbereitung auf die Abiturprüfung mit CAS unterstützen. Sie haben für alle CAS-Systeme Gültigkeit, sodass Sie die Hinweise auf das von Ihnen verwendete System übertragen können.

**Vor der Prüfung**
- Achten Sie vor Prüfungen (und insbesondere vor der Abiturprüfung) darauf, dass Sie den Akku Ihres Geräts geladen bzw. neue Batterien eingesetzt oder als Ersatz griffbereit haben.
- Vor Beginn der Prüfung sind die CAS-Geräte in einen einheitlichen Ausgangszustand zu versetzen. Ihre Schule hat dazu spezielle (systemabhängige) Anwei-

sungen. Es kann sein, dass Ihr System in einen Prüfungsmodus versetzt wird – ebenso ist es denkbar, dass der Speicher vollständig gelöscht wird. Wenn Sie auf Ihrem System Dateien gespeichert haben, die Sie später wieder benötigen, sollten Sie vorher zu Hause ein Backup durchführen.
- Machen Sie sich rechtzeitig mit Bedienungshilfen Ihres Systems vertraut. So kann man z. B. den Kontrast oder die Bildschirmhelligkeit ändern (das kann bei bestimmten Lichtverhältnissen im Prüfungsraum nützlich sein). Bei manchen Systemen kann man auch Schriftgrößen ändern. Sie sollten auch wissen, wo Sie die Sprachlokalisation einstellen – wenn Sie in der Prüfung versehentlich Ihr System z. B. auf norwegische Sprache einstellen, sollten Sie wissen, wie Sie dies wieder ändern können.
- Machen Sie sich damit vertraut, wo Sie Grundeinstellungen Ihres Systems ändern können, z. B. die Anzahl angezeigter Dezimalstellen oder das Winkelmaß, in dem Ihr System in der Grundeinstellung rechnet.
- Machen Sie sich mit dem Variablenmanagement Ihres Geräts vertraut, sodass Sie Variablen löschen können oder überprüfen können, welche Variablen belegt sind. Das kann vermeintliche Fehlberechnungen (zustande gekommen durch belegte Variablen) verhindern. Manche CAS zeigen sogar bereits bei der Eingabe an, wenn eine Variable durch einen Wert belegt ist.
- Machen Sie sich mit dem Dokumentenmanagement Ihres Systems vertraut. Moderne CAS eröffnen die Möglichkeit, Berechnungen in Dokumenten zu speichern. Sie sollten wissen, wie Sie neue Dokumente erzeugen, abspeichern, editieren und später darauf zugreifen können.
- Ihr CAS besitzt eine „Rückgängig"-Funktion. Sie sollten wissen, wie Sie diese benutzen können.
- Machen Sie sich rechtzeitig mit Hilfesystemen Ihres Geräts vertraut. So gibt es z. B. die Möglichkeit, zu einzelnen Befehlen eine kleine Syntax-Erklärung anzeigen zu lassen. Das kann bei Unsicherheiten während der Prüfung hilfreich sein.
- Machen Sie sich mit dem Funktionsplotter Ihres Systems vertraut, sodass Sie Sicherheit im Einstellen des Anzeigebereichs gewinnen. Für verschiedene Bedürfnisse gibt es oftmals eigene Einstellungsmöglichkeiten (automatische Anpassung an vorher gewählten x-Bereich, trigonometrische Funktionen, Auswahl bestimmter Quadranten, u. ä.).
- CAS rechnen (nach Möglichkeit) exakt. Machen Sie sich damit vertraut, wie Sie bewusst Näherungslösungen erzwingen können.
- Entwickeln Sie eine eigene Systematik für die Vergabe von Variablen und Bezeichnungen. Beispiele:
  - „f(x)" für den Funktionsterm,
  - „fs(x)" für den Term der ersten Ableitung,
  - „fss(x)" für den Term der zweiten Ableitung
  - „va", „vb" für die Vektoren $\vec{a}$ und $\vec{b}$
  - „a" für den Ortsvektor des Punktes A
  - „gg(x)", „gh(x)" für die Gerade g bzw. die Gerade h
  - ...

**Während der Prüfung**
- Wenn Ihr CAS ein Dokumentenmanagement besitzt, sollten Sie sich angewöhnen, für zumindest jede größere Aufgabenstellung ein eigenes Dokument zu verwenden. Das hat den Vorteil, dass in einem neuen Dokument der Variablenspeicher zurückgesetzt wird und Sie daher jeden Variablennamen im Dokument nutzen können. Zudem können Sie dadurch Fehler durch unwissentliches Übernehmen von Variablen, die bereits mit Werten belegt sind, vermeiden. Wenn Sie im weiteren Verlauf der Prüfung an einer anderen Aufgabe arbeiten, können Sie das zugehörige Dokument öffnen und müssen nicht alle Variablen und Funktionen neu definieren.
- Es ist zweckmäßig, Namen von Variablen und Funktionen so zu wählen, wie sie in der Aufgabenstellung vorgegeben werden. Achten Sie darauf, dass Sie den gleichen Namen nicht mehrfach vergeben und dadurch die definierten Werte oder Terme überschreiben.
- Sollte ein unerwartetes Ergebnis auftreten, überprüfen Sie immer Ihre Eingabe. So kann es sein, dass z. B. der Term „$ab - a \cdot b$" nicht vom CAS vereinfacht wird, weil Sie im ersten Teil vergessen haben, das Multiplikationszeichen einzugeben und das CAS nun dies als eigenständige Variable „ab" interpretiert.
- Machen Sie sich stets die vorliegende Situation klar und prüfen Sie die vom CAS erhaltenen Ergebnisse auf Plausibilität. Vertrauen Sie dem CAS nicht blind.
- Vergessen Sie nicht, dass Sie mit einem CAS schnell z. B. Funktionsgraphen erhalten. Das kann Überlegungen unterstützen, wie z. B. die Frage nach Vorzeichenbereichen oder Grenzwerten.
- Beachten Sie die Formulierung von Aufgabenstellungen. Manchmal werden Anforderungen an die Dokumentation von Lösungen gestellt (vgl. weiter unten).

**Zur Dokumentation von Lösungen**
- Dokumentieren Sie Ihre Lösungen nachvollziehbar.
- Wenn Sie ein CAS nutzen, machen Sie dies kenntlich.
Beispiel: Sie lösen die Gleichung $3x^3 - 2x^2 + 2 = 1$ und dokumentieren:

$$3x^3 - 2x^2 + 2 = 1$$
$$\text{CAS: } x \approx -0{,}528$$

- Verzichten Sie in Ihren Lösungen auf Syntax.
- Beachten Sie Formulierungen in den Aufgabenstellungen.
Folgende Beispiele veranschaulichen mögliche Aufgabenstellungen, stellen aber keinen verbindlichen Anforderungskatalog dar:

| Geben Sie … an. | Es ist keine Begründung nötig. (vgl. 2014 Prüfungsteil B Analysis Gruppe 2 1a) |
|---|---|
| Begründen Sie … | Hier können Ausgaben des CAS zur Begründung herangezogen werden. (vgl. 2015 Prüfungsteil A Analysis Gruppe 1 1b) |

| | |
|---|---|
| Begründen Sie anhand des Funktionsterms … | Begründungen müssen von der Struktur und den Eigenschaften des Terms ausgehen. Nur mit Ausgaben des CAS allein zu argumentieren, reicht nicht aus. Das CAS kann für Termumformungen und Rechnungen eingesetzt werden. (vgl. 2012 Analysis I Teil 1 Aufgabe 1) |
| Weisen Sie rechnerisch nach … | Das CAS kann uneingeschränkt genutzt werden. (vgl. 2012 Analysis I Teil 2, 1c) |
| Berechnen Sie schrittweise und nachvollziehbar … | Einzelne Schritte müssen erkennbar sein. CAS kann zu Berechnungen genutzt werden. Eine schrittweise Lösung kann auch in einer schrittweisen numerischen Annäherung bestehen. (vgl. 2012 Analysis I Teil 2, 2b) |
| Berechnen Sie … | „Berechnen" kann auch mit CAS geschehen. (vgl. 2014 Prüfungsteil B Analysis Gruppe 1 f) |
| Zeigen Sie mithilfe des Funktionsterms schrittweise und nachvollziehbar … | Zur Argumentation muss der Term (seine Struktur, seine Eigenschaften) verwendet werden. Die Dokumentation muss so gestaltet sein, dass einzelne Schritte erkennbar sind. Das CAS kann zu Umformungen eingesetzt werden. (vgl. 2012 Analysis II Teil 2, 1b) |
| Bestimmen Sie näherungsweise mithilfe von Abbildung … | Die Abbildung muss verwendet werden (auch, wenn man die Aufgabenstellung rein rechnerisch durch CAS lösen könnte). (vgl. 2012 Analysis II Teil 2, 2b) |
| Begründen Sie mithilfe der Funktionsterme … | In der Argumentation müssen die Eigenschaften der Terme herangezogen werden. Das CAS kann zu Umformungen eingesetzt werden. |
| Bestimmen Sie … | Die Überlegungen, die zur Bestimmung führen, müssen dokumentiert sein. CAS kann uneingeschränkt eingesetzt werden. (vgl. 2015 Prüfungsteil B Analysis Gruppe 2 3a) |
| Ermitteln Sie … | Die Schritte der Überlegungen, die zur Bestimmung führen, müssen dokumentiert werden. CAS kann uneingeschränkt eingesetzt werden. (vgl. 2013 Analysis I Teil 1, 1b) |
| Machen Sie plausibel … | Zu zeigen ist, dass die Situation in den umgebenden Kontext passend eingeordnet werden kann. CAS kann dazu uneingeschränkt genutzt werden. (vgl. 2013 Geometrie I e) |

**Abitur Mathematik (Bayern): Prüfungsteil A**
**Übungsaufgabe 1**

## Analysis

BE

1. Gegeben ist die Funktion

$$f(x) = 3 - x + \frac{1}{x-3}.$$

a) Bestimmen Sie den Definitionsbereich $\mathbb{D}_f$.   1
b) Wie verhält sich die Funktion an den Rändern des Definitionsbereichs?   4
c) Geben Sie alle Asymptoten der Funktion an.   3

2. Gegeben sind sechs Graphen, die die drei Funktionen

$f(x) = e^{x+1}$     $g(x) = \ln(x+1)$     $h(x) = e^x + 1$

mit maximalem Definitionsbereich sowie ihre jeweiligen Ableitungen zeigen.
Ordnen Sie die Graphen entsprechend zu.   6

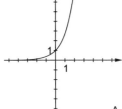
A

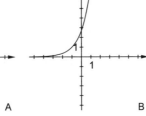
B

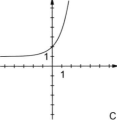
C

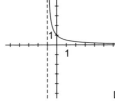
D

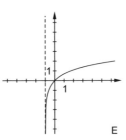
E

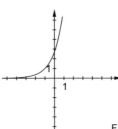
F

3. a) Beschreiben Sie, wie der Graph der Funktion

$f(x) = \frac{3}{2}\sin\left(\frac{2}{3}x\right) - 1$

aus dem Graphen der Funktion $y = \sin x$ entwickelt werden kann.  3

b) Beschreiben Sie, wie sich grafisch eine Lösung der Gleichung

$\frac{3}{2}\sin\left(\frac{2}{3}x\right) - 1 = -\frac{1}{2}x$

finden lässt.  3

20

## Stochastik

BE

1. A und B sind zwei unabhängige Ereignisse eines Zufallsexperiments, für die gilt:

$P(A) = \frac{1}{5}$ und $P(A \cup B) = \frac{1}{2}$

Berechnen Sie:

a) $P(B)$  2

b) $P(A\backslash B)$  1

2. Eine Firma braucht 5 neue Mitarbeiter. Nach ersten Gesprächen sind noch 15 geeignete Bewerber (9 Männer und 6 Frauen) „im Rennen".
Beschreiben Sie ein Ereignis, dessen Wahrscheinlichkeit durch den Term

$P(E) = \dfrac{\binom{9}{5} + \binom{9}{4}\cdot\binom{6}{1}}{\binom{15}{5}}$

angegeben werden kann.  2

3. Bei einer Umfrage (60 % der Beteiligten männlich) geben 30 % der Frauen und 80 % der Männer an, regelmäßig Fußball zu schauen.

a) Fertigen Sie eine Vierfeldertafel an.  2

b) Tragen Sie beim Baumdiagramm an allen Pfaden die zugehörigen Wahrscheinlichkeiten an.

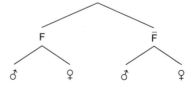

3

10

# Geometrie

BE

1. Gegeben sind die beiden Ebenen

   $E: 2x_1 - x_2 + 4x_3 + 6 = 0 \qquad F: -x_1 + tx_2 - 2x_3 = 3$

   a) Bestimmen Sie t so, dass beide Ebenen identisch sind.     1

   b) Für welches s verläuft die Gerade

   $$g: \vec{X} = \begin{pmatrix} 3 \\ 4 \\ -2 \end{pmatrix} + \lambda \begin{pmatrix} s \\ 6 \\ -1 \end{pmatrix} \quad \text{mit } \lambda \in \mathbb{R}$$

   parallel zur Ebene E?     2

   c) Liegt die Gerade g dann in der Ebene E?     1

   d) Geben Sie eine Parametergleichung der Ebene E an.     2

2. Die Ebene

   $E: x_1 - 2x_2 + 2x_3 + 21 = 0$

   berührt die Kugel K mit dem Mittelpunkt M(3|4|1) im Punkt A(1|8|-3).

   a) Geben Sie eine Gleichung der Ebene F an, die echt parallel zu E ist und die Kugel ebenfalls berührt.     3

   b) Berechnen Sie den Abstand der beiden Ebenen E und F.     1

       10

## Tipps und Hinweise

## Analysis

### Aufgabe 1 a
- Um welche Art Funktion handelt es sich bei f(x)?
- Warum besitzen die meisten gebrochen-rationalen Funktionen einen eingeschränkten Definitionsbereich?
- Der Nenner eines Bruchs darf nie den Wert null annehmen.

### Aufgabe 1 b
- Wie viele Ränder hat der Definitionsbereich?
- Schreiben Sie den Definitionsbereich in Intervallschreibweise.
- $\mathbb{R} \setminus \{3\} = \,]-\infty;\,3[\,\cup\,]3;\,+\infty[$
- Den vier Rändern müssen die vier Grenzwerte entsprechen.
- Es sind Grenzwerte zu bilden für $x \to +\infty$; $x \to -\infty$; $x \to 3^+$ und $x \to 3^-$.
- $x \to 3^+$ bedeutet, dass Sie x-Werte betrachten, die beliebig nahe an 3 liegen, jedoch stets größer als 3 sind.
- $x \to 3^-$ bedeutet, dass Sie x-Werte betrachten, die beliebig nahe an 3 liegen, jedoch stets kleiner als 3 sind.
- Bilden Sie die Grenzwerte, indem Sie zunächst anstelle von x den jeweiligen Wert (also $+\infty$ bzw. $-\infty$ bzw. $3^+$ bzw. $3^-$) setzen.
- Für die Grenzwerte $x \to \pm\infty$ erhalten Sie Brüche, deren Nenner unendlich groß $(+\infty)$ bzw. unendlich klein $(-\infty)$ sind.
- Was geschieht mit dem Wert eines Bruchs, wenn sich der Nenner vergrößert?
 Z. B. $\frac{1}{10}$; $\frac{1}{100}$; $\frac{1}{1\,000}$; $\frac{1}{1\,000\,000}$; $\frac{1}{1\,000\,000\,000}$; ...
- Das Vorzeichen des Nenners darf auch vor den Bruch geschrieben werden:
 Z. B. $\frac{a}{-b} = -\frac{a}{b}$
- Für den Grenzwert $x \to 3^+$ erhalten Sie einen Bruch mit dem Nenner $3^+ - 3$. Da $3^+$ eine Zahl ist, die zwar nahe bei 3 liegt, aber größer ist als 3 (z. B. 3,01 oder 3,001 oder 3,0001 ...), ist die Differenz eine sehr kleine, positive Zahl, also $0^+$.
- Für den Grenzwert $x \to 3^-$ erhalten Sie einen Bruch mit dem Nenner $3^- - 3$. Da $3^-$ eine Zahl ist, die zwar nahe bei 3 liegt, aber kleiner ist als 3 (z. B. 2,99 oder 2,999 oder 2,9999 ...), ist die Differenz eine – vom Betrag – sehr kleine, negative Zahl, also $0^-$.
- Was geschieht mit dem Wert eines Bruchs, wenn sich der Nenner verkleinert?
 Z. B. $\frac{1}{\frac{1}{10}}$; $\frac{1}{\frac{1}{100}}$; $\frac{1}{\frac{1}{1\,000}}$; $\frac{1}{\frac{1}{1\,000\,000}}$; ...

**Aufgabe 1 c**
- Betrachten Sie die Grenzwerte für $x \to 3^{\pm}$.
- Die Funktionswerte von f(x) werden für $x \to 3^{\pm}$ also beliebig groß bzw. klein.
- Welcher Geraden nähert sich der Funktionsgraph für $x \to 3^{\pm}$ an?
- Betrachten Sie den Funktionsterm.
- Der gebrochene Teil des Funktionsterms $\left(\frac{1}{x-3}\right)$ strebt für $x \to \pm\infty$ gegen null (siehe Grenzwerte in Aufgabe 1 b).
- Der „Rest" des Funktionsterms $(3-x)$ bildet die Gleichung der Geraden $y = 3-x$, die die schräge (Steigung $m = -1$) Asymptote der Funktion darstellt.

**Aufgabe 2**
- Bilden Sie zu jeder der drei gegebenen Funktionen die Ableitung.
- Beachten Sie, dass B und F identische Graphen sind.
- Die Graphen A, B, C und F haben dieselbe Form, sind aber verschoben (B und F im Vergleich zu A nach links, C nach oben).
- Nutzen Sie die Asymptoten bei D und E.
- Beachten Sie bei D und E den Definitionsbereich.

**Aufgabe 3 a**
- Die Entwicklung erfolgt in drei Schritten.
- Jeder Schritt ist durch eine Zahl im Funktionsterm von f(x) bedingt:
$$f(x) = \frac{3}{2}\sin\left(\frac{2}{3}x\right) - 1$$
$\quad\quad\quad\uparrow\quad\quad\uparrow\quad\quad\uparrow$
- Die Reihenfolge der Schritte wird von Ihnen gewählt.
- Als Veränderungen kommen infrage:
  - Änderung der Periode
  - Änderung der Amplitude
  - Verschiebung in x-Richtung
  - Verschiebung in y-Richtung
- $y = \sin(ax)$ hat die Periode $\frac{1}{a} \cdot 2\pi$.
  $y = c \cdot \sin x$ hat die Amplitude c.
  $y = \sin(x+b)$ ist verschoben um $-b$ in x-Richtung.
  $y = \sin x + d$ ist verschoben um d in y-Richtung.

**Aufgabe 3 b**
- Fassen Sie beide Seiten der Gleichung als je eine Funktion auf.

✏ Das algebraische Gleichsetzen zweier Funktionsterme entspricht dem grafischen Schnitt zweier Funktionsgraphen.

✏ Welche Variable soll als Lösung der Gleichung bestimmt werden?

✏ Der Schnittpunkt zweier Funktionsgraphen hat eine x- und eine y-Koordinate. Welche entspricht der Lösung der Gleichung?

## Stochastik

### Aufgabe 1 a

✏ Achten Sie darauf, dass die Wahrscheinlichkeit der Vereinigungs-, **nicht** der Schnittmenge von A und B gegeben ist.

✏ Wie lässt sich die Wahrscheinlichkeit der Vereinigungsmenge darstellen?

✏ Es gilt der Additionssatz: $P(A \cup B) = P(A) + P(B) - P(A \cap B)$

✏ A und B sollen unabhängig sein. Was folgt daraus?

✏ A und B sind unabhängig, wenn $P(A \cap B) = P(A) \cdot P(B)$ gilt.

✏ Einsetzen der gegebenen Werte in den Additionssatz liefert eine Gleichung für P(B).

### Aufgabe 1 b

✏ Veranschaulichen Sie sich die Menge A\B in einem Mengendiagramm.

✏ Beachten Sie auch hier die Unabhängigkeit von A und B.

### Aufgabe 2

✏ Betrachten Sie den Nenner. Wie spricht man ihn?

✏ Es werden „5 aus 15" ausgesucht.

✏ Im Zähler steht eine Summe.

✏ Im Zähler wird nach männlich und weiblich unterschieden.

✏ Welche beiden Ereignisse werden im Zähler dargestellt?

✏ Fassen Sie die beiden Ereignisse sprachlich zusammen.

### Aufgabe 3 a

✏ Achten Sie beim Ausfüllen der Vierfeldertafel darauf, dass sich in der Angabe die Prozentzahlen nur(!) auf Frauen bzw. nur(!) auf Männer beziehen.

✏ Vervollständigen Sie die Feldertafel durch entsprechende Additionen bzw. Subtraktionen.

## Aufgabe 3 b
- Tragen Sie in das Baumdiagramm die Wahrscheinlichkeiten ein, die sich aus der Vierfeldertafel ablesen lassen.
- Sie können die Wahrscheinlichkeiten von F und $\overline{F}$ der Vierfeldertafel entnehmen.
- Die Vierfeldertafel liefert Ihnen auch die Wahrscheinlichkeiten der vier Schnittmengen, die unterhalb des Baumdiagramms notiert werden.
- Die fehlenden Wahrscheinlichkeiten ergeben sich mithilfe der 1. Pfadregel.

## Geometrie

### Aufgabe 1 a
- Beide Ebenen sind in Normalenform gegeben.
- Wann stellen beide Gleichungen dieselbe Ebene dar?
- Jeder Koeffizient der einen Ebene muss das gleiche Vielfache des entsprechenden Koeffizienten der anderen Ebene sein.
- Vergleichen Sie 2 mit $-1$ (bei $x_1$), 4 mit $-2$ (bei $x_3$) und 6 mit $-3$ (bei der Konstanten).
- Auch beim Vergleich von $-1$ und t muss sich derselbe Multiplikator ergeben.

### Aufgabe 1 b
- Skizzieren Sie eine Ebene und eine dazu parallele Gerade.
- Sie kennen den Richtungsvektor der Geraden und den Normalenvektor der Ebene.
- Welche Lage müssen Richtungsvektor und Normalenvektor zueinander haben, damit $g \parallel E$ gilt?
- Zwei Vektoren stehen aufeinander senkrecht, wenn ihr Skalarprodukt null ergibt.
- Berechnung des Skalarprodukts:

$$\vec{a} \circ \vec{b} = \begin{pmatrix} a_1 \\ a_2 \\ a_3 \end{pmatrix} \circ \begin{pmatrix} b_1 \\ b_2 \\ b_3 \end{pmatrix} = a_1 b_1 + a_2 b_2 + a_3 b_3$$

### Aufgabe 1 c
- Die Lage von g ist durch Richtungsvektor und Aufpunkt bestimmt.
- Gehört der Aufpunkt von g der Ebene E an?
- Erfüllen die Koordinaten des Aufpunkts die Ebenengleichung?

**Aufgabe 1 d**

- Lösen Sie die Ebenengleichung nach einem $x_i$ (hier am leichtesten $x_2$) auf.
- Die anderen beiden $x_i$ werden zu Parametern.
- Wenn Sie die drei Gleichungen für die $x_i$ sauber untereinanderschreiben, entsteht eine Vektorgleichung für den Ebenenpunkt X.

*oder:*

- Suchen Sie mithilfe der Ebenengleichung drei Punkte, die auf E und nicht auf einer Geraden liegen.
- Die Parametergleichung der Ebene ergibt sich durch die 3-Punkte-Form:

$$\vec{X} = \vec{A} + \lambda \overrightarrow{AB} + \mu \overrightarrow{AC}$$

**Aufgabe 2 a**

- Fertigen Sie eine Skizze, die die Lage der Ebene E bzgl. der Kugel K zeigt.
- Sie können die Kugel durch einen Kreis und die Ebene durch eine Gerade darstellen.
- Wo befindet sich eine zweite zur Ebene E echt parallele Berührebene F an die Kugel?
- Welche Lage besitzt der Berührpunkt B der Ebene F bzgl. des Berührpunkts A?
- Die beiden Berührpunkte bilden einen Durchmesser.
- Berechnen Sie die Koordinaten des Berührpunkts B.
- Sind zwei Ebenen parallel, so sind auch ihre Normalenvektoren parallel.
- Als Normalenvektor von F kann der Normalenvektor von E verwendet werden.
- Berechnen Sie die Konstante $n_0$ von F so, dass der Punkt B der Ebene F angehört.

**Aufgabe 2 b**

- Im Berührpunkt steht der Radius auf der Berührebene senkrecht.
- Der Abstand der beiden Ebenen entspricht dem Durchmesser.
- Der Durchmesser ergibt sich durch die Entfernung der beiden Berührpunkte.
- Die Länge des Vektors $\vec{a} = \begin{pmatrix} a_1 \\ a_2 \\ a_3 \end{pmatrix}$ ergibt sich aus $|\vec{a}| = \sqrt{a_1^2 + a_2^2 + a_3^2}$.

*oder:*

- Abstand der beiden Ebenen = Abstand des Berührpunktes B von Ebene E
- Für die Berechnung des Abstands eines Punktes von einer Ebene gibt es eine Formel.
- In der Normalenform muss jedes $x_i$ durch die entsprechende Koordinate des Punktes, dessen Abstand von der Ebene berechnet werden soll, ersetzt werden. Man dividiert den Absolutbetrag des sich ergebenden Werts durch die Länge des Normalenvektors.
- Verwenden Sie die Formel: $d(P; E) = \dfrac{|n_1 p_1 + n_2 p_2 + n_3 p_3 + n_0|}{|\vec{n}|}$

# Lösungen

## Analysis

1. a) $D_f = \mathbb{R} \setminus \{3\}$

   b) $\lim\limits_{x \to +\infty} f(x) = \lim\limits_{x \to +\infty} \left(3 - x + \dfrac{1}{x-3}\right) = „3 - \infty + \dfrac{1}{\infty}" = „3 - \infty + 0" = -\infty$

   $\lim\limits_{x \to -\infty} f(x) = \lim\limits_{x \to -\infty} \left(3 - x + \dfrac{1}{x-3}\right) = „3 - (-\infty) + \dfrac{1}{-\infty}" = „3 + \infty - \dfrac{1}{\infty}"$
   $= „3 + \infty - 0" = +\infty$

   $\lim\limits_{x \to 3^+} f(x) = \lim\limits_{x \to 3^+} \left(3 - x + \dfrac{1}{x-3}\right) = „3 - 3^+ + \dfrac{1}{3^+ - 3}" = „(3 - 3^+) + \dfrac{1}{0^+}"$
   $= „0^- + \infty" = +\infty$

   $\lim\limits_{x \to 3^-} f(x) = \lim\limits_{x \to 3^-} \left(3 - x + \dfrac{1}{x-3}\right) = „3 - 3^- + \dfrac{1}{3^- - 3}" = „(3 - 3^-) + \dfrac{1}{0^-}"$
   $= „0^+ - (+\infty)" = -\infty$

   c) senkrechte Asymptote: $x = 3$
   schräge Asymptote: $y = 3 - x$, da $\lim\limits_{x \to \pm\infty} \dfrac{1}{x-3} = 0$

2. Die Graphen müssen den sechs Funktionen

   $f(x) = e^{x+1}$    $g(x) = \ln(x+1)$    $h(x) = e^x + 1$
   $f'(x) = e^{x+1}$   $g'(x) = \dfrac{1}{x+1}$   $h'(x) = e^x$

   zugeordnet werden.

   A zeigt den Graphen von $y = e^x$.  $\Rightarrow$  A zeigt den Graphen von $h'(x)$.

   B zeigt den um 1 nach links verschobenen Graphen von $y = e^x$; also den Graphen von $y = e^{x+1}$.  $\Rightarrow$  B zeigt den Graphen von $f(x) = f'(x)$.

   C zeigt den um 1 nach oben verschobenen Graphen von $y = e^x$; also den Graphen von $y = e^x + 1$.  $\Rightarrow$  C zeigt den Graphen von $h(x)$.

   D besitzt die Asymptoten $y = 0$ und $x = -1$; somit hat die hier gezeigte Funktion eine Definitionslücke bei $x = -1$.  $\Rightarrow$  D zeigt den Graphen von $g'(x)$.

E zeigt den um 1 nach links verschobenen Graphen von y = ln x; also den Graphen von y = ln(x + 1).   ⇒ E zeigt den Graphen von g(x).

F ist identisch mit B.   ⇒ F zeigt den Graphen von f(x) = f'(x).

3. a) $y = \sin x$

$y = \sin\left(\frac{2}{3}x\right)$

$y = \frac{3}{2}\sin\left(\frac{2}{3}x\right)$

$y = \frac{3}{2}\sin\left(\frac{2}{3}x\right) - 1$

gleiche Amplitude;
Dehnung der Periode auf $\frac{3}{2} \cdot 2\pi = 3\pi$

Dehnung der Amplitude auf $\frac{3}{2}$;
Periode bleibt $3\pi$

Verschiebung des Graphen um 1 nach unten

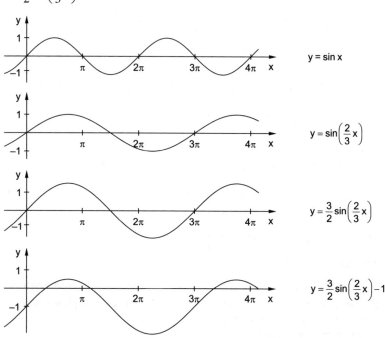

Die Funktionsgraphen sind *nicht* verlangt (die Arbeitsanweisung lautet „beschreiben Sie"). Sie sind hier nur zur Veranschaulichung eingefügt.

b) Man zeichnet in *ein* Koordinatensystem die Graphen der *beiden* Funktionen $f(x) = \frac{3}{2}\sin\left(\frac{2}{3}x\right) - 1$ und $g(x) = -\frac{1}{2}x$.

Der x-Wert des Schnittpunkts der beiden Graphen ist Lösung der Gleichung (es ergibt sich ein im Koordinatensystem abgelesener Näherungswert $x_0$).

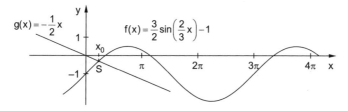

Auch hier ist die Zeichnung nicht verlangt, sondern dient nur der Veranschaulichung.

## Stochastik

1. a) Additionssatz: $P(A \cup B) = P(A) + P(B) - P(A \cap B)$
   Da A und B unabhängig sind, muss gelten: $P(A \cap B) = P(A) \cdot P(B)$
   Somit:
   $P(A \cup B) = P(A) + P(B) - P(A) \cdot P(B)$

   $$\frac{1}{2} = \frac{1}{5} + P(B) - \frac{1}{5} \cdot P(B)$$

   $$\frac{1}{2} - \frac{1}{5} = \frac{4}{5} \cdot P(B)$$

   $$\frac{5}{10} - \frac{2}{10} = \frac{4}{5} \cdot P(B)$$

   $$\frac{3}{10} = \frac{4}{5} \cdot P(B)$$

   $$P(B) = \frac{3}{10} : \frac{4}{5} = \frac{3}{10} \cdot \frac{5}{4} = \frac{3}{8}$$

b) $P(A \backslash B) = P(A) - P(A \cap B) = P(A) - P(A) \cdot P(B)$
   $$= \frac{1}{5} - \frac{1}{5} \cdot \frac{3}{8} = \frac{8}{40} - \frac{3}{40} = \frac{5}{40} = \frac{1}{8}$$

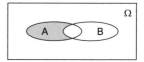

2. Aus den 15 Bewerbern werden 5 ausgesucht, die entweder alle 5 männlich sind oder von denen 4 männlich und 1 weiblich sind.
   Somit: Aus den 15 Bewerbern werden 5 ausgesucht, von denen mindestens 4 männlich sind.
   *oder:*
   Aus den 15 Bewerbern werden 5 ausgesucht, von denen höchstens 1 weiblich ist.

3. a)

|   | ♂ | ♀ |   |   |
|---|---|---|---|---|
| F | 80 % von 60 % = 0,8 · 0,6 = 0,48 | 30 % von 40 % = 0,3 · 0,4 = 0,12 | **0,6** | Die zu berechnenden Werte sind fett gedruckt. |
| $\overline{F}$ | **0,12** | **0,28** | 0,4 | |
|   | 0,6 | 0,4 | 1 | |

b) Aus der Vierfeldertafel ergeben sich die Wahrscheinlichkeiten von F und $\overline{F}$ und die Wahrscheinlichkeiten der Schnittmengen. Die zu berechnenden Werte sind fett gedruckt.

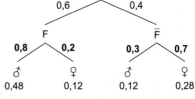

Mithilfe der 1. Pfadregel lassen sich die noch fehlenden bedingten Wahrscheinlichkeiten (fett gedruckt) berechnen.

$0,6 \cdot P_F(♂) = 0,48 \quad \Rightarrow \quad P_F(♂) = \dfrac{0,48}{0,6} = \dfrac{48}{60} = \dfrac{8}{10} = 0,8 \quad \Rightarrow \quad P_F(♀) = 0,2$

$0,4 \cdot P_{\overline{F}}(♂) = 0,12 \quad \Rightarrow \quad P_{\overline{F}}(♂) = \dfrac{0,12}{0,4} = \dfrac{12}{40} = \dfrac{3}{10} = 0,3 \quad \Rightarrow \quad P_{\overline{F}}(♀) = 0,7$

## Geometrie

1. a) Die beiden Ebenen sind identisch, wenn die beiden Gleichungen Vielfache voneinander sind.

   $-x_1 + tx_2 - 2x_3 - 3 = a \cdot (2x_1 - x_2 + 4x_3 + 6)$
   $-x_1 + tx_2 - 2x_3 - 3 = 2ax_1 - ax_2 + 4ax_3 + 6a$

   Vergleicht man die Koeffizienten von $x_1$, $x_3$ und die Konstanten, so ergibt sich $a = -\dfrac{1}{2}$ und somit $t = -a = \dfrac{1}{2}$.

   b) Die Gerade verläuft parallel zur Ebene, wenn der Richtungsvektor der Geraden auf dem Normalenvektor der Ebene senkrecht steht, ihr Skalarprodukt also null ergibt.

   $\begin{pmatrix} s \\ 6 \\ -1 \end{pmatrix} \circ \begin{pmatrix} 2 \\ -1 \\ 4 \end{pmatrix} = 0$

   $2s - 6 - 4 = 0$
   $2s = 10$
   $s = 5$

c) Die mit s = 5 zu E parallele Gerade g liegt in der Ebene E, wenn der Aufpunkt der Geraden in der Ebene liegt.
$2 \cdot 3 - 4 + 4 \cdot (-2) + 6 = 6 - 4 - 8 + 6 = 0$
Also gehört der Aufpunkt der Ebene an und somit gilt $g \subset E$.

d) Man löst die Ebenengleichung nach einem $x_i$ auf und setzt für die anderen beiden $x_i$ die beiden Parameter:

E: $x_2 = 2x_1 + 4x_3 + 6$
$x_1 = \lambda$
$x_3 = \mu$
$\Rightarrow x_2 = 2\lambda + 4\mu + 6$

Fasst man die drei Gleichungen für $x_1$, $x_2$ und $x_3$ als Vektorgleichung zusammen, so ergibt sich:

E: $\vec{X} = \begin{pmatrix} 0 \\ 6 \\ 0 \end{pmatrix} + \lambda \begin{pmatrix} 1 \\ 2 \\ 0 \end{pmatrix} + \mu \begin{pmatrix} 0 \\ 4 \\ 1 \end{pmatrix}$ mit $\lambda, \mu \in \mathbb{R}$

*oder:*

Man sucht 3 Punkte, die in der Ebene E liegen.
Bereits bekannt: $(3|4|-2)$
Mögliche weitere Punkte: $(0|6|0)$ und $(-3|0|0)$
Daraus ergibt sich z. B.:

E: $\vec{X} = \begin{pmatrix} 0 \\ 6 \\ 0 \end{pmatrix} + \lambda \left[ \begin{pmatrix} 3 \\ 4 \\ -2 \end{pmatrix} - \begin{pmatrix} 0 \\ 6 \\ 0 \end{pmatrix} \right] + \mu \left[ \begin{pmatrix} -3 \\ 0 \\ 0 \end{pmatrix} - \begin{pmatrix} 0 \\ 6 \\ 0 \end{pmatrix} \right]$

$= \begin{pmatrix} 0 \\ 6 \\ 0 \end{pmatrix} + \lambda \begin{pmatrix} 3 \\ -2 \\ -2 \end{pmatrix} + \mu \begin{pmatrix} -3 \\ -6 \\ 0 \end{pmatrix} = \begin{pmatrix} 0 \\ 6 \\ 0 \end{pmatrix} + \lambda \begin{pmatrix} 3 \\ -2 \\ -2 \end{pmatrix} + \mu \begin{pmatrix} 1 \\ 2 \\ 0 \end{pmatrix}$ mit $\lambda, \mu \in \mathbb{R}$

2. a) Die Ebene F muss parallel zu E durch den Punkt B verlaufen, der mit dem Punkt A einen Durchmesser der Kugel bildet.

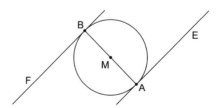

Es gilt:

$\vec{B} = \vec{A} + 2 \cdot \vec{AM} = \begin{pmatrix} 1 \\ 8 \\ -3 \end{pmatrix} + 2 \cdot \left[ \begin{pmatrix} 3 \\ 4 \\ 1 \end{pmatrix} - \begin{pmatrix} 1 \\ 8 \\ -3 \end{pmatrix} \right] = \begin{pmatrix} 1 \\ 8 \\ -3 \end{pmatrix} + 2 \cdot \begin{pmatrix} 2 \\ -4 \\ 4 \end{pmatrix} = \begin{pmatrix} 5 \\ 0 \\ 5 \end{pmatrix}$

*oder:*

$$\vec{B} = \vec{M} + \overrightarrow{AM} = \begin{pmatrix} 3 \\ 4 \\ 1 \end{pmatrix} + \left[ \begin{pmatrix} 3 \\ 4 \\ 1 \end{pmatrix} - \begin{pmatrix} 1 \\ 8 \\ -3 \end{pmatrix} \right] = \begin{pmatrix} 3 \\ 4 \\ 1 \end{pmatrix} + \begin{pmatrix} 2 \\ -4 \\ 4 \end{pmatrix} = \begin{pmatrix} 5 \\ 0 \\ 5 \end{pmatrix}$$

Als Normalenvektor von F kann der Normalenvektor von E verwendet werden, der Punkt B muss die Ebenengleichung von F erfüllen:

F: $x_1 - 2x_2 + 2x_3 + n_0 = 0$
$5 - 2 \cdot 0 + 2 \cdot 5 + n_0 = 0$
$15 + n_0 = 0$
$n_0 = -15$

F: $x_1 - 2x_2 + 2x_3 - 15 = 0$

b) Da im Berührpunkt Radius und Berührebene aufeinander senkrecht stehen, kann der gesuchte Abstand als Länge der Strecke [AB] berechnet werden.

$$d(E; F) = |\overrightarrow{AB}| = \left| \begin{pmatrix} 5 \\ 0 \\ 5 \end{pmatrix} - \begin{pmatrix} 1 \\ 8 \\ -3 \end{pmatrix} \right| = \left| \begin{pmatrix} 4 \\ -8 \\ 8 \end{pmatrix} \right| = \sqrt{4^2 + (-8)^2 + 8^2}$$

$$= \sqrt{16 + 64 + 64} = \sqrt{144} = 12$$

*oder:*

$$d(E; F) = d(B; E) = \frac{|1 \cdot 5 - 2 \cdot 0 + 2 \cdot 5 + 21|}{\sqrt{1^2 + (-2)^2 + 2^2}} = \frac{|5 + 10 + 21|}{\sqrt{1 + 4 + 4}} = \frac{36}{3} = 12$$

## Abitur Mathematik (Bayern): Prüfungsteil A
## Übungsaufgabe 2

### Analysis

BE

1. Gegeben ist die Funktion

$$f(x) = \frac{x^2 - 2}{x^2 + x}$$

a) Bestimmen Sie den Definitionsbereich $\mathbb{D}_f$. 2

b) Geben Sie die Gleichung der Tangente an den Graphen von f an der Stelle $x = 1$ an. 4

2. Gegeben sind drei Graphen, die eine Funktion sowie ihre 1. und 2. Ableitung zeigen. Ordnen Sie die Graphen entsprechend zu und begründen Sie Ihre Wahl. 6

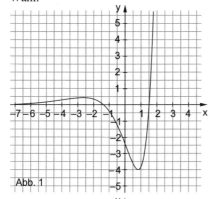
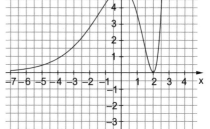
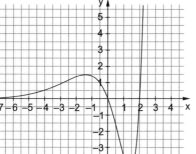

3. Lösen Sie die Gleichung

$e^x - 4e^{-x} = 0.$  4

4. Bestimmen Sie für die beiden Funktionen jeweils den Term einer Stammfunktion.

$$f(x) = 2\cos\left(\frac{1}{4}x\right) - \frac{1}{2}x^4 \qquad g(x) = \frac{2x+3}{x^2 + 3x - 1}$$

4

20

## Stochastik

BE

1. Zum Semesterende steht an der Universität die Mathematikprüfung für Ingenieure an. 20 % aller Prüflinge studieren Maschinenbau. 15 % der Prüflinge bestehen die Prüfung nicht, 4 % der Prüflinge sind Maschinenbaustudenten, die die Prüfung nicht bestehen.

a) Fertigen Sie eine Vierfeldertafel an.  3

b) Bestimmen Sie die Wahrscheinlichkeit, mit der ein Prüfling nicht Maschinenbau studiert und die Prüfung besteht.  1

c) Prüfen Sie die Ereignisse „Maschinenbaustudent" und „Prüfung bestanden" auf stochastische Abhängigkeit.  3

2. In einer Schale befinden sich nur durch die Farbe zu unterscheidende Kugeln. 25 % sind rot, 20 % blau, 20 % weiß, 15 % gelb, 10 % grün und 10 % lila. Aus der Schale werden nacheinander mit Zurücklegen 50 Kugeln entnommen. Dafür wurden Funktionsgraphen angefertigt, die näherungsweise die Binomialverteilung B(50; p) darstellen, wobei p die Wahrscheinlichkeit für die jeweilige Farbe ist.
Zu welcher Farbe gehört der abgebildete Graph? Begründen Sie Ihre Antwort.

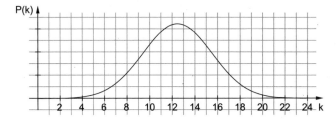

3
10

# Geometrie

Gegeben ist das Dreieck mit den Punkten A(1|2|3), B(0|-3|-1) und C(-1|2|-5).

a) Zeigen Sie, dass das Dreieck gleichschenklig ist. **3**

b) Bestimmen Sie die Koordinaten des Punktes D so, dass das Viereck ABCD eine Raute ist. **2**

c) Der Punkt A liegt in der Ebene E: $3x_1 - 4x_3 + 9 = 0$.
Welche besondere Lage besitzt E im Koordinatensystem? **2**

d) Welchen Abstand besitzt der Punkt P(3|7|2) von der Ebene E? **3**

**10**

## Tipps und Hinweise

## Analysis

### Aufgabe 1 a
- Der Nenner eines Bruches darf nicht null werden.
- Faktorisieren Sie den Nenner.
- Ein Produkt ist null, wenn einer der Faktoren null ist.

### Aufgabe 1 b
- Wie heißen die Koordinaten des Punktes auf dem Funktionsgraphen, durch den die Tangente verlaufen soll?
- Jede Tangente hat als Gerade die Gleichung $y = m \cdot x + t$.
- Die Steigung der Tangente ergibt sich mithilfe der 1. Ableitung $f'(x)$.
- Wie nennt man einen Rechenausdruck, der die Form des Funktionsterms hat?
- Beachten Sie bei der Berechnung von $f'(x)$ die Quotientenregel.

$$f(x) = \frac{u(x)}{v(x)} \;\Rightarrow\; f'(x) = \frac{u'(x) \cdot v(x) - u(x) \cdot v'(x)}{[v(x)]^2}$$

- Durch welche Zahl müssen Sie in $f'(x)$ das x ersetzen, um die gesuchte Tangentensteigung zu erhalten?
- Beachten Sie, dass die Tangente durch den Ihnen bekannten Punkt (mit $x = 1$) verläuft.

### Aufgabe 2
- Aus „$f'(x)$ ist 1. Ableitung von $f(x)$" folgt „$f(x)$ ist Stammfunktion von $f'(x)$".
- Beachten Sie den HDI – Hauptsatz der Differenzial- und Integralrechnung. Der HDI besagt, dass die Ableitung jeder Stammfunktion von $f(x)$ mit der Funktion $f(x)$ identisch ist: $F'(x) = f(x)$
- Was folgt aus $F'(x) = f(x)$ für die Extremstellen von $F(x)$?
- $F'(x) = 0$ liefert Extremstellen von $F(x)$.
  $f(x) = 0$ liefert Nullstellen von $f(x)$.
- Lesen Sie für jede Abbildung die Nullstellen und die Extremstellen aus der Zeichnung ab. Es geht dabei **nur** um die jeweiligen „Stellen", also **nur** um die x-Werte.
- Stimmen die Extremstellen einer Abbildung mit den Nullstellen einer anderen Abbildung überein? Was folgt daraus?
- Wie lassen sich die Abbildungen zu einer „Kette" hintereinander anordnen?

**Aufgabe 3**
- Wie lässt sich $e^{-x}$ auch schreiben?
- Multiplizieren Sie die Gleichung so, dass keine Potenz mit negativem Exponenten bzw. kein Bruch mehr auftritt.
- $e^x \cdot e^x = (e^x)^2$
- Sie erhalten für $e^x$ zwei Lösungen.
- Aus $e^x = a$ folgt $x = \ln a$.
- Es gilt $e^x > 0$ für alle $x \in \mathbb{R}$.

*oder:*
- Formen Sie die Gleichung so um, dass auf beiden Seiten eine Potenz von e steht.
- Logarithmieren Sie beide Seiten.
- $\ln x$ und $e^x$ sind Funktion und Umkehrfunktion. Sie „heben sich auf".
- $\ln(e^x) = x$
- Beachten Sie die Rechenregeln für Logarithmen.
- $\ln(uv) = \ln u + \ln v$ und $\ln u^z = z \ln u$

**Aufgabe 4**
- Bei f(x) suchen Sie für jedes der beiden Glieder getrennt die Stammfunktion.
- Es gilt: $\int \cos x \, dx = \sin x + C$
- Beachten Sie, dass das Argument bei der cos-Funktion nicht x, sondern $\frac{1}{4}x$ lautet.
- Wenn Sie die Stammfunktion zur Kontrolle ableiten, müssen Sie also die Kettenregel beachten: $(\sin(ax))' = \cos(ax) \cdot a$
- Für das zweite Glied von f(x) gilt $\int x^r \, dx = \frac{1}{r+1} \cdot x^{r+1} + C$.
- Welche Eigenschaft hat der Zähler von g(x) bezüglich des Nenners?
- Es gilt: $\int \frac{f'(x)}{f(x)} dx = \ln|f(x)| + C$

## Stochastik

**Aufgabe 1 a**

- Die beiden Kriterien bei der Vierfeldertafel sind M (Maschinenbaustudent) bzw. $\overline{M}$ und bestanden bzw. nicht bestanden.
- Setzen Sie die gegebenen Werte (20 %; 15 %; 4 %) in die Tafel ein und berechnen Sie über Summenbildungen die fehlenden.

**Aufgabe 1 b**

- Die gesuchte Wahrscheinlichkeit lässt sich direkt aus der Vierfeldertafel ablesen.

**Aufgabe 1 c**

- Die beiden Ereignisse A und B sind stochastisch unabhängig, wenn $P(A \cap B) = P(A) \cdot P(B)$.
- Sie können die benötigten Wahrscheinlichkeiten aus der Vierfeldertafel ablesen.
- Stimmt der Wert von $P(M) \cdot P(b)$ mit dem Wert von $P(M \cap b)$ überein?

**Aufgabe 2**

- Es handelt sich nicht um ein Histogramm, da nur eine Näherung dargestellt ist.
- Wo nehmen die Histogramm-Darstellungen von Binomialverteilungen die größten Werte an?
- Das Maximum einer Binomialverteilung befindet sich stets in der (unmittelbaren) Umgebung des Erwartungswerts.
- Berechnen Sie die Erwartungswerte der verschiedenen Farben.
- Ist die Zufallsgröße X binomialverteilt, so gilt für ihren Erwartungswert $E(X) = n \cdot p$.
- Beachten Sie, dass $n = 50$ gilt.
- Wo besitzt der abgebildete Graph sein Maximum?
- Für welche Farbe stimmt dieser abgelesene Wert am besten mit dem Erwartungswert überein?

## Geometrie

**Aufgabe a**

- Welche Bedingung muss ein Dreieck erfüllen, damit es gleichschenklig ist?
- Berechnen Sie die Längen der Dreiecksseiten.

- Die Länge des Vektors $\vec{a} = \begin{pmatrix} a_1 \\ a_2 \\ a_3 \end{pmatrix}$ ergibt sich aus $|\vec{a}| = \sqrt{a_1^2 + a_2^2 + a_3^2}$.

- Vermerken Sie (z. B. in einer Skizze), bei welcher Seite es sich um die Basis handelt.

**Aufgabe b**
- Welche Eigenschaften hat eine Raute?
- Da eine Raute ein Parallelogramm mit gleich langen Seiten ist, gilt hier $\overrightarrow{AD} = \overrightarrow{BC}$ und $\overrightarrow{CD} = \overrightarrow{BA}$.

**Aufgabe c**
- Was fällt an der Normalenform der Ebene E auf?
- Sie wissen, dass der Punkt A(1|2|3) der Ebene angehört. Welche Koordinate von A können Sie beliebig verändern, sodass alle entstehenden Punkte auch der Ebene E angehören?
- Welche Eigenschaft hat die Gerade, auf der alle Punkte Q(1|a|3) mit $a \in \mathbb{R}$ liegen?
- Alle diese Punkte Q(1|a|3), $a \in \mathbb{R}$, liegen auch in der Ebene E. Welche besondere Lage muss E somit haben?

**Aufgabe d**
- Für die Berechnung des Abstands eines Punktes von einer Ebene gibt es eine Formel.
- In der Normalenform muss jedes $x_i$ durch die entsprechende Koordinate des Punktes, dessen Abstand von der Ebene berechnet werden soll, ersetzt werden. Man dividiert den Absolutbetrag des sich ergebenden Werts durch die Länge des Normalenvektors.
- Verwenden Sie die Formel $d(P; E) = \dfrac{|n_1 p_1 + n_2 p_2 + n_3 p_3 + n_0|}{|\vec{n}|}$.

# Lösungen

## Analysis

1. a) $f(x) = \dfrac{x^2-2}{x^2+x} = \dfrac{x^2-2}{x(x+1)}$    $D_f = \mathbb{R} \setminus \{0; -1\}$

b) $f(1) = \dfrac{1^2-2}{1^2+1} = \dfrac{-1}{2} = -\dfrac{1}{2}$    $P\left(1 \mid -\dfrac{1}{2}\right) = P(1 \mid -0,5)$

$f'(x) = \dfrac{2x \cdot (x^2+x) - (x^2-2) \cdot (2x+1)}{(x^2+x)^2} = \dfrac{2x^3 + 2x^2 - 2x^3 - x^2 + 4x + 2}{(x^2+x)^2}$

$= \dfrac{x^2 + 4x + 2}{(x^2+x)^2}$

$f'(1) = \dfrac{1+4+2}{(1+1)^2} = \dfrac{7}{4} = 1,75$

Tangente:    $y = m \cdot x + t$    mit $m = f'(1) = 1,75$

$y = 1,75 \cdot x + t$    Einsetzen von $P(1 \mid -0,5)$

$-0,5 = 1,75 \cdot 1 + t$

$t = -0,5 - 1,75 = -2,25$

$\Rightarrow$   $y = 1,75x - 2,25$

2. Lösung über den HDI: $F'(x) = f(x)$

Jede Extremstelle von $F(x)$ – der Stammfunktion – muss also Nullstelle von $f(x)$ sein.

|  | Nullstellen | Extremstellen |
|---|---|---|
| Abbildung 1 | $x = -1,5 / x = 1,5$ | $x \approx -2,75 / x \approx 0,75$ |
| Abbildung 2 | $x = 2$ doppelt | $x = 0 / x = 2$ |
| Abbildung 3 | $x = 0 / x = 2$ | $x = -1,5 / x = 1,5$ |

Somit zeigt Abbildung 3 eine Stammfunktion von Abbildung 1 und Abbildung 2 eine Stammfunktion von Abbildung 3.

Also $\left.\begin{array}{l}(\text{Abb. 3})' = \text{Abb. 1} \\ (\text{Abb. 2})' = \text{Abb. 3}\end{array}\right\} \Rightarrow (\text{Abb. 2})'' = (\text{Abb. 3})' = \text{Abb. 1}$

und somit

   $(\text{Abb. 2})' = \text{Abb. 3}$
   $(\text{Abb. 2})'' = \text{Abb. 1}$

Also stellen
> Abb. 2 die ursprüngliche Funktion f(x),
> Abb. 3 die 1. Ableitung f'(x),
> Abb. 1 die 2. Ableitung f''(x)

dar.

3. $e^x - 4e^{-x} = 0$ bzw. $e^x - \dfrac{4}{e^x} = 0$

$\qquad e^x = 4e^{-x}$ bzw. $e^x = \dfrac{4}{e^x}$ $\quad |\cdot e^x$

$\qquad (e^x)^2 = 4$

$\qquad e^x = \pm 2$

$e^x = 2 \Rightarrow x = \ln 2$

$e^x = -2$ ↯ da $e^x > 0$ für alle $x \in \mathbb{R}$

$\mathbb{L} = \{\ln 2\}$

*oder:*

$e^x - 4e^{-x} = 0$

$\qquad e^x = 4e^{-x} \qquad\qquad |\ln$

$\qquad x = \ln(4e^{-x})$

$\qquad x = \ln 4 + \ln e^{-x}$

$\qquad x = \ln 4 + (-x)$

$\qquad 2x = \ln 4$

$\qquad x = \dfrac{1}{2}\ln 4 = \ln 4^{\frac{1}{2}} = \ln 2$

$\mathbb{L} = \{\ln 2\}$

4. $f(x) = 2\cos\left(\dfrac{1}{4}x\right) - \dfrac{1}{2}x^4$

$F(x) = 2 \cdot \dfrac{1}{\frac{1}{4}} \cdot \sin\left(\dfrac{1}{4}x\right) - \dfrac{1}{2} \cdot \dfrac{1}{5}x^5 + C = 8\sin\left(\dfrac{1}{4}x\right) - \dfrac{1}{10}x^5 + C$

$g(x) = \dfrac{2x+3}{x^2+3x-1}$ $\qquad$ Es gilt: $(x^2+3x-1)' = 2x+3$

$g(x) = \dfrac{(x^2+3x-1)'}{x^2+3x-1}$

$G(x) = \ln|x^2+3x-1| + C$

## Stochastik

1. a)

| | M: Maschinen-baustudent | $\overline{M}$: kein Maschi-nenbaustudent | |
|---|---|---|---|
| b: bestanden | **16 %** | 69 % | 85 % |
| $\overline{b}$: nicht bestanden | 4 % | **11 %** | 15 % |
| | 20 % | **80 %** | 100 % |

Die zu berechnenden Werte sind fett gedruckt.

b) $P(\overline{M} \cap b) = 0{,}69 = 69\,\%$ (siehe Vierfeldertafel)

c) $P(M) = 0{,}2$
$P(b) = 1 - 0{,}15 = 0{,}85$
$P(M) \cdot P(b) = 0{,}17$
$P(M \cap b) = 0{,}16 \neq P(M) \cdot P(b)$   stochastisch abhängig

2. Der Graph gehört zu $p = 0{,}25$, also rot.
Der Graph hat sein Maximum bei etwa $x = 12{,}5$.
Für den Erwartungswert $\mu = n \cdot p$ ergibt sich für
rot: 12,5     blau: 10     weiß: 10
gelb: 7,5     grün: 5      lila: 5
Da sich bei einer Binomialverteilung das Maximum stets in der Umgebung des Erwartungswerts befindet, kommt nur die Farbe rot in Betracht.

## Geometrie

a) $\overline{AB} = |\vec{AB}| = \left| \begin{pmatrix} 0 \\ -3 \\ -1 \end{pmatrix} - \begin{pmatrix} 1 \\ 2 \\ 3 \end{pmatrix} \right| = \left| \begin{pmatrix} -1 \\ -5 \\ -4 \end{pmatrix} \right| = \sqrt{(-1)^2 + (-5)^2 + (-4)^2} = \sqrt{1+25+16} = \sqrt{42}$

$\overline{AC} = |\vec{AC}| = \left| \begin{pmatrix} -1 \\ 2 \\ -5 \end{pmatrix} - \begin{pmatrix} 1 \\ 2 \\ 3 \end{pmatrix} \right| = \left| \begin{pmatrix} -2 \\ 0 \\ -8 \end{pmatrix} \right| = \sqrt{(-2)^2 + 0^2 + (-8)^2} = \sqrt{4+0+64} = \sqrt{68}$

$\overline{BC} = |\vec{BC}| = \left| \begin{pmatrix} -1 \\ 2 \\ -5 \end{pmatrix} - \begin{pmatrix} 0 \\ -3 \\ -1 \end{pmatrix} \right| = \left| \begin{pmatrix} -1 \\ 5 \\ -4 \end{pmatrix} \right| = \sqrt{(-1)^2 + 5^2 + (-4)^2} = \sqrt{1+25+16} = \sqrt{42}$

$\triangle ABC$ ist gleichschenklig mit der Basis [AC].

b) $\vec{D} = \vec{A} + \overrightarrow{AD} = \vec{A} + \overrightarrow{BC}$

$= \begin{pmatrix} 1 \\ 2 \\ 3 \end{pmatrix} + \begin{pmatrix} -1 \\ 5 \\ -4 \end{pmatrix} = \begin{pmatrix} 0 \\ 7 \\ -1 \end{pmatrix}$

*oder:*

$\vec{D} = \vec{C} + \overrightarrow{CD} = \vec{C} + \overrightarrow{BA} = \begin{pmatrix} -1 \\ 2 \\ -5 \end{pmatrix} + \begin{pmatrix} 1 \\ 5 \\ 4 \end{pmatrix} = \begin{pmatrix} 0 \\ 7 \\ -1 \end{pmatrix}$

c) E verläuft parallel zur $x_2$-Achse, da mit dem Punkt $A(1|2|3)$ alle Punkte $(1|a|3)$, $a \in \mathbb{R}$, der Ebene E angehören.

*oder:*

$\vec{n} = \begin{pmatrix} 3 \\ 0 \\ -4 \end{pmatrix}$

Der Normalenvektor der Ebene verläuft also parallel zur $x_1$-$x_3$-Ebene und steht damit auf der $x_2$-Achse senkrecht $\Rightarrow$ E $\|$ $x_2$-Achse.

d) Mit $|\vec{n}| = \sqrt{3^2 + 0^2 + (-4)^2} = 5$ und der Formel $d(P; E) = \frac{|n_1 p_1 + n_2 p_2 + n_3 p_3 + n_0|}{|\vec{n}|}$
ergibt sich:

$d(P; E) = \frac{1}{5} \cdot |3 \cdot 3 + 0 \cdot 7 - 4 \cdot 2 + 9| = \frac{1}{5} \cdot 10 = 2$

**Abitur Mathematik (Bayern): Prüfungsteil A**
**Übungsaufgabe 3**

## Analysis

BE

1. Gegeben sind vier Funktionsbilder. Graph A zeigt die Funktion f(x).
   Welche Funktionen sind durch die Graphen B, C und D dargestellt? 4

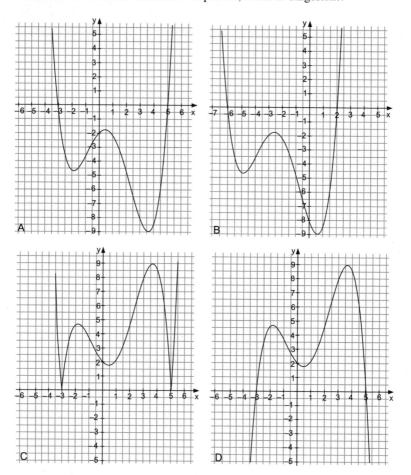

2. Untersuchen Sie die folgenden Funktionen auf Nullstellen:

$f(x) = (x^2 - 4)(x + 2)$ $\qquad g(x) = \dfrac{(x^2 - 4)}{(x + 2)}$

$h(x) = e^{(x^2 - 4)(x + 2)}$ $\qquad i(x) = \sqrt{x^2 - 4}$ $\qquad\qquad$ 6

3. Der Graph einer rationalen Funktion 3. Grades berührt die x-Achse für $x = -3$ und hat im Punkt $(0\,|\,4)$ ein relatives Maximum.
Geben Sie die Gleichung dieser Funktion an. $\qquad\qquad$ 6

4. Lösen Sie die Gleichung:
$4\ln(2x) - (\ln(2x))^2 = 0$ $\qquad\qquad\qquad\qquad\qquad\qquad$ _4_
$\qquad\qquad\qquad\qquad\qquad\qquad\qquad\qquad\qquad\qquad\qquad\qquad$ 20

## Stochastik

BE

1. Aus den Schalen A, B und C wird nacheinander je eine Kugel gezogen. In jeder Schale befinden sich nur Kugeln, die sich lediglich in ihrer Farbe unterscheiden.

Schale A: 2 rote, 3 weiße, 5 schwarze
Schale B: 5 rote, 5 weiße
Schale C: 3 rote, 4 weiße, 3 schwarze

Berechnen Sie die Wahrscheinlichkeit, mit der

a) drei rote Kugeln $\qquad\qquad$ 1

b) drei gleichfarbige Kugeln $\qquad\qquad$ 1

c) höchstens eine rote Kugel $\qquad\qquad$ 2

gezogen werden.

2. Herr Meier fährt jeden Morgen mit dem Auto zur Arbeit. Dass er einen Arbeitstag zu spät beginnt, liegt zum einen daran, dass er zu spät daheim losfährt, zum anderen daran, dass auf der Strecke zur Arbeit oft ein Verkehrsstau auftritt. Die Wahrscheinlichkeit, in einen Verkehrsstau zu geraten, beträgt 80 %, wenn Herr Meier zu spät losfährt, während er an zwei von drei Tagen ohne Stau durchkommt, wenn er pünktlich von zu Hause aufbricht. Die Wahrscheinlichkeit, dass Herr Meier weder zu spät losfährt noch in einen Stau gerät, beträgt 50 %.

a) Berechnen Sie die Wahrscheinlichkeit, dass Herr Meier rechtzeitig daheim losfährt. $\qquad\qquad$ 1

b) Zeigen Sie, dass die beiden Ereignisse „später losfahren" und „Verkehrsstau" stochastisch abhängig sind.   3

c) Von den Angaben soll lediglich der Wert „80 %" so geändert werden, dass die beiden Ereignisse „später losfahren" und „Verkehrsstau" stochastisch unabhängig sind. Bestimmen Sie den Wert, der statt 80 % gesetzt werden muss.   2

10

## Geometrie

BE

1. Die Vektoren $\vec{a}, \vec{b}$ und $\vec{c}$ legen das Prisma OABCDE fest.
Es gilt:

$$\vec{OR} = \frac{2}{3}\vec{OA}$$

$$\vec{RS} = \frac{3}{4}\vec{RE}$$

$$\vec{CT} = \frac{1}{6}\vec{CD}$$

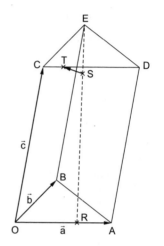

a) Stellen Sie den Vektor $\vec{ST}$ durch die Vektoren $\vec{a}, \vec{b}$ und $\vec{c}$ dar.   2

b) Interpretieren Sie das Ergebnis geometrisch.   2

2. Gegeben ist das Dreieck ABC durch A(5|3|7), B(–5|–3|5) und C(–2|1|4).

a) Zeigen Sie, dass die Höhe $h_a$ des Dreiecks auf der Geraden

$$g: \vec{X} = \begin{pmatrix} -3 \\ 7 \\ -1 \end{pmatrix} + \lambda \begin{pmatrix} 2 \\ -1 \\ 2 \end{pmatrix} \quad \text{mit } \lambda \in \mathbb{R}$$   2

liegt.

b) Bestimmen Sie die Länge der Höhe $h_a$.   3

c) Zeigen Sie, dass das Dreieck ABC die Fläche $3\sqrt{26}$ besitzt.   1

10

## Tipps und Hinweise

### Analysis

**Aufgabe 1**

- Wie verändert sich der Graph beim Übergang von A nach B?
- Wie muss der Graph verschoben werden, um von A nach B zu gelangen?
- Wie lässt sich eine solche Verschiebung in der Funktionsgleichung ablesen?
- Es gibt zwei mögliche Verschiebungen:
  - Verschiebung in y-Richtung um b nach oben/nach unten, aus f(x) wird f(x) + b/ f(x) − b.
  - Verschiebung in x-Richtung um a nach rechts/nach links, aus f(x) wird f(x − a)/ f(x + a).
- Was fällt am Graphen C auf?
- Welche Rechenoperation verwandelt bei einer negativen Zahl nur das Vorzeichen?
- Es gilt:
$$|y| = \begin{cases} y, & \text{falls } y \geq 0 \\ -y, & \text{falls } y < 0 \end{cases}$$
Wenn y < 0 gilt, so ist −y eine positive Zahl!
- Wie verändert sich der Graph beim Übergang von A nach D?
- Woran muss der Graph gespiegelt werden, um von A nach D zu gelangen?
- Wie lässt sich eine solche Spiegelung in der Funktionsgleichung ablesen?
- Es gibt zwei mögliche Spiegelungen:
  - Spiegelung an der y-Achse, aus f(x) wird f(−x).
  - Spiegelung an der x-Achse, aus f(x) wird −f(x).

**Aufgabe 2**

- Nullstellen sind die Schnittpunkte mit der x-Achse. Diese hat die Gleichung y = 0.
- Ein Produkt ist null, wenn einer der Faktoren null ist.
- $x^2 - 4$ kann faktorisiert werden (binomische Formel!).
- Beachten Sie die vollständige Faktorisierung von f(x) auch bei den folgenden Funktionen.
- Bei jeder gebrochenen Funktion muss auf den Definitionsbereich geachtet werden.
- Welchen Definitionsbereich hat g(x)?

- Warum besitzt g(x) nur eine einzige Nullstelle, obwohl der Zähler für zwei verschiedene x-Werte den Wert null annimmt?
- Wie verläuft die Funktion $y = e^x$? Besitzt sie Schnittpunkte mit der x-Achse?
- Bei jeder Wurzelfunktion muss auf den Definitionsbereich geachtet werden.
- Welchen Definitionsbereich hat i(x)?
- Ein Produkt aus zwei Faktoren ist positiv, wenn beide Faktoren dasselbe Vorzeichen haben, also entweder für beide $> 0$ oder für beide $< 0$ gilt.
- Ein Quadrat kann nicht negativ werden.
- Die Nullstelle muss dem Definitionsbereich angehören.

**Aufgabe 3**
- Wie lautet die allgemeine Funktionsgleichung für eine rationale Funktion 3. Grades?
- Wie viele Unbekannte hat diese allgemeine Funktionsgleichung? Sie brauchen ebenso viele Bestimmungsgleichungen.
- In der Angabe finden Sie Informationen zu zwei Punkten, die dem Graphen der Funktion angehören.
- Was bedeutet „berührt die x-Achse"? Eine Skizze hilft.
- Für $x = -3$ muss $y = 0$ gelten, damit die x-Achse berührt wird.
- Das Wort „berührt" lässt die x-Achse für $x = -3$ zur Tangente werden. Was folgt daraus für die Steigung im Berührpunkt?
- Was bedeutet „in (0|4) ein relatives Maximum"?
- Der Punkt (0|4) muss auf dem Graphen liegen.
- Welche Eigenschaften hat jeder Extrempunkt?
- Sie erhalten vier Gleichungen für die vier Unbekannten.
- Durch zwei dieser Gleichungen sind zwei Unbekannte unmittelbar bestimmt. Setzen Sie diese in die beiden anderen Gleichungen ein.
- Lösen Sie die beiden Gleichungen mit den beiden verbliebenen Unbekannten.

**Aufgabe 4**
- Klammern Sie aus.
- Ein Produkt ist null, wenn einer der Faktoren null ist.
- Wo besitzt die Funktion $f(x) = \ln x$ ihre Nullstelle?
- Es gilt: $\ln 1 = 0$

- ln x und $e^x$ sind Funktion und Umkehrfunktion, sie „heben sich auf".
- ln a = b $\Rightarrow$ a = $e^b$

## Stochastik

**Aufgabe 1**
- In jeder Schale befinden sich 10 Kugeln.

**Aufgabe 1 a**
- „drei rote Kugeln" bedeutet aus jeder Schale eine rote Kugel.

**Aufgabe 1 b**
- Welche Farben stehen für „drei gleichfarbige Kugeln" zur Verfügung?
- In Schale B befinden sich keine schwarzen Kugeln.

**Aufgabe 1 c**
- Zerlegen Sie „höchstens eine rote" in zwei Ereignisse.
- „eine rote" wird erfüllt, wenn aus nur einer Schale eine rote, aus den beiden anderen Schalen keine rote gezogen wird.

**Aufgabe 2**
- Machen Sie sich klar, welche Wahrscheinlichkeiten gegeben sind.
- Benennen Sie die beiden Ereignisse entsprechend.
- Sie können die Angaben auch in ein Baumdiagramm eintragen.

**Aufgabe 2 a**
- Sie kennen sowohl die Wahrscheinlichkeit einer Schnittmenge („weder zu spät losfahren noch in Stau geraten") als auch die Wahrscheinlichkeit, bei pünktlichem Aufbruch nicht in Stau zu geraten.
- Verwenden Sie die 1. Pfadregel bzw. die Beziehung $P(\overline{S} \cap \overline{V}) = P(\overline{S}) \cdot P_{\overline{S}}(\overline{V})$.
- Aus $P(\overline{S})$ ergibt sich P(S).

**Aufgabe 2 b**
- Zwei Ereignisse A und B sind stochastisch unabhängig, wenn $P(A \cap B) = P(A) \cdot P(B)$ gilt.
- Sie sollen zeigen $P(S \cap V) \neq P(S) \cdot P(V)$.
- Sie kennen P(S) aus Teilaufgabe a.
- $P(S \cap V)$ ergibt sich mithilfe der 1. Pfadregel bzw. aus $P(S \cap V) = P(S) \cdot P_S(V)$.

- P(V) lässt sich aus zwei Schnittmengen-Wahrscheinlichkeiten zusammensetzen.
- $P(V) = P(S \cap V) + P(\overline{S} \cap V)$

**Aufgabe 2 c**
- Benutzen Sie die Formel für unabhängige Ereignisse $P(S \cap V) = P(S) \cdot P(V)$.
- Verfahren Sie wie in Teilaufgabe b, achten Sie aber darauf, statt 0,8 stets x zu setzen.
- Lösen Sie die Gleichung nach x auf.

*oder:*
- Machen Sie sich klar, was es bedeutet, wenn die beiden Ereignisse unabhängig sind.
- Übertragen Sie die entsprechenden Wahrscheinlichkeiten.

## Geometrie

**Aufgabe 1 a**
- Finden Sie einen Weg, der über die angegebenen Punkte vom Punkt S zum Punkt T führt.
- Drücken Sie alle Vektoren durch $\vec{a}$, $\vec{b}$ und $\vec{c}$ aus.
- Fassen Sie so weit wie möglich zusammen.

**Aufgabe 1 b**
- Was fällt am Ergebnis von Teilaufgabe a auf?
- Welche Fläche des Prismas wird ebenfalls nur von den Vektoren $\vec{b}$ und $\vec{c}$ aufgespannt?
- Welche Lage muss der Ergebnisvektor von Teilaufgabe a bzgl. dieser Fläche haben?

**Aufgabe 2 a**
- Skizzieren Sie ein beliebiges Dreieck ABC und zeichnen Sie auch die Höhe $h_a$ ein.
- Durch welchen Dreieckspunkt verläuft die Höhe $h_a$?
- Jede Höhe steht auf der Gegenseite senkrecht.
- Zeigen Sie, dass A auf der Geraden g liegt.
- Zeigen Sie, dass die Gerade g auf der Geraden durch B und C senkrecht steht.
- Zwei Vektoren stehen aufeinander senkrecht, wenn ihr Skalarprodukt null ergibt.

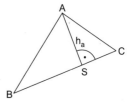

✓ Berechnung des Skalarprodukts:

$$\vec{a} \circ \vec{b} = \begin{pmatrix} a_1 \\ a_2 \\ a_3 \end{pmatrix} \circ \begin{pmatrix} b_1 \\ b_2 \\ b_3 \end{pmatrix} = a_1 b_1 + a_2 b_2 + a_3 b_3$$

**Aufgabe 2 b**

✓ Die Höhe $h_a$ wird durch den Punkt A und den Schnittpunkt S der Geraden g mit der Geraden durch B und C begrenzt.

✓ Die Gerade durch B und C ergibt sich aus $\vec{X} = \vec{B} + \lambda \overrightarrow{BC}$.

✓ Den Schnittpunkt zweier Geraden erhält man durch Gleichsetzen der beiden Gleichungen.

✓ Es ergeben sich 3 Gleichungen für 2 Unbekannte.

✓ Probe in der 3. Gleichung nicht vergessen.

✓ Einsetzen eines Parameters in die entsprechende Geradengleichung liefert die Koordinaten des Schnittpunkts.

✓ Die Länge der Höhe $h_a$ entspricht der Länge des Vektors $\overrightarrow{AS}$.

✓ Die Länge des Vektors $\vec{a} = \begin{pmatrix} a_1 \\ a_2 \\ a_3 \end{pmatrix}$ ergibt sich aus $|\vec{a}| = \sqrt{a_1^2 + a_2^2 + a_3^2}$.

**Aufgabe 2 c**

✓ Die Dreiecksfläche lässt sich elementargeometrisch oder vektoriell berechnen.

✓ Für die Dreiecksfläche gilt $A_\Delta = \frac{1}{2} \cdot g \cdot h$ mit Grundlinie g und zugehöriger Höhe h.

✓ Die Länge der Höhe $h_a$ haben Sie in Teilaufgabe 2 b berechnet. Die entsprechende Grundlinie hat die Länge $|\overrightarrow{BC}|$.

*oder:*

✓ Für die Dreiecksfläche gilt: $A_\Delta = \frac{1}{2} \cdot |\overrightarrow{AB} \times \overrightarrow{AC}|$

✓ Das Vektorprodukt (oder Kreuzprodukt) zweier Vektoren $\vec{a}$ und $\vec{b}$ berechnet sich zu:

$$\vec{a} \times \vec{b} = \begin{pmatrix} a_1 \\ a_2 \\ a_3 \end{pmatrix} \times \begin{pmatrix} b_1 \\ b_2 \\ b_3 \end{pmatrix} = \begin{pmatrix} a_2 b_3 - a_3 b_2 \\ a_3 b_1 - a_1 b_3 \\ a_1 b_2 - a_2 b_1 \end{pmatrix}$$

## Lösungen

### Analysis

1. Graph B ist der um 3 nach links verschobene Graph A.
   $\Rightarrow$ B: $f(x+3)$
   Graph C besitzt keine negativen Funktionswerte. Die bei Graph A unterhalb der x-Achse liegenden Teile des Graphen werden an der x-Achse gespiegelt („nach oben geklappt").
   $\Rightarrow$ C: $|f(x)|$
   Graph D entsteht, wenn Graph A in seiner Gesamtheit an der x-Achse gespiegelt wird.
   $\Rightarrow$ D: $-f(x)$

2. $f(x) = (x^2 - 4)(x + 2) = (x + 2)(x - 2)(x + 2) = (x - 2)(x + 2)^2$ \quad $\mathbb{D} = \mathbb{R}$
   Nullstellen: $(2|0)$, $(-2|0)$ doppelte Nullstelle
   Verlangt ist nur die Angabe der Nullstellen.
   *Zusätzlicher Hinweis:* Jede doppelte Nullstelle ist ein Berührpunkt der x-Achse. Der Funktionsgraph hat die x-Achse also als Tangente. Somit ist jede doppelte Nullstelle zugleich ein Extrempunkt.

   $g(x) = \dfrac{x^2 - 4}{x + 2} = \dfrac{(x - 2)(x + 2)}{(x + 2)}$ \quad $\mathbb{D} = \mathbb{R} \setminus \{-2\}$

   Für $x = -2$ ergibt sich keine Nullstelle, da $-2 \notin \mathbb{D}$!
   (Nur zur Information: $g(x)$ besitzt an der Stelle $(-2|-4)$ ein „Loch".)
   Einzige Nullstelle: $(2|0)$

   $h(x) = e^{(x^2 - 4)(x + 2)} = e^{(x - 2)(x + 2)^2}$ \quad $\mathbb{D} = \mathbb{R}$
   Die Funktion besitzt keine Nullstellen, da $e^x > 0$ für $x \in \mathbb{R}$.

   $i(x) = \sqrt{x^2 - 4} = \sqrt{(x - 2)(x + 2)}$ \quad $\mathbb{D} = ]-\infty, -2] \cup [2; \infty[$
   Die Funktion ist nur definiert, wenn der Radikand (= Term unter der Wurzel) nicht negativ ist.
   Nullstellen: $(2|0)$ und $(-2|0)$

3. $f(x) = ax^3 + bx^2 + cx + d$
   „berührt die x-Achse in $(-3|0)$" $\Rightarrow$ (1) $f(-3) = 0$
   \hspace{5.2cm} (2) $f'(-3) = 0$
   „relatives Maximum in $(0|4)$" $\Rightarrow$ (3) $f(0) = 4$
   \hspace{5.2cm} (4) $f'(0) = 0$

Wegen $f'(x) = 3ax^2 + 2bx + c$ ergibt sich:
(1)  $-27a + 9b - 3c + d = 0$
(2)  $27a - 6b + c = 0$
(3)  $d = 4$
(4)  $c = 0$

Einsetzen von (3) und (4) in (1) und (2):
(1)  $-27a + 9b + 4 = 0$
(2)  $27a - 6b\phantom{ + 4} = 0$

(1) + (2)  $3b + 4 = 0 \Rightarrow b = -\dfrac{4}{3}$

in (2)  $27a - 6 \cdot \left(-\dfrac{4}{3}\right) = 0 \Rightarrow 27a + 8 = 0 \Rightarrow a = -\dfrac{8}{27}$

$f(x) = -\dfrac{8}{27}x^3 - \dfrac{4}{3}x^2 + 4$

4. $4\ln(2x) - (\ln(2x))^2 = 0$
$\ln(2x)(4 - \ln(2x)) = 0$

$\ln(2x) = 0$    oder    $4 - \ln(2x) = 0$
$2x = 1$             $\ln(2x) = 4$
$x = \dfrac{1}{2}$            $2x = e^4$
                     $x = \dfrac{1}{2}e^4$

$L = \left\{\dfrac{1}{2}; \dfrac{1}{2}e^4\right\}$

## Stochastik

1. a) $P(rrr) = P_A(r) \cdot P_B(r) \cdot P_C(r) = \dfrac{2}{10} \cdot \dfrac{5}{10} \cdot \dfrac{3}{10} = \dfrac{30}{1\,000} = 0{,}03 = 3\,\%$

b) $P(\text{gleichfarbig}) = P(rrr) + P(www) = \dfrac{2}{10} \cdot \dfrac{5}{10} \cdot \dfrac{3}{10} + \dfrac{3}{10} \cdot \dfrac{5}{10} \cdot \dfrac{4}{10}$

$\phantom{P(\text{gleichfarbig})} = \dfrac{30}{1\,000} + \dfrac{60}{1\,000} = 0{,}09 = 9\,\%$

c) P(höchstens eine rote) = P(keine rote) + P(eine rote)

$$= P(\overline{r}\,\overline{r}\,\overline{r}) + P(r\,\overline{r}\,\overline{r}) + P(\overline{r}\,r\,\overline{r}) + P(\overline{r}\,\overline{r}\,r)$$

$$= \frac{8}{10} \cdot \frac{5}{10} \cdot \frac{7}{10} + \frac{2}{10} \cdot \frac{5}{10} \cdot \frac{7}{10} + \frac{8}{10} \cdot \frac{5}{10} \cdot \frac{7}{10} + \frac{8}{10} \cdot \frac{5}{10} \cdot \frac{3}{10}$$

$$= \frac{280}{1\,000} + \frac{70}{1\,000} + \frac{280}{1\,000} + \frac{120}{1\,000} = \frac{750}{1\,000} = 0,75 = 75\,\%$$

2. Mit S für „später losfahren" und V für „Verkehrsstau" sind gegeben:

$P_S(V) = 80\,\%$  $\qquad P_{\overline{S}}(\overline{V}) = \frac{2}{3}$  $\qquad P(\overline{S} \cap \overline{V}) = 50\,\%$

Die Angaben lassen sich auch in einem Baumdiagramm darstellen (nicht gefordert!).

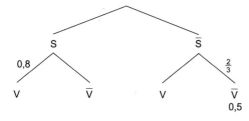

a) $P(\overline{S} \cap \overline{V}) = P(\overline{S}) \cdot P_{\overline{S}}(\overline{V})$

$\qquad 0,5 = P(\overline{S}) \cdot \frac{2}{3}$

$\qquad P(\overline{S}) = 0,5 : \frac{2}{3} = \frac{1}{2} \cdot \frac{3}{2} = \frac{3}{4} = 0,75 = 75\,\%$

$\Rightarrow \; P(S) = 0,25 = 25\,\%$

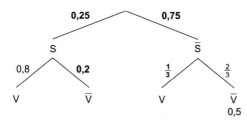

Die zu berechnenden Werte sind fett gedruckt.

b) $P(S) = 0,25$

$P(V) = P(S \cap V) + P(\overline{S} \cap V) = 0,25 \cdot 0,8 + 0,75 \cdot \dfrac{1}{3}$

$= \dfrac{1}{4} \cdot \dfrac{8}{10} + \dfrac{3}{4} \cdot \dfrac{1}{3} = \dfrac{1}{5} + \dfrac{1}{4} = \dfrac{4}{20} + \dfrac{5}{20} = \dfrac{9}{20} = \dfrac{45}{100} = 0,45 = 45\,\%$

$P(S \cap V) = 0,25 \cdot 0,8 = \dfrac{1}{4} \cdot \dfrac{8}{10} = \dfrac{8}{40} = \dfrac{80}{400} \neq P(S) \cdot P(V) = \dfrac{1}{4} \cdot \dfrac{45}{100} = \dfrac{45}{400}$

S und V sind somit stochastisch abhängig.

c) Sollen S und V unabhängig sein, muss gelten:

$P(S \cap V) = P(S) \cdot P(V)$

$0,25 \cdot x = 0,25 \cdot \left[0,25 \cdot x + 0,75 \cdot \dfrac{1}{3}\right]$

$x = 0,25 \cdot x + 0,75 \cdot \dfrac{1}{3}$

$x = \dfrac{1}{4} x + \dfrac{3}{4} \cdot \dfrac{1}{3}$

$\dfrac{3}{4} x = \dfrac{1}{4}$

$x = \dfrac{1}{4} : \dfrac{3}{4} = \dfrac{1}{4} \cdot \dfrac{4}{3} = \dfrac{1}{3}$

Anstelle von 0,8 muss der Wert $\dfrac{1}{3}$ gewählt werden.

*oder:*

Die beiden Ereignisse S und V sind nur dann stochastisch unabhängig, wenn die Wahrscheinlichkeit, in einen Stau zu geraten, nichts damit zu tun hat, ob Herr Meier zu spät losfährt oder nicht. Im Baumdiagramm muss also nach S die gleiche Wahrscheinlichkeitsverteilung wie nach $\overline{S}$ auftreten.

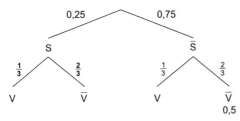

Die zu berechnenden Werte sind fett gedruckt.

# Geometrie

1. a) $\overrightarrow{ST} = \overrightarrow{SE} + \overrightarrow{EC} + \overrightarrow{CT} = \frac{1}{4}\overrightarrow{RE} - \vec{b} + \frac{1}{6}\vec{a} = \frac{1}{4}(\overrightarrow{RO} + \overrightarrow{OC} + \overrightarrow{CE}) - \vec{b} + \frac{1}{6}\vec{a}$

$= \frac{1}{4}\left(-\frac{2}{3}\vec{a} + \vec{c} + \vec{b}\right) - \vec{b} + \frac{1}{6}\vec{a} = -\frac{1}{4} \cdot \frac{2}{3}\vec{a} + \frac{1}{4}\vec{c} + \frac{1}{4}\vec{b} - \vec{b} + \frac{1}{6}\vec{a}$

$= -\frac{1}{6}\vec{a} + \frac{1}{4}\vec{c} - \frac{3}{4}\vec{b} + \frac{1}{6}\vec{a} = \frac{1}{4}\vec{c} - \frac{3}{4}\vec{b}$

*oder:*

$\overrightarrow{ST} = \overrightarrow{SR} + \overrightarrow{RO} + \overrightarrow{OC} + \overrightarrow{CT} = \frac{3}{4}\overrightarrow{ER} - \frac{2}{3}\vec{a} + \vec{c} + \frac{1}{6}\vec{a}$

$= \frac{3}{4}(\overrightarrow{EC} + \overrightarrow{CO} + \overrightarrow{OR}) - \frac{2}{3}\vec{a} + \vec{c} + \frac{1}{6}\vec{a} = \frac{3}{4}\left(-\vec{b} - \vec{c} + \frac{2}{3}\vec{a}\right) - \frac{2}{3}\vec{a} + \vec{c} + \frac{1}{6}\vec{a}$

$= -\frac{3}{4}\vec{b} - \frac{3}{4}\vec{c} + \frac{3}{4} \cdot \frac{2}{3}\vec{a} - \frac{2}{3}\vec{a} + \vec{c} + \frac{1}{6}\vec{a} = -\frac{3}{4}\vec{b} - \frac{3}{4}\vec{c} + \vec{c} + \frac{1}{2}\vec{a} - \frac{2}{3}\vec{a} + \frac{1}{6}\vec{a}$

$= -\frac{3}{4}\vec{b} + \frac{1}{4}\vec{c} + \frac{3}{6}\vec{a} - \frac{4}{6}\vec{a} + \frac{1}{6}\vec{a} = -\frac{3}{4}\vec{b} + \frac{1}{4}\vec{c}$

b) Da $\overrightarrow{ST}$ nur von den Vektoren $\vec{b}$ und $\vec{c}$ abhängt, verläuft der Vektor $\overrightarrow{ST}$ parallel zur Seitenfläche OBEC, die von $\vec{b}$ und $\vec{c}$ aufgespannt wird.

2. a) Die Höhe $h_a$ liegt dann auf der Geraden g, wenn g durch A verläuft und der Richtungsvektor von g senkrecht auf der Geraden durch B und C steht.

$A \in g$? $\begin{pmatrix} 5 \\ 3 \\ 7 \end{pmatrix} = \begin{pmatrix} -3 \\ 7 \\ -1 \end{pmatrix} + \lambda \begin{pmatrix} 2 \\ -1 \\ 2 \end{pmatrix}$ ist erfüllt für $\lambda = 4$

A liegt auf g.

$\vec{u} \perp \overrightarrow{BC}$? $\overrightarrow{BC} = \begin{pmatrix} -2 \\ 1 \\ 4 \end{pmatrix} - \begin{pmatrix} -5 \\ -3 \\ 5 \end{pmatrix} = \begin{pmatrix} 3 \\ 4 \\ -1 \end{pmatrix}$

$\vec{u} \circ \overrightarrow{BC} = \begin{pmatrix} 2 \\ -1 \\ 2 \end{pmatrix} \circ \begin{pmatrix} 3 \\ 4 \\ -1 \end{pmatrix} = 6 - 4 - 2 = 0$

Die Gerade g steht auf der Geraden durch B und C senkrecht.
Die Höhe $h_a$ liegt auf der Geraden g.

b) S sei der Schnittpunkt von g und der Geraden durch B und C. Dann entspricht die Länge der Höhe $h_a$ der Entfernung der Punkte A und S.

$g_{BC}: \vec{X} = \begin{pmatrix} -5 \\ -3 \\ 5 \end{pmatrix} + v \cdot \begin{pmatrix} 3 \\ 4 \\ -1 \end{pmatrix}$

$g \cap g_{BC}: \begin{pmatrix} -3 \\ 7 \\ -1 \end{pmatrix} + \lambda \cdot \begin{pmatrix} 2 \\ -1 \\ 2 \end{pmatrix} = \begin{pmatrix} -5 \\ -3 \\ 5 \end{pmatrix} + v \cdot \begin{pmatrix} 3 \\ 4 \\ -1 \end{pmatrix}$

$-3 + 2\lambda = -5 + 3v$
$7 - \lambda = -3 + 4v \Rightarrow \lambda = 10 - 4v$
$-1 + 2\lambda = 5 - v$

$-3 + 20 - 8v = -5 + 3v \Rightarrow 22 = 11v$

Die ersten beiden Gleichungen liefern $v = 2$ und $\lambda = 2$.

Probe in der 3. Gleichung: $-1 + 4 = 5 - 2$ erfüllt

Durch Einsetzen von $\lambda$ in g (oder $v$ in $g_{BC}$) ergibt sich der Schnittpunkt S(1 | 5 | 3).

$|h_a| = |\vec{AS}| = \left| \begin{pmatrix} 1 \\ 5 \\ 3 \end{pmatrix} - \begin{pmatrix} 5 \\ 3 \\ 7 \end{pmatrix} \right| = \left| \begin{pmatrix} -4 \\ 2 \\ -4 \end{pmatrix} \right| = \sqrt{(-4)^2 + 2^2 + (-4)^2} = \sqrt{16 + 4 + 16}$

$= \sqrt{36} = 6$

c) *elementargeometrisch:*

$A_\Delta = \frac{1}{2} \cdot |\vec{BC}| \cdot |h_a| = \frac{1}{2} \cdot \left| \begin{pmatrix} 3 \\ 4 \\ -1 \end{pmatrix} \right| \cdot 6 = \frac{1}{2} \cdot \sqrt{3^2 + 4^2 + (-1)^2} \cdot 6 = 3 \cdot \sqrt{9 + 16 + 1}$

$= 3\sqrt{26}$

*vektoriell:*

Mit $\vec{AB} = \begin{pmatrix} -5 \\ -3 \\ 5 \end{pmatrix} - \begin{pmatrix} 5 \\ 3 \\ 7 \end{pmatrix} = \begin{pmatrix} -10 \\ -6 \\ -2 \end{pmatrix}$ und $\vec{AC} = \begin{pmatrix} -2 \\ 1 \\ 4 \end{pmatrix} - \begin{pmatrix} 5 \\ 3 \\ 7 \end{pmatrix} = \begin{pmatrix} -7 \\ -2 \\ -3 \end{pmatrix}$ folgt:

$A_\Delta = \frac{1}{2} \cdot |\vec{AB} \times \vec{AC}| = \frac{1}{2} \cdot \left| \begin{pmatrix} -10 \\ -6 \\ -2 \end{pmatrix} \times \begin{pmatrix} -7 \\ -2 \\ -3 \end{pmatrix} \right| = \frac{1}{2} \cdot \left| \begin{pmatrix} 18 - 4 \\ 14 - 30 \\ 20 - 42 \end{pmatrix} \right| = \frac{1}{2} \cdot \left| \begin{pmatrix} 14 \\ -16 \\ -22 \end{pmatrix} \right|$

$= \frac{1}{2} \cdot \left| 2 \cdot \begin{pmatrix} 7 \\ -8 \\ -11 \end{pmatrix} \right| = \sqrt{7^2 + (-8)^2 + (-11)^2} = \sqrt{49 + 64 + 121} = \sqrt{234} = \sqrt{9 \cdot 26}$

$= 3\sqrt{26}$

# Abitur Mathematik (Bayern): Prüfungsteil A
# Übungsaufgabe 4

## Analysis

BE

1. Gegeben ist der Graph einer Funktion 3. Grades f(x). Entscheiden Sie, ob die folgenden Aussagen richtig oder falsch sind, und begründen Sie Ihre Antworten.

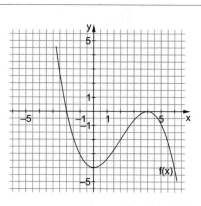

a) Die Funktion f(x) lässt sich in der Form $f(x) = a(x+b)(x+c)^2$ angeben.  2

b) Es gilt: $f''(4) = 0$  2

c) Der Graph der Ableitungsfunktion $f'(x)$ ist eine nach unten geöffnete Parabel.  2

2. Wo besitzt der Graph der Funktion
$$f(x) = 3\sin(4x+1) + 5$$
waagrechte Tangenten?  4

3. Berechnen Sie die Schnittpunkte der beiden Funktionen.
$$f(x) = \frac{3x}{x+1} \qquad g(x) = 8 - \frac{7x}{x-3}$$
4

4. Gegeben ist die Funktion
$$f(x) = 2\ln(x+3).$$

a) Bestimmen Sie Definitions- und Wertebereich der Funktion.  2

b) Bestimmen Sie den Term der Umkehrfunktion $f^{-1}(x)$.  3

c) Geben Sie Definitions- und Wertemenge der Umkehrfunktion an.  1

20

## Stochastik

BE

1. Für eine Umfrage wurden 1 000 Personen ausgewählt, die den Bildungsstand in Deutschland widerspiegeln. Diese repräsentative Gruppe setzt sich zusammen aus:

| Abschlussart | Umfrageteilnehmer insgesamt | darunter weiblich |
|---|---|---|
| ohne Hauptschulabschluss | 73 | 27 |
| mit Hauptschulabschluss | 237 | 103 |
| mit Realschulabschluss | 407 | 208 |
| mit Fachhochschulreife | 15 | 8 |
| mit allgemeiner Hochschulreife | 268 | 154 |
| insgesamt | 1 000 | 500 |

a) Berechnen Sie die Wahrscheinlichkeit dafür, dass eine zufällig ausgewählte Umfrageteilnehmerin mindestens den Realschulabschluss erreicht hat. 2

b) Berechnen Sie die Wahrscheinlichkeit dafür, dass ein zufällig ausgewählter männlicher Teilnehmer der Umfrage die Schule ohne Hauptschulabschluss verlassen hat. 2

c) Es wird immer wieder behauptet, dass die Mädchen in der Schule erfolgreicher seien. Nehmen Sie auf der Grundlage der Zahlen für die Teilnehmer der Umfrage mit allgemeiner Hochschulreife zu dieser Behauptung Stellung. 3

2. Im Jahre 2007 galten für die Abiturprüfung in Bayern noch andere Bestimmungen, bei denen es möglich war, entweder „in Deutsch" oder „in einer Fremdsprache" oder auch „in beiden Fächern" die Prüfung abzulegen. „Weder Deutsch noch eine Fremdsprache" war jedoch nicht gestattet.
2007 legten am Archimedes-Gymnasium 52,5 % aller Abiturienten die Prüfung in einer Fremdsprache ab, wobei 15 % aller Abiturienten sowohl in Deutsch als auch in einer Fremdsprache geprüft wurden.
Bestimmen Sie den Prozentsatz der Abiturienten, die in Deutsch geprüft wurden. 3

10

**Geometrie**

BE

Gegeben ist die Ebene E: $2x_1 - x_2 - 2x_3 + 6 = 0$.

a) Untersuchen Sie, ob der Punkt $A(0|-6|3)$ der Ebene E angehört. 1

b) Bestimmen Sie eine Gleichung der Ebene F, die parallel zu E durch den Punkt $B(8|-7|4)$ verläuft. 2

c) Berechnen Sie den Abstand der beiden Ebenen E und F. 3

d) Geben Sie eine Gleichung der Geraden g an, die senkrecht auf E steht und durch den Punkt $P(-2|0|4)$ verläuft. 1

e) Berechnen Sie die Koordinaten des Schnittpunktes S der Geraden g mit der Ebene F. 3

10

## Tipps und Hinweise

### Analysis

**Aufgabe 1 a**

- Der Graph zeigt, dass die Funktion zwei Nullstellen besitzt.
- Für x = –2 hat f(x) eine einfache Nullstelle (f(x) wechselt das Vorzeichen).
- Für x = 4 hat f(x) eine doppelte Nullstelle (f(x) wechselt das Vorzeichen nicht; der Graph berührt die x-Achse in (4|0)).
- Hat eine Funktion eine Nullstelle für x = k, so muss sich der Funktionsterm durch (x – k) dividieren lassen.
- Hat eine Funktion eine Nullstelle für x = k, so lässt sich der Funktionsterm als Produkt angeben, dessen einer Faktor (x – k) lautet.
- Die Bestimmung der Parameter a, b und c ist nicht verlangt, hilft Ihnen aber – auch für andere Aufgaben – weiter.

**Aufgabe 1 b**

- Die 2. Ableitung bestimmt das Krümmungsverhalten einer Funktion.
- f''(4) = 0 bedeutet, dass die Funktion im Punkt (4|0) weder rechts- noch linksgekrümmt ist.
- $f''(x_0) = 0$ ist ein notwendiges Kriterium für einen Wendepunkt.
- Der Graph zeigt, dass (4|0) doppelte Nullstelle und Maximum ist. Welchen Wert hat f'(4) daher?

**Aufgabe 1 c**

- Die 1. Ableitung bestimmt das Monotonieverhalten einer Funktion.
- Es gilt:
  f'(x) < 0 ⇒ f(x) fällt streng monoton.
  f'(x) > 0 ⇒ f(x) steigt streng monoton.
- Lesen Sie am Graphen ab, in welchen Intervallen f(x) fällt/steigt.
- Wo verläuft der Graph von f'(x) unterhalb/oberhalb der x-Achse?
- f(x) ist eine Polynomfunktion 3. Grades. Welchen Grad hat die Ableitungsfunktion?
- Wie nennt man den Graphen einer Polynomfunktion 2. Grades?

**Aufgabe 2**

- Eine Tangente ist waagrecht, wenn sie die Steigung null hat.
- Die Tangentensteigungen werden durch die 1. Ableitung angegeben.

- Beachten Sie beim Ableiten, dass $(\sin x)' = \cos x$ gilt.
- Vergessen Sie nicht, die Kettenregel anzuwenden (nachdifferenzieren).
- Wo besitzt $g(x) = \cos x$ Nullstellen? Achten Sie auf die Periode von $\cos x$.
- Die „erste" Nullstelle von $\cos x$ befindet sich bei $x = \frac{\pi}{2}$.
- Benachbarte Nullstellen von $\cos x$ haben eine Entfernung von $\pi$.

**Aufgabe 3**
- Die Schnittpunkte von Funktionen ergeben sich durch Gleichsetzen der Funktionsterme.
- Wie nennt man eine solche Gleichung?
- Warum ist es wichtig, eine Definitionsmenge der Gleichung anzugeben?
- Erscheint x im Nenner, so muss darauf geachtet werden, dass der Nenner nicht null werden darf.
- Um weiteres Rechnen mit Bruchtermen zu vermeiden, multiplizieren Sie die Gleichung mit den auftretenden Nennern.
- Es ergibt sich eine quadratische Gleichung.
- Die quadratische Gleichung $ax^2 + bx + c = 0$ besitzt die Lösungen $x_{1;2} = \frac{-b \pm \sqrt{b^2 - 4ac}}{2a}$.
- Achten Sie darauf, dass die Lösung der Definitionsmenge angehören muss.
- Da nach den Schnittpunkten (nicht den Schnittstellen) gefragt ist, müssen Sie auch den jeweiligen y-Wert berechnen.

**Aufgabe 4 a**
- Stellen Sie sich den Funktionsgraphen von $g(x) = \ln x$ vor.
- Für $g(x) = \ln x$ gilt $\mathbb{D}_g = \mathbb{R}^+$ (also $x > 0$) und $\mathbb{W}_g = \mathbb{R}$.
- Das Argument von $\ln x$ muss positiv sein.
- $f(x) = 2\ln(x + 3)$ ist im Vergleich zu $g(x) = \ln x$ in x-Richtung verschoben und in y-Richtung gestreckt.

**Aufgabe 4 b**
- „Umkehrfunktion" bedeutet, dass der Funktionsgraph an $y = x$ gespiegelt wird und in der Funktionsvorschrift x und y vertauscht werden.
- Die Funktionsvorschrift der Umkehrfunktion lautet somit zunächst $x = f(y)$.
- Lösen Sie diese Gleichung nach y auf, um die Funktionsvorschrift von $f^{-1}(x)$ zu erhalten.

## Aufgabe 4 c
- Da x und y vertauscht werden, müssen auch $\mathbb{D}$ und $\mathbb{W}$ vertauscht werden.
- Es gilt $\mathbb{D}_{f^{-1}} = \mathbb{W}_f$ und $\mathbb{W}_{f^{-1}} = \mathbb{D}_f$.

## Stochastik

### Aufgabe 1 a
- Beachten Sie, dass es sich um eine Teilnehmerin handelt.
- Laplace-Wahrscheinlichkeit: $P(E) = \dfrac{\text{Anzahl der für E günstigen Möglichkeiten}}{\text{Anzahl aller Möglichkeiten}}$
- „mindestens Realschulabschluss" beinhaltet auch höhere Schulabschlüsse.

### Aufgabe 1 b
- Die erste Zahlenspalte bezieht sich auf alle (männlichen und weiblichen) Teilnehmer.
- Berechnen Sie die Gesamtzahl der männlichen Teilnehmer und die Anzahl der männlichen Teilnehmer ohne Hauptschulabschluss.
- Bilden Sie den entsprechenden Quotienten.

### Aufgabe 1 c
- Vergleichen Sie die Wahrscheinlichkeiten $P_♀$(allg. Hochschulreife) und P(allg. Hochschulreife).
- Was folgt daraus für $P_♂$(allg. Hochschulreife)?
- Sie können $P_♂$(allg. Hochschulreife) auch berechnen. Beachten Sie dabei die Tipps zu Aufgabe 1 b.

### Aufgabe 2
- Welche Prozentsätze lassen sich aus den beiden gegebenen erschließen?
- Wie groß war der Prozentsatz derer, die nicht in einer Fremdsprache geprüft wurden?
- Was besagten die Bestimmungen für diese Abiturienten, die nicht in einer Fremdsprache geprüft wurden?
- Legen Sie eine Vierfeldertafel an.

## Geometrie

### Aufgabe a
- Liegt ein Punkt in einer Ebene, so erfüllen seine Koordinaten die Ebenengleichung.
- Setzen Sie die Koordinaten von A in die Ebenengleichung E ein. Ist diese erfüllt?

**Aufgabe b**

- Zwei Ebenen sind parallel, wenn ihre Normalenvektoren parallel (oder sogar identisch) sind.
- Benutzen Sie die Formel für die Normalenform einer Ebene in Koordinatenform: $n_1x_1 + n_2x_2 + n_3x_3 + n_0 = 0$
- Verwenden Sie den Punkt B, der in F liegt, um $n_0$ zu bestimmen.
- Liegt ein Punkt in einer Ebene, so erfüllen seine Koordinaten die Ebenengleichung.

**Aufgabe c**

- Der Abstand paralleler Ebenen ist gleich dem Abstand eines beliebigen Punktes der einen Ebene zur anderen Ebene.
- Für die Berechnung des Abstands eines Punktes von einer Ebene gibt es eine Formel.
- In der Normalenform muss jedes $x_i$ durch die entsprechende Koordinate des Punktes, dessen Abstand von der Ebene berechnet werden soll, ersetzt werden. Man dividiert den Absolutbetrag des sich ergebenden Werts durch die Länge des Normalenvektors.
- Verwenden Sie die Formel $d(P; E) = \frac{|n_1p_1 + n_2p_2 + n_3p_3 + n_0|}{|\vec{n}|}$.

**Aufgabe d**

- Eine Gerade, die senkrecht auf einer Ebene steht, heißt Lotgerade oder Normale.
- Welchen Richtungsvektor besitzt eine Lotgerade/Normale auf eine Ebene?
- Da der Normalenvektor der Ebene senkrecht auf der Ebene steht, lässt er sich als Richtungsvektor der Geraden verwenden.
- Verwenden Sie P als Aufpunkt und den Normalenvektor als Richtungsvektor.

**Aufgabe e**

- Alle Punkte auf der Geraden g erfüllen die Geradengleichung. Somit lässt sich jeder Punkt auf g schreiben als: $(-2 + 2k \,|\, -k \,|\, 4 - 2k)$
- Der Schnittpunkt S liegt nicht nur auf g, sondern auch in der Ebene F, also müssen seine Koordinaten auch die Ebenengleichung erfüllen.
- Setzen Sie $(-2 + 2k \,|\, -k \,|\, 4 - 2k)$ in die Normalenform der Ebene F ein.
- Es ergibt sich eine Gleichung mit einer Unbekannten k.
- Auflösen nach k und Einsetzen dieses Werts in die Geradengleichung liefert die Koordinaten des Schnittpunkts S.

## Lösungen

## Analysis

1.  a) richtig
    Der Graph zeigt eine Funktion 3. Grades mit einer einfachen Nullstelle für
    $x = -2$ ($\Rightarrow b = 2$) und einer doppelten Nullstelle (da die x-Achse berührt wird)
    für $x = 4$ ($\Rightarrow c = -4$).
    Der Verlauf der Funktion ($f(x) \to +\infty$ für $x \to -\infty$ bzw. $f(x) \to -\infty$ für
    $x \to +\infty$) zeigt auch, dass $a < 0$ gelten muss.

    b) falsch
    Die Nullstelle $x = 4$ ist zugleich ein Extremwert, da der Graph die x-Achse berührt, die x-Achse also Tangente ist. Somit gilt $f'(4) = 0$.
    Die Krümmung wird jedoch an der Stelle $x = 4$ nicht zu null (Rechtskrümmung bleibt erhalten).

    c) richtig
    Beim Ableiten erniedrigt sich der Grad um 1. Die 1. Ableitung zeigt die Monotonie:
    - In $]-\infty; 0[$ fällt $f(x)$, also gilt $f'(x) < 0$ in $]-\infty; 0[$.
    - In $]0; 4[$ steigt $f(x)$, also gilt $f'(x) > 0$ in $]0; 4[$.
    - In $]4; +\infty[$ fällt $f(x)$, also gilt $f'(x) < 0$ in $]4; +\infty[$.

    Der Graph von $f'(x)$ zeigt somit eine Funktion 2. Grades, die nur in $]0; 4[$ oberhalb der x-Achse liegt, also eine nach unten geöffnete Parabel.

2.  Die 1. Ableitung gibt die Tangentensteigung an.
    $f'(x) = 3\cos(4x+1) \cdot 4 = 12\cos(4x+1)$
    Die Tangente verläuft waagrecht, wenn ihre Steigung null ist.
    $12\cos(4x+1) = 0 \Rightarrow \cos(4x+1) = 0$
    Die Nullstellen von $\cos a$ befinden sich bei $a = \frac{\pi}{2} + k\pi$ mit $k \in \mathbb{Z}$.
    Somit besitzt der Graph von $f(x)$ waagrechte Tangenten, falls:
    $4x + 1 = \frac{\pi}{2} + k\pi \Rightarrow x = \frac{\pi}{8} - \frac{1}{4} + \frac{k}{4}\pi$ mit $k \in \mathbb{Z}$

3.  $f(x) = g(x)$
    $\frac{3x}{x+1} = 8 - \frac{7x}{x-3} \qquad \mathbb{D} = \mathbb{R} \setminus \{-1; 3\}$
    $3x(x-3) = 8(x+1)(x-3) - 7x(x+1)$
    $3x^2 - 9x = 8x^2 - 24x + 8x - 24 - 7x^2 - 7x$
    $3x^2 - 9x = x^2 - 23x - 24$

$\Rightarrow$ $2x^2 + 14x + 24 = 0$

$\quad x^2 + 7x + 12 = 0$

$\Rightarrow$ $x = \dfrac{-7 \pm \sqrt{49-48}}{2}$ $\Rightarrow$ $x_1 = -4$ $\quad x_2 = -3$

Schnittpunkte: $(-4 | 4)$ und $(-3 | 4,5)$

4. a) $x + 3 > 0$ $\Rightarrow$ $x > -3$ $\Rightarrow$ $\mathbb{D}_f = ]-3; +\infty[$

$\quad \mathbb{W}_f = \mathbb{R}$ $\quad$ da f(x) durch Verschiebung um 3 nach links und durch Streckung mit dem Faktor 2 aus ln x entsteht.

b) f: $y = 2\ln(x+3)$

Vertauschen von x und y:
$f^{-1}$: $x = 2\ln(y+3)$

Auflösen nach y:

$\dfrac{1}{2}x = \ln(y+3)$

$e^{\frac{1}{2}x} = y + 3$

$y = e^{\frac{1}{2}x} - 3$

$f^{-1}(x) = e^{\frac{1}{2}x} - 3$

c) $\mathbb{D}_{f^{-1}} = \mathbb{W}_f = \mathbb{R}$

$\mathbb{W}_{f^{-1}} = \mathbb{D}_f = ]-3; +\infty[$

## Stochastik

1. a) $P = \dfrac{208 + 8 + 154}{500} = \dfrac{370}{500} = \dfrac{37}{50} = \dfrac{74}{100} = 74\,\%$

b) Gesamtzahl der männlichen Umfrageteilnehmer:
$1\,000 - 500 = 500$

Anzahl der männlichen Teilnehmer ohne Hauptschulabschluss:
$73 - 27 = 46$

$P = \dfrac{46}{500} = \dfrac{92}{1\,000} = 9,2\,\%$

c) $P_♀(\text{allg. Hochschulreife}) = \dfrac{154}{500} = \dfrac{308}{1\,000} = 30,8\,\%$

P(allg. Hochschulreife) = $\frac{268}{1\,000}$ = 26,8 %

Die Einbeziehung der männlichen Teilnehmer verringert somit die Wahrscheinlichkeit, also muss gelten:
$P_♂$(allg. Hochschulreife) < $P_♀$(allg. Hochschulreife)
Die Zahlen bestätigen daher die Behauptung.

$P_♂$(allg. Hochschulreife) lässt sich – ähnlich wie in Aufgabe 1 b – auch berechnen. Dies ist jedoch nicht verlangt, kann aber zur Begründung ebenso benutzt werden:

$P_♂$(allg. Hochschulreife) = $\frac{268-154}{500}$ = $\frac{114}{500}$ = $\frac{228}{1\,000}$ = 22,8 %

2. P(nicht in einer Fremdsprache geprüft) = 1 – 0,525 = 0,475 = 47,5 %

Da jeder, der nicht in einer Fremdsprache geprüft wurde, in Deutsch geprüft werden musste, gilt somit:
P(Deutsch, aber nicht Fremdsprache geprüft) = 47,5 %
Und damit:
P(Deutsch geprüft) = P(Deutsch, aber nicht Fremdsprache geprüft)
   + P(Deutsch und Fremdsprache geprüft)
   = 47,5 % + 15 % = 62,5 %

*oder:*
P(Deutsch geprüft) = 1 – [P(Fremdsprache geprüft) – P(Deutsch und Fremdsprache geprüft)] = 1 – [0,525 – 0,15] = 0,625

*oder:*
Sehr übersichtlich mit einer Vierfeldertafel:

|     | D       | $\overline{D}$ |         |
|-----|---------|---------|---------|
| F   | 15 %    |         | 52,5 %  |
| $\overline{F}$ | **47,5 %** | 0 %     | **47,5 %** |
|     | **62,5 %** |         | 100 %   |

Die zu berechnenden Werte sind fett gedruckt.

Somit: P(D) = 62,5 %

## Geometrie

a) E: $2x_1 - x_2 - 2x_3 + 6 = 0$
   Einsetzen der Koordinaten von A(0|–6|3) ergibt:
   $2 \cdot 0 - (-6) - 2 \cdot 3 + 6 = 0 + 6 - 6 + 6 = 6 \neq 0$
   Somit liegt A nicht in der Ebene E.

b) $n_F = n_E = \begin{pmatrix} 2 \\ -1 \\ -2 \end{pmatrix}$

F: $2x_1 - x_2 - 2x_3 + n_0 = 0$

Einsetzen von B(8|−7|4) ergibt:
$2 \cdot 8 - (-7) - 2 \cdot 4 + n_0 = 0$
$15 + n_0 = 0$
$n_0 = -15$

Somit:
F: $2x_1 - x_2 - 2x_3 - 15 = 0$

c) Da kein Punkt der Ebene E gegeben ist, jedoch B ∈ F gilt, formt man um:

$$d(E; F) = d(B; E) = \frac{|2 \cdot 8 - (-7) - 2 \cdot 4 + 6|}{\sqrt{2^2 + (-1)^2 + (-2)^2}} = \frac{21}{3} = 7$$

Die beiden Ebenen E und F haben also einen Abstand von 7 LE.

d) g: $\vec{X} = \begin{pmatrix} -2 \\ 0 \\ 4 \end{pmatrix} + k \begin{pmatrix} 2 \\ -1 \\ -2 \end{pmatrix}$   $k \in \mathbb{R}$

e) Da S ∈ g, gilt S(−2+2k|−k|4−2k). Eingesetzt in F erhält man:
$2 \cdot (-2 + 2k) - (-k) - 2 \cdot (4 - 2k) - 15 = 0$
$-4 + 4k + k - 8 + 4k - 15 = 0$
$9k - 27 = 0$
$k = 3$

Somit:
$\vec{S} = \begin{pmatrix} -2 \\ 0 \\ 4 \end{pmatrix} + 3 \cdot \begin{pmatrix} 2 \\ -1 \\ -2 \end{pmatrix} = \begin{pmatrix} 4 \\ -3 \\ -2 \end{pmatrix}$ ⇒ S(4|−3|−2)

Notizen

# Notizen

**Prüfungsaufgaben**

# Abitur Mathematik (Bayern): Abiturprüfung 2013
## Analysis I

**Teil 1**

BE

1. Gegeben ist die Funktion g: $x \mapsto \sqrt{3x+9}$ mit maximaler Definitionsmenge $D$.
   a) Bestimmen Sie $D$ und geben Sie die Nullstelle von g an.    3
   b) Ermitteln Sie die Gleichung der Tangente an den Graphen von g im Punkt $P(0|3)$.    4

2. Geben Sie jeweils den Term einer in $\mathbb{R}$ definierten Funktion an, die die angegebene Wertemenge $W$ hat.
   a) $W = [2; +\infty[$    2
   b) $W = [-2; 2]$    2

3. Geben Sie für $x \in \mathbb{R}^+$ die Lösungen der folgenden Gleichung an:

   $(\ln x - 1) \cdot (e^x - 2) \cdot \left(\dfrac{1}{x} - 3\right) = 0$    3

4. Abbildung 1 zeigt den Graphen $G_f$ einer in $\mathbb{R}$ definierten Funktion f. Skizzieren Sie in Abbildung 1 den Graphen der in $\mathbb{R}$ definierten Integralfunktion

   $F: x \mapsto \displaystyle\int_1^x f(t)\,dt$.

   Berücksichtigen Sie dabei mit jeweils angemessener Genauigkeit insbesondere die Nullstellen und Extremstellen von F sowie $F(0)$.

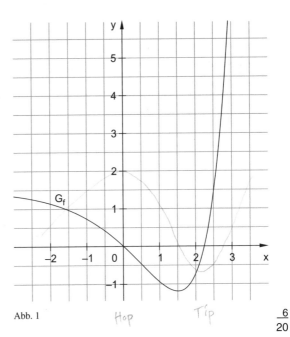

Abb. 1

6
---
20

Teil 2

BE

Gegeben ist die in $\mathbb{R}$ definierte Funktion f: $x \mapsto 2x \cdot e^{-0.5x^2}$. Abbildung 2 zeigt den Graphen $G_f$ von f.

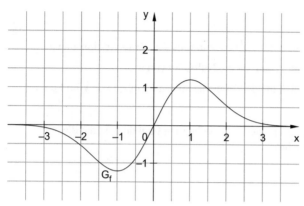

Abb. 2

1. a) Weisen Sie rechnerisch nach, dass $G_f$ punktsymmetrisch bezüglich des Koordinatenursprungs ist, und machen Sie anhand des Funktionsterms von f plausibel, dass $\lim\limits_{x \to +\infty} f(x) = 0$ gilt. 2

   b) Bestimmen Sie rechnerisch Lage und Art der Extrempunkte von $G_f$.
   [zur Kontrolle: $f'(x) = 2e^{-0.5x^2} \cdot (1-x^2)$; y-Koordinate des Hochpunkts: $\frac{2}{\sqrt{e}}$] 6

   c) Berechnen Sie die mittlere Änderungsrate $m_S$ von f im Intervall $[-0{,}5; 0{,}5]$ sowie die lokale Änderungsrate $m_T$ von f an der Stelle $x=0$.
   Berechnen Sie, um wie viel Prozent $m_S$ von $m_T$ abweicht. 4

   d) Der Graph von f, die x-Achse und die Gerade $x=u$ mit $u \in \mathbb{R}^+$ schließen für $0 \leq x \leq u$ ein Flächenstück mit dem Inhalt $A(u)$ ein.
   Zeigen Sie, dass $A(u) = 2 - 2e^{-0.5u^2}$ gilt.
   Geben Sie $\lim\limits_{u \to +\infty} A(u)$ an und deuten Sie das Ergebnis geometrisch. 6

   e) Die Ursprungsgerade h mit der Gleichung $y = \frac{2}{e^2} \cdot x$ schließt mit $G_f$ für $x \geq 0$ ein Flächenstück mit dem Inhalt B vollständig ein.
   Berechnen Sie die x-Koordinaten der drei Schnittpunkte der Geraden h mit $G_f$ und zeichnen Sie die Gerade in Abbildung 2 ein. Berechnen Sie B.
   [Teilergebnis: x-Koordinate eines Schnittpunkts: 2] 6

Im Folgenden wird die Schar der in $\mathbb{R}$ definierten Funktionen $g_c: x \mapsto f(x) + c$ mit $c \in \mathbb{R}$ betrachtet.

2. a) Geben Sie in Abhängigkeit von c ohne weitere Rechnung die Koordinaten des Hochpunkts des Graphen von $g_c$ sowie das Verhalten von $g_c$ für $x \to +\infty$ an.

   b) Die Anzahl der Nullstellen von $g_c$ hängt von c ab.
   Geben Sie jeweils einen möglichen Wert von c an, sodass gilt:
   
   α) $g_c$ hat keine Nullstelle.
   
   β) $g_c$ hat genau eine Nullstelle.
   
   γ) $g_c$ hat genau zwei Nullstellen.

   c) Begründen Sie für $c > 0$ anhand einer geeigneten Skizze, dass
   $$\int_0^3 g_c(x)\,dx = \int_0^3 f(x)\,dx + 3c \text{ gilt.}$$

3. Die Anzahl der Kinder, die eine Frau im Laufe ihres Lebens durchschnittlich zur Welt bringt, wird durch eine sogenannte Geburtenziffer angegeben, die jedes Jahr statistisch ermittelt wird.
   Die Funktion $g_{1,4}: x \mapsto 2x \cdot e^{-0,5x^2} + 1{,}4$ beschreibt für $x \geq 0$ modellhaft die zeitliche Entwicklung der Geburtenziffer in einem europäischen Land. Dabei ist x die seit dem Jahr 1955 vergangene Zeit in Jahrzehnten (d. h. $x = 1$ entspricht dem Jahr 1965) und $g_{1,4}(x)$ die Geburtenziffer. Damit die Bevölkerungszahl in diesem Land langfristig näherungsweise konstant bleibt, ist dort eine Geburtenziffer von etwa 2,1 erforderlich.

   a) Zeichnen Sie den Graphen von $g_{1,4}$ in Abbildung 2 ein und ermitteln Sie graphisch mit angemessener Genauigkeit, in welchem Zeitraum die Geburtenziffer mindestens 2,1 beträgt.

   b) Welche künftige Entwicklung der Bevölkerungszahl ist auf der Grundlage des Modells zu erwarten? Begründen Sie Ihre Antwort.

   c) Im betrachteten Zeitraum gibt es ein Jahr, in dem die Geburtenziffer am stärksten abnimmt. Geben Sie mithilfe von Abbildung 2 einen Näherungswert für dieses Jahr an. Beschreiben Sie, wie man auf der Grundlage des Modells rechnerisch nachweisen könnte, dass die Abnahme der Geburtenziffer von diesem Jahr an kontinuierlich schwächer wird.

## Tipps und Hinweise

### Teil 1

**Aufgabe 1 a**
- Welche Werte dürfen unter einer Wurzel nicht auftreten?
- Lösen Sie die Ungleichung nach x auf.
- Der Definitionsbereich lässt sich als Intervall angeben.
- Wann hat eine Wurzel den Wert null?
- Lösen Sie die Gleichung nach x auf.

**Aufgabe 1 b**
- Jede Tangente hat als Gerade die allgemeine Gleichung $y = mx + t$.
- Die Steigung m der Tangente ergibt sich mithilfe der 1. Ableitung (siehe Merkhilfe).
- $\sqrt{a} = a^{\frac{1}{2}}$ (siehe Merkhilfe)
- Die Ableitung von $x^r$ finden Sie ebenfalls auf der Merkhilfe.
- Beachten Sie die Kettenregel (nachdifferenzieren).
- Einsetzen von Steigung und Punktkoordinaten in die allgemeine Geradengleichung liefert den Achsenabschnitt t.

**Aufgabe 2**
- Achten Sie darauf, dass mit dem jeweiligen Intervall die Wertemenge (Menge aller angenommenen y-Werte), nicht die Definitionsmenge (Menge aller möglichen x-Werte) angegeben ist.

**Aufgabe 2 a**
- Welche Funktionen kennen Sie, die die Wertemenge $[0; +\infty[ = \mathbb{R}_0^+$ besitzen?
- Die Graphen dieser Funktionen verlaufen oberhalb der x-Achse und dürfen diese nur berühren, nicht schneiden.
- Auf der Merkhilfe finden Sie sowohl unter „Ableitungen der Grundfunktionen" als auch unter „unbestimmte Integrale" zahlreiche Funktionen aufgelistet.
- Welche dieser Funktionen besitzen die Wertemenge $[0; +\infty[ = \mathbb{R}_0^+$?
- Wie erhalten Sie aus einer Funktion mit der Wertemenge $W = [0; +\infty[ = \mathbb{R}_0^+$ eine Funktion mit der Wertemenge $W = [2; +\infty[$?
- Der Graph der Funktion $f(x) + a$ entsteht aus dem Graphen der Funktion $f(x)$ durch Verschiebung um a in y-Richtung.

**Aufgabe 2 b**

- Welche Funktionen kennen Sie, die die Wertemenge [−1; +1] besitzen?
- Die Graphen dieser Funktionen verlaufen zwischen den beiden waagrechten Geraden y = −1 und y = +1.
- Auf der Merkhilfe finden Sie sowohl unter „Ableitungen der Grundfunktionen" als auch unter „unbestimmte Integrale" zahlreiche Funktionen aufgelistet.
- Welche dieser Funktionen besitzen die Wertemenge [−1; +1]?
- Wie erhalten Sie aus einer Funktion mit der Wertemenge $\mathbb{W} = [-1; +1]$ eine Funktion mit der Wertemenge $\mathbb{W} = [-2; +2]$?
- Der Graph der Funktion $a \cdot f(x)$ entsteht aus dem Graphen der Funktion $f(x)$ durch Dehnung/Stauchung in y-Richtung.

**Aufgabe 3**

- Welche Art Rechenausdruck soll den Wert null annehmen?
- Wann wird ein Produkt zu null?
- Die Lösungen der Gleichung erhalten Sie, wenn Sie jeden einzelnen Faktor null setzen.
- Lösen Sie jede der drei Gleichungen nach x auf.

**Aufgabe 4**

- Für jede Integralfunktion $F(x)$ gilt: $F'(x) = f(x)$
- Welcher Zusammenhang besteht somit zwischen den Extremstellen von $F(x)$ und den Nullstellen von $f(x)$?
- Aus dem Vorzeichen von $f(x)$ lässt sich das Monotonieverhalten von $F(x)$ ablesen.
- Ist $f(x)$ positiv, so steigt der Graph von $F(x)$.
  Ist $f(x)$ negativ, so fällt der Graph von $F(x)$.
- Lesen Sie aus dem Graphen von $f(x)$ ab, wo die Extremstellen von $F(x)$ liegen und welcher Art sie sind.
- Jede Integralfunktion besitzt eine Nullstelle.
- Der Wert eines Integrals ist null, wenn obere und untere Integrationsgrenze gleich sind.
- Die Werte der Integralfunktion lassen sich durch Abschätzen der eingeschlossenen Flächen näherungsweise bestimmen.
- Achten Sie bei der Flächenabschätzung auf die angegebenen Einheiten.

- In der Skizze entspricht die Längeneinheit 2 Kästchen. Die Flächeneinheit umfasst somit 4 Kästchen.
- Bestimmen Sie durch Abzählen der Kästchen den Funktionswert an den beiden Extremstellen von F(x).
- Der Wert eines bestimmten Integrals ist eine Flächenbilanz. Dabei zählen (bei Integration in die positive x-Richtung) die Flächen oberhalb der x-Achse positiv, die Flächen unterhalb der x-Achse negativ.
- Der Wert eines Integrals ist null, wenn im Integrationsintervall die oberhalb der x-Achse eingeschlossenen Flächen genauso groß sind wie die unterhalb der x-Achse eingeschlossenen Flächen (Flächenbilanz = 0).
- Suchen Sie sowohl rechts als auch links der unteren Integrationsgrenze 1 nach Werten, sodass im Intervall [1; ?] bzw. im Intervall [?; 1] die Flächenbilanz null ergibt.
- Sie kennen nun die drei Nullstellen sowie die Extremwerte der Funktion F(x).
- Zeichnen Sie diese in die Abbildung 1 ein und vervollständigen Sie den Graphen.

## Teil 2

### Aufgabe 1 a

- Bestimmen Sie f(–x) und vergleichen Sie mit dem gegebenen Funktionsterm.
- Ist der Graph einer Funktion punktsymmetrisch zum Ursprung, so gilt: $f(-x) = -f(x)$
- Der Funktionsterm kann in einen Bruch verwandelt werden.
- Beachten Sie die Rechenregeln für Potenzen auf Ihrer Merkhilfe.
- Ihre Merkhilfe liefert Ihnen den Grenzwert $\lim\limits_{x \to +\infty} \dfrac{x^r}{e^x} = 0$.

### Aufgabe 1 b

- Bedingung für einen Extrempunkt an der Stelle $x_0$ ist $f'(x_0) = 0$ (siehe Merkhilfe).
- Beachten Sie Produkt- und Kettenregel (nachdifferenzieren). Sie finden beide auf Ihrer Merkhilfe.
- Klammern Sie so weit wie möglich aus.
- Ein Produkt ist null, wenn einer der Faktoren null ist.
- Jede Potenz von e ist stets positiv.
- Da nach den Extrempunkten gefragt ist, müssen Sie auch die zugehörigen y-Werte bestimmen.
- Die Art eines Extrempunkts können Sie entweder mithilfe des Monotonieverhaltens oder mithilfe der 2. Ableitung bestimmen.

- Wechselt das Vorzeichen von f'(x) vom Positiven (f steigt) zum Negativen (f fällt), so liegt ein Hochpunkt vor.
- Wechselt das Vorzeichen von f'(x) vom Negativen (f fällt) zum Positiven (f steigt), so liegt ein Tiefpunkt vor.
- Aus $f'(x_0)=0$ und $f''(x_0)<0$ folgt: an der Stelle $x_0$ befindet sich ein Hochpunkt.
- Aus $f'(x_0)=0$ und $f''(x_0)>0$ folgt: an der Stelle $x_0$ befindet sich ein Tiefpunkt.

**Aufgabe 1 c**
- Ihre Merkhilfe liefert Ihnen die Formel für die mittlere Änderungsrate.
- Die lokale Änderungsrate entspricht der Tangentensteigung $f'(x_0)$.
- Der Prozentsatz ergibt sich als Quotient aus der Differenz der beiden Werte und dem Wert von $m_T$.
- Verschiebt man bei der Dezimalzahl das Komma um zwei Stellen nach rechts, so erhält man den Prozentsatz.

**Aufgabe 1 d**
- Markieren Sie sich für ein beliebiges $u>0$ die mit A(u) bezeichnete Fläche in der Abbildung.
- Derartige Flächen werden mithilfe eines Integrals berechnet. Wie lautet dieses Integral hier?
- Sie sollen zeigen, dass dieses Integral gleich $2-2e^{-0,5u^2}$ ist.
- Beachten Sie den Hauptsatz der Differential- und Integralrechnung (siehe Merkhilfe).
- Beim Ableiten die Kettenregel (nachdifferenzieren) nicht vergessen.
- Der Limes einer Differenz ist gleich der Differenz der Limeswerte.
- Die Potenz mit negativem Exponenten lässt sich in einen Bruch verwandeln (siehe Rechnen mit Potenzen auf der Merkhilfe).
- Ein Bruch mit konstantem Zähler, dessen Nenner beliebig groß wird, hat den Wert null.
- Was lässt sich anschaulich über die Fläche A(u) aussagen, wenn $u \to +\infty$ geht?
- Was lässt sich aufgrund des Ergebnisses des Grenzwerts über die Größe dieser sich bis ins Unendliche erstreckenden Fläche aussagen?

## Aufgabe 1 e

- Die Schnittstellen ergeben sich durch Gleichsetzen von Geraden- und Funktionsgleichung.
- Bringen Sie alles auf eine Seite und formen Sie durch Ausklammern in ein Produkt um.
- Wann hat ein Produkt den Wert null?
- Die Exponentialgleichung lässt sich durch Logarithmieren vereinfachen.
- Beachten Sie $\ln e^a = a$.
- Zeichnen Sie die Gerade ein und markieren Sie sich die Fläche B.
- Teilaufgabe 1 d liefert Ihnen eine Formel für die Berechnung einer Fläche, die vom Funktionsgraphen, der positiven x-Achse und einer beliebigen Senkrechten $x = u$ eingeschlossen wird.
- Berechnen Sie die Fläche B als Differenz zweier Flächen. Eine der beiden Flächen ist ein rechtwinkliges Dreieck.

## Aufgabe 2 a

- Wie ändert sich der Graph einer Funktion, wenn zu jedem Funktionswert f(x) die Konstante c addiert wird?
- Sie haben in Teilaufgabe 1 b die Extrempunkte von f(x) bestimmt.
- Wie bei allen Punkten der Funktion wird auch bei den Extrempunkten zum Funktionswert die Konstante c addiert.
- Sie haben in Teilaufgabe 1 a das Verhalten von f(x) für $x \to +\infty$ bestimmt.
- Für f(x) ergab sich dabei die waagrechte Asymptote $y = 0$.
- Auch diese waagrechte Asymptote wird um die Konstante c verschoben.

## Aufgabe 2 b

- Wie die Abbildung zeigt, besitzt f(x) genau eine Nullstelle.
- Verschieben Sie den Funktionsgraphen in Gedanken entlang der y-Achse nach oben bzw. unten.
- Wie weit müssen Sie den Funktionsgraphen nach oben schieben, damit kein Schnitt mit der x-Achse mehr erfolgt?
- Sie können die entsprechende Überlegung auch für ein Verschieben des Funktionsgraphen nach unten machen.
- Gibt es eine Verschiebung in y-Richtung, nach der – wie in der Abbildung – nur eine Nullstelle vorhanden ist?

- Wie weit dürfen Sie den Funktionsgraphen nach oben verschieben, damit die x-Achse vom Funktionsgraphen zweimal geschnitten wird?
- Sie können die entsprechende Überlegung auch für ein Verschieben des Funktionsgraphen nach unten machen.

**Aufgabe 2 c**
- Wählen Sie ein beliebiges $c > 0$ (z. B. $c = 2$) und zeichnen Sie den Graphen von $g_c$ (z. B. $g_2$) in die Abbildung ein (Anmerkung: Sie kommen bei $c = 2$ z. T. etwas über das vorgegebene Karo hinaus).
- Zeichnen Sie auch die waagrechte Asymptote ein, die sich gemäß Teilaufgabe 2 a für $g_c$ ergibt.
- Vergleichen Sie die beiden Flächen, die im Intervall [0; 3] von den Graphen von f bzw. $g_c$ und der jeweiligen waagrechten Asymptote eingeschlossen werden.
- Die durch $\int_0^3 g_c(x)\,dx$ dargestellte Fläche umfasst auch noch eine Teilfläche unterhalb der waagrechten Asymptote $y = c$.
- Welche Form hat diese Teilfläche?
- Wie berechnet sich die Fläche eines Rechtecks?

**Aufgabe 3 a**
- In Teilaufgabe 2 haben Sie allgemeine Aussagen über $g_c$ gemacht. Hier gilt nun $c = 1{,}4$.
- Es soll gelten: $g_{1,4} \geq 2{,}1$
- Sie sollen das Intervall bestimmen, in dem die Funktionswerte von $g_{1,4}$ auf oder oberhalb der Geraden $y = 2{,}1$ liegen.
- Ermitteln Sie die x-Werte, für die $g_{1,4} = 2{,}1$ gilt.
- Sie können diese x-Werte auch mithilfe des Graphen von f ermitteln. Da dieser Graph vorgegeben ist, ist er ggf. genauer als der von Ihnen eingezeichnete Graph von $g_{1,4}$.
- Welche Bedingung muss für f(x) gelten?
- Bedenken Sie, dass die von Ihnen abgelesenen x-Werte nun im entsprechenden Maßstab (1 Einheit $\hat{=}$ 10 Jahren) mit dem vorgegebenen Anfangswert (x = 0 bezeichnet das Jahr 1955) zu betrachten sind.

## Aufgabe 3 b

- Was lässt sich aufgrund des Funktionsgraphen von $g_{1,4}$ über die Geburtenziffer in den Jahren nach 1973 aussagen?
- Was bedeutet $g_{1,4} < 2,1$ für die Bevölkerungszahl?
- Beachten Sie den letzten Satz der Angabe vor der Aufgabenstellung 3 a.
- Wohin streben die Funktionswerte von $g_{1,4}$ in der Zukunft?
- Auch in der Zukunft gilt somit $g_{1,4} < 2,1$ mit der entsprechenden Auswirkung auf die Bevölkerungszahl.

## Aufgabe 3 c

- In welchem Zeitraum nimmt die Geburtenziffer ab?
- Wo finden Sie die stärkste Abnahme der Geburtenziffer? Wo ist das Fallen am steilsten?
- Lesen Sie diesen x-Wert aus der Abbildung ab. Wie schon bei Teilaufgabe 3 a können Sie auch hier den vorgegebenen Graphen von f verwenden, der ggf. genauer ist als der von Ihnen eingezeichnete Graph von $g_{1,4}$.
- Beachten Sie auch hier wieder den Maßstab und den Anfangswert.
- Das Fallen eines Funktionsgraphen (die „Abnahme") lässt sich mithilfe der 1. Ableitung darstellen (siehe Merkhilfe).
- Welche Bedingung muss für einen Extremwert erfüllt sein? (siehe Merkhilfe)
- Welche Bedingung ergibt sich somit für eine „stärkste Abnahme"?
- „Abnahme wird schwächer" bedeutet, dass in gleichen Intervallen die Abnahme immer weniger wird, die Abnahme also steigt.
- Unter welcher Bedingung steigt die Abnahme? (siehe Merkhilfe)

# Lösungen

## Teil 1

1. $g(x) = \sqrt{3x+9}$

   a) Unter einer Wurzel dürfen keine negativen Werte stehen, daher:
   $$3x + 9 \geq 0$$
   $$3x \geq -9$$
   $$x \geq -3$$
   $$\Rightarrow \mathbb{D} = [-3; +\infty[$$

   $$\sqrt{3x+9} = 0$$
   $$3x + 9 = 0$$
   $$x = -3$$
   $\Rightarrow$ Nst: $x = -3$

   b) Tangente: $y = m \cdot x + t$ mit $m = g'(x_0)$ (siehe Merkhilfe)
   $$g'(x) = \frac{1}{2\sqrt{3x+9}} \cdot 3 = \frac{3}{2\sqrt{3x+9}}$$
   $$g'(0) = \frac{3}{2\sqrt{3 \cdot 0 + 9}} = \frac{3}{2\sqrt{9}} = \frac{3}{2 \cdot 3} = \frac{1}{2}$$
   Somit:
   $$y = \frac{1}{2}x + t$$
   Einsetzen des Punktes P: $3 = \frac{1}{2} \cdot 0 + t \Rightarrow t = 3$
   Tangente: $y = \frac{1}{2}x + 3$

2. a) $f(x) = x^2 + 2$

   b) $f(x) = 2 \cdot \sin x$
   *oder:*
   $g(x) = 2 \cdot \cos x$

3. $(\ln x - 1) \cdot (e^x - 2) \cdot \left(\dfrac{1}{x} - 3\right) = 0$

$\ln x - 1 = 0 \qquad\qquad e^x - 2 = 0 \qquad\qquad \dfrac{1}{x} - 3 = 0$

$\quad \ln x = 1 \qquad\qquad\quad e^x = 2 \qquad\qquad\quad \dfrac{1}{x} = 3$

$\quad\; x = e \qquad\qquad\quad\; x = \ln 2 \qquad\qquad\quad\; x = \dfrac{1}{3}$

Die Gleichung besitzt die drei Lösungen e, ln 2 und $\frac{1}{3}$.

4. Wegen f(0)=0 muss F(x) bei x=0 einen Extremwert haben. Da der Graph von f(x) bei x=0 vom Positiven ins Negative wechselt, muss es sich um ein Maximum handeln.

Wegen f(2,25)=0 muss F(x) bei x=2,25 einen Extremwert haben. Da der Graph von f(x) bei x=2,25 vom Negativen ins Positive wechselt, muss es sich um ein Minimum handeln.

Wegen $F(1) = \int\limits_{1}^{1} f(t)\, dt = 0$ muss F(x) für x=1 eine Nullstelle haben.

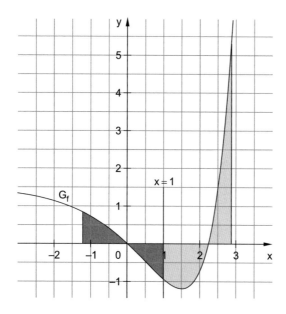

Durch das Abzählen von Kästchen (je vier Kästchen ergeben die Fläche 1) erhält man außerdem:

$F(0) \approx 0,5$     Positiv, da sich die Fläche zwar unterhalb der x-Achse befindet, aber in die „falsche" (=negative) Richtung integriert wird.
⇒ Max $(0 \,|\approx 0,5)$

$F(2,25) \approx -1,2$     Negativ, da sich die Fläche unterhalb der x-Achse befindet.
⇒ Min $(\approx 2,25 \,|\approx -1,2)$

$F(\approx 2,8) = 0$     Die im Intervall [1; 2,25] eingeschlossene Fläche unterhalb der x-Achse ist ungefähr genauso groß wie die im Intervall [2,25; 2,8] eingeschlossene Fläche oberhalb der x-Achse.
(Flächenbilanz = 0)

$F(\approx -1,2) = 0$     Die im Intervall [−1,2; 0] eingeschlossene Fläche oberhalb der x-Achse ist ungefähr genauso groß wie die im Intervall [0; 1] eingeschlossene Fläche unterhalb der x-Achse.
(Flächenbilanz = 0)

Daraus ergibt sich für den Graphen von F(x) in etwa der Verlauf:

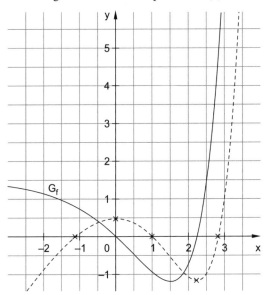

# Teil 2

1. $f(x) = 2x \cdot e^{-0,5x^2}$ mit $D = \mathbb{R}$

a) $f(-x) = 2(-x) \cdot e^{-0,5(-x)^2} = -2x \cdot e^{-0,5x^2} = -f(x)$

$\Rightarrow$ $G_f$ ist punktsymmetrisch zum Ursprung

$$\lim_{x \to +\infty} 2x \cdot e^{-0,5x^2} = \lim_{x \to +\infty} \frac{2x}{e^{0,5x^2}} = \lim_{x \to +\infty} 2 \cdot \frac{x}{e^{0,5x^2}} = 2 \cdot 0 = 0 \quad \text{(s. Merkhilfe)}$$

Die x-Achse ist somit – wie in der Abbildung erkennbar – waagrechte Asymptote.

b) $f'(x) = 2 \cdot e^{-0,5x^2} + 2x \cdot e^{-0,5x^2} \cdot (-x) = 2 \cdot e^{-0,5x^2}(1-x^2)$

$f'(x) = 0 \Rightarrow 1 - x^2 = 0 \quad (\text{da } e^{-0,5x^2} > 0)$
$\qquad\qquad\qquad x = \pm 1$

$f(1) = 2 \cdot 1 \cdot e^{-0,5 \cdot 1^2} = 2e^{-0,5} = \dfrac{2}{e^{0,5}} = \dfrac{2}{\sqrt{e}}$

$f(-1) = 2 \cdot (-1) \cdot e^{-0,5 \cdot (-1)^2} = -2e^{-0,5} = -\dfrac{2}{e^{0,5}} = -\dfrac{2}{\sqrt{e}}$

**Bestimmung der Art der Extrempunkte über Monotoniebetrachtung**

$f'(x) > 0 \Rightarrow 1 - x^2 > 0 \Rightarrow -1 < x < 1$

$f'(x) < 0 \Rightarrow 1 - x^2 < 0 \Rightarrow -\infty < x < -1$ oder $1 < x < +\infty$

|  | $-\infty < x < -1$ | $-1 < x < 1$ | $1 < x < +\infty$ |
|---|---|---|---|
| f'(x) | < 0 | > 0 | < 0 |
| f(x) | fällt | steigt | fällt |

**Bestimmung der Art der Extrempunkte über 2. Ableitung**

$f''(x) = 2 \cdot e^{-0,5x^2} \cdot (-x)(1-x^2) + 2 \cdot e^{-0,5x^2} \cdot (-2x)$
$\qquad = 2 \cdot e^{-0,5x^2} \cdot (-x + x^3 - 2x)$
$\qquad = 2 \cdot e^{-0,5x^2} \cdot (x^3 - 3x)$

$f''(1) = 2 \cdot e^{-0,5 \cdot 1^2} \cdot (1^3 - 3 \cdot 1) = -4e^{-0,5} < 0$

$f''(-1) = 2 \cdot e^{-0,5 \cdot (-1)^2} \cdot ((-1)^3 - 3 \cdot (-1)) = 4e^{-0,5} > 0$

**Ergebnis**

$\left(-1 \, \Big| \, -\dfrac{2}{\sqrt{e}}\right)$ Tiefpunkt

$\left(1 \, \Big| \, \dfrac{2}{\sqrt{e}}\right)$ Hochpunkt

c) $m_S = \dfrac{f(0,5) - f(-0,5)}{0,5 - (-0,5)}$ (siehe Merkhilfe)

$= \dfrac{2 \cdot 0,5 \cdot e^{-0,5(0,5)^2} - 2 \cdot (-0,5) \cdot e^{-0,5(-0,5)^2}}{1}$

$= 1 \cdot e^{-0,5 \cdot 0,25} + 1 \cdot e^{-0,5 \cdot 0,25}$

$= 2e^{-0,125} \approx 1,765$

$m_T = f'(0)$ (siehe Merkhilfe)
$= 2 \cdot e^{-0,5 \cdot 0^2}(1 - 0^2) = 2$

$\dfrac{m_T - m_S}{m_T} = \dfrac{2 - 1,765}{2} = 0,1175 = 11,75\,\%$

d)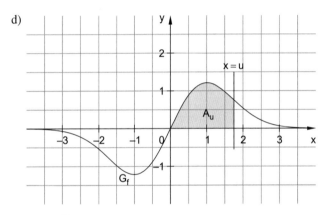

$A(u) = \displaystyle\int_0^u 2x \cdot e^{-0,5x^2} dx = 2 - 2 \cdot e^{-0,5u^2}$ (vgl. Angabe)

Diese Gleichung stimmt, wenn gilt:
$(2 - 2 \cdot e^{-0,5u^2})' = 2u \cdot e^{-0,5u^2}$ (siehe Merkhilfe)

$(2 - 2 \cdot e^{-0,5u^2})' = 0 - 2 \cdot e^{-0,5u^2} \cdot (-u) = 2u \cdot e^{-0,5u^2}$ ✓

$\displaystyle\lim_{u \to +\infty} 2 - 2 \cdot e^{-0,5u^2} = \lim_{u \to +\infty} 2 - \lim_{u \to +\infty} 2 \cdot e^{-0,5u^2} = 2 - \lim_{u \to +\infty} \dfrac{2}{e^{0,5u^2}}$

$= 2 - "\dfrac{2}{e^{+\infty}}" = 2 - "\dfrac{2}{+\infty}" = 2 - 0 = 2$

Die vom Graphen der Funktion f und der positiven x-Achse eingeschlossene, sich ins Unendliche erstreckende Fläche hat den endlichen Inhalt 2 (FE).

e) $\qquad h(x) = f(x)$

$$\frac{2}{e^2} \cdot x = 2x \cdot e^{-0.5x^2}$$

$$\frac{2}{e^2} \cdot x - 2x \cdot e^{-0.5x^2} = 0$$

$$2x \left( \frac{1}{e^2} - e^{-0.5x^2} \right) = 0$$

$\Rightarrow\ 2x = 0\quad$ und $\quad \dfrac{1}{e^2} - e^{-0.5x^2} = 0$

$\phantom{\Rightarrow\ }x = 0$

$$e^{-0.5x^2} = \frac{1}{e^2}$$

$$\ln e^{-0.5x^2} = \ln \frac{1}{e^2}$$

$$\ln e^{-0.5x^2} = \ln e^{-2}$$

$$-0.5x^2 = -2$$

$$x^2 = 4 \quad \Rightarrow \quad x = \pm 2$$

Gerade h und Funktionsgraph schneiden sich für $x = -2$, $x = 0$ und $x = 2$.

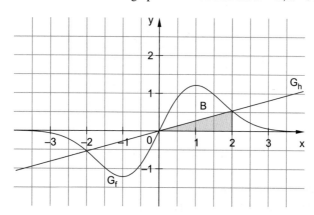

Die Fläche, die vom Graphen von f(x), der positiven x-Achse und der Geraden $x = 2$ eingeschlossen wird, setzt sich zusammen aus der Fläche B und dem rechtwinkligen Dreieck mit den Katheten 2 und f(2).

Mit der Formel aus Teilaufgabe 1 d erhält man somit:

$$B = \int_0^2 2x \cdot e^{-0.5x^2} dx - \frac{1}{2} \cdot 2 \cdot f(2) = 2 - 2 \cdot e^{-0.5 \cdot 2^2} - \frac{1}{2} \cdot 2 \cdot (2 \cdot 2 \cdot e^{-0.5 \cdot 2^2})$$

$$= 2 - 2 \cdot e^{-2} - 4 \cdot e^{-2} = 2 - 6 \cdot e^{-2} \approx 1{,}188$$

2. $g_c(x) = f(x) + c$

Der Graph der Funktion $g_c$ entsteht aus dem Graphen der Funktion f durch Verschiebung um c in y-Richtung.

a) Hochpunkt von f: $\left(1 \mid \frac{2}{\sqrt{e}}\right)$ $\Rightarrow$ Hochpunkt von $g_c$: $\left(1 \mid \frac{2}{\sqrt{e}} + c\right)$

Verhalten von f: $\lim\limits_{x \to +\infty} f(x) = 0$ $\Rightarrow$ Verhalten von $g_c$: $\lim\limits_{x \to +\infty} g_c(x) = c$

b) α) $g_c$ hat keine Nullstelle, wenn der Graph
- entweder so weit nach oben geschoben wird, dass der Tiefpunkt oberhalb der x-Achse liegt: $c > \frac{2}{\sqrt{e}} \approx 1,213$
  Mögliche Werte sind z. B.: $c = 1,5$ oder $c = 2$ oder $c = 4$ oder ...
- oder so weit nach unten geschoben wird, dass der Hochpunkt unterhalb der x-Achse liegt: $c < -\frac{2}{\sqrt{e}} \approx -1,213$
  Mögliche Werte sind z. B.: $c = -1,5$ oder $c = -2$ oder $c = -4$ oder ...

β) $g_c$ hat genau eine Nullstelle, wenn der Graph
- weder nach oben noch nach unten verschoben wird: $c = 0$
- oder so weit nach oben geschoben wird, dass der Tiefpunkt die x-Achse berührt: $c = \frac{2}{\sqrt{e}} \approx 1,213$
- oder so weit nach unten geschoben wird, dass der Hochpunkt die x-Achse berührt: $c = -\frac{2}{\sqrt{e}} \approx -1,213$

γ) $g_c$ hat genau zwei Nullstellen, wenn der Graph
- entweder nur so weit nach oben geschoben wird, dass der Tiefpunkt noch unterhalb der x-Achse liegt, also gilt: $0 < c < \frac{2}{\sqrt{e}} \approx 1,213$
  Mögliche Werte sind z. B.: $c = 1$ oder $c = 0,5$ oder ...
- oder nur so weit nach unten geschoben wird, dass der Hochpunkt noch oberhalb der x-Achse liegt, also gilt: $-\frac{2}{\sqrt{e}} \approx -1,213 < c < 0$
  Mögliche Werte sind z. B.: $c = -1$ oder $c = -0,5$ oder ...

c)

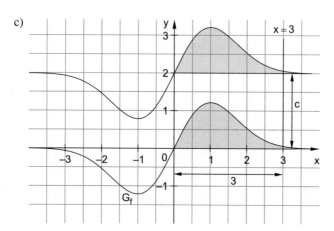

Da c > 0 gefordert ist, wird der Graph von f um c nach oben verschoben. Die
Fläche $\int_0^3 g_c(x)\,dx$ setzt sich also aus der Fläche $\int_0^3 f(x)\,dx$ und dem Rechteck
mit den Seitenlängen 3 und c (also der Fläche $3 \cdot c$) zusammen. Somit gilt:

$$\int_0^3 g_c(x)\,dx = \int_0^3 f(x)\,dx + 3c$$

3. $g_{1,4} = 2x \cdot e^{-0,5x^2} + 1,4$

   a)

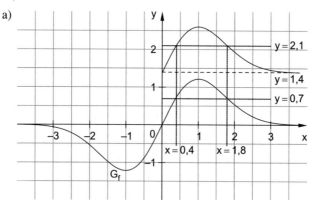

Gesucht ist das Intervall, in dem $g_{1,4} \geq 2,1$ gilt.

$x_1 = 0,4 \;\hat{=}\; 4$ Jahre nach 1955

$x_2 = 1,8 \;\hat{=}\; 18$ Jahre nach 1955

Im Zeitraum von 1959 bis 1973 beträgt die Geburtenziffer mindestens 2,1.

*Hinweis:* Sie können den gesuchten Zeitraum entweder am Graphen von $g_{1,4}$ oder auch am (ggf. genaueren) Graphen von f ablesen.
Hier muss f(x) = 2,1 − 1,4 = 0,7 gelten.

b) Gemäß Teilaufgabe 3 a gilt nach dem Jahr 1973: $g_{1,4} < 2,1$

Die Geburtenziffer unterschreitet also nach dem Jahr 1973 den „kritischen Wert" 2,1. Gemäß Teilaufgabe 2 a gilt ferner: $\lim\limits_{x \to +\infty} g_{1,4}(x) = 1,4$

Somit sinkt nach 1973 die Geburtenziffer unter 2,1 und strebt dem Wert 1,4 zu. Also sinkt die Bevölkerungszahl in diesem Land schon seit 1974. Auch in der Zukunft ist eine Abnahme der Bevölkerungszahl in diesem Land zu erwarten.

c) Die größte Abnahme befindet sich dort, wo der Graph am stärksten (steilsten) fällt.

In der Abbildung lässt sich näherungsweise x = 1,7 ablesen, also ist im Jahre 1972 (17 Jahre nach 1955) die Abnahme am größten.

Im Jahr 1965 hat die Geburtenziffer ihren Hochpunkt und nimmt dann ab. Diese Abnahme (das Fallen des Graphen) wird durch die 1. Ableitung dargestellt (siehe Merkhilfe). Es gilt also:
$g'_{1,4}(x) < 0$  für  $x > 1$

Ein Extremwert der Abnahme ergibt sich nur dann, wenn die Ableitung der Abnahme den Wert null annimmt.
Für die stärkste Abnahme muss also gelten:
$[g'_{1,4}(x)]' = g''_{1,4}(x) = 0$

Die Abnahme wird schwächer (steigt), wenn die Ableitung der Abnahme positiv ist, wenn also gilt:
$[g'_{1,4}(x)]' = g''_{1,4}(x) > 0$

Man müsste also nachweisen, dass für x > 1,7 gilt: $g''_{1,4}(x) > 0$

**Abitur Mathematik (Bayern): Abiturprüfung 2013
Analysis II**

## Teil 1

BE

1. Geben Sie für die Funktion f mit $f(x) = \ln(2013 - x)$ den maximalen Definitionsbereich $D$, das Verhalten von f an den Grenzen von $D$ sowie die Schnittpunkte des Graphen von f mit den Koordinatenachsen an. 5

2. Der Graph der in $\mathbb{R}$ definierten Funktion $f: x \mapsto x \cdot \sin x$ verläuft durch den Koordinatenursprung. Berechnen Sie $f''(0)$ und geben Sie das Krümmungsverhalten des Graphen von f in unmittelbarer Nähe des Koordinatenursprungs an. 4

3. Gegeben sind die in $\mathbb{R}$ definierten Funktionen $g: x \mapsto e^{-x}$ und $h: x \mapsto x^3$.

   a) Veranschaulichen Sie durch eine Skizze, dass die Graphen von g und h genau einen Schnittpunkt haben. 2

   b) Bestimmen Sie einen Näherungswert $x_1$ für die x-Koordinate dieses Schnittpunkts, indem Sie für die in $\mathbb{R}$ definierte Funktion $d: x \mapsto g(x) - h(x)$ den ersten Schritt des Newton-Verfahrens mit dem Startwert $x_0 = 1$ durchführen. 4

4. Abbildung 1 zeigt den Graphen $G_f$ der Funktion f mit Definitionsbereich $[-2; 2]$. Der Graph besteht aus zwei Halbkreisen, die die Mittelpunkte $(-1|0)$ bzw. $(1|0)$ sowie jeweils den Radius 1 besitzen. Betrachtet wird die in $[-2; 2]$ definierte Integralfunktion

   $$F: x \mapsto \int_0^x f(t)\,dt.$$

   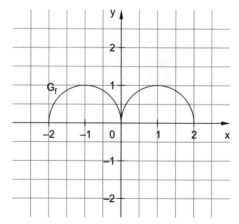

   Abb. 1

   a) Geben Sie $F(0)$, $F(2)$ und $F(-2)$ an. 3

   b) Skizzieren Sie den Graphen von F in Abbildung 1. 2

   20

# Teil 2

BE

Gegeben ist die Funktion

$$f: x \mapsto \frac{1}{2}x - \frac{1}{2} + \frac{8}{x+1}$$

mit Definitionsbereich $\mathbb{R} \setminus \{-1\}$. Abbildung 2 zeigt den Graphen $G_f$ von f.

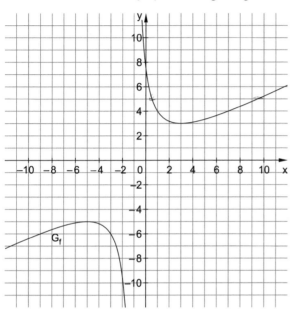

Abb. 2

1. a) Geben Sie die Gleichungen der Asymptoten von $G_f$ an und zeigen Sie rechnerisch, dass $G_f$ seine schräge Asymptote nicht schneidet. Zeichnen Sie die Asymptoten in Abbildung 2 ein. 6

   b) Bestimmen Sie rechnerisch Lage und Art der Extrempunkte von $G_f$. 8

2. Abbildung 2 legt die Vermutung nahe, dass $G_f$ bezüglich des Schnittpunkts P(−1|−1) seiner Asymptoten symmetrisch ist. Zum Nachweis dieser Symmetrie von $G_f$ kann die Funktion g betrachtet werden, deren Graph aus $G_f$ durch Verschiebung um 1 in positive x-Richtung und um 1 in positive y-Richtung hervorgeht.

a) Bestimmen Sie einen Funktionsterm von g. Weisen Sie anschließend die Punktsymmetrie von $G_f$ nach, indem Sie zeigen, dass der Graph von g punktsymmetrisch bezüglich des Koordinatenursprungs ist.

$\left[\text{Teilergebnis: } g(x) = \frac{1}{2}x + \frac{8}{x}\right]$

6

b) Zeigen Sie, dass $\int_0^4 f(x)\,dx = 2 + 8\cdot\ln 5$ gilt.

Bestimmen Sie nun ohne weitere Integration den Wert des Integrals

$\int_{-6}^{-2} f(x)\,dx;$

veranschaulichen Sie Ihr Vorgehen durch geeignete Eintragungen in Abbildung 2.

8

3. Eine vertikal stehende Getränkedose hat die Form eines geraden Zylinders. Die Lage des gemeinsamen Schwerpunkts S von Dose und enthaltener Flüssigkeit hängt von der Füllhöhe der Flüssigkeit über dem Dosenboden ab. Ist die Dose vollständig gefüllt, so beträgt die Füllhöhe 15 cm.

Die bisher betrachtete Funktion f gibt für $0 \leq x \leq 15$ die Höhe von S über dem Dosenboden in Zentimetern an; dabei ist x die Füllhöhe in Zentimetern (vgl. Abbildung 3).

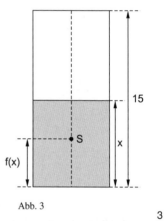

Abb. 3

a) Berechnen Sie f(0) und f(15). Interpretieren Sie die beiden Ergebnisse im Sachzusammenhang.

3

b) Die zunächst leere Dose wird langsam mit Flüssigkeit gefüllt, bis die maximale Füllhöhe von 15 cm erreicht ist. Beschreiben Sie mithilfe von Abbildung 2 die Bewegung des Schwerpunkts S während des Füllvorgangs. Welche Bedeutung im Sachzusammenhang hat die Tatsache, dass x-Koordinate und y-Koordinate des Tiefpunkts von $G_f$ übereinstimmen?

3

c) Für welche Füllhöhen x liegt der Schwerpunkt S höchstens 5 cm hoch? Beantworten Sie diese Frage zunächst näherungsweise mithilfe von Abbildung 2 und anschließend durch Rechnung.

6

40

# Tipps und Hinweise

## Teil 1

### Aufgabe 1
- Welche Werte darf das Argument des Logarithmus (also das was „hinter" dem ln steht) nur annehmen?
- Lösen Sie die Ungleichung nach x auf.
- Der Definitionsbereich lässt sich als Intervall angeben.
- Wie verhält sich das Argument, wenn die x-Werte an die Grenze des Definitionsbereichs streben?
- Beachten Sie: $\lim_{x \to +\infty} \ln x = +\infty$ und $\lim_{x \to 0^+} \ln x = -\infty$
- Es ist nach Schnittpunkten mit der x-Achse und der y-Achse gefragt.
- Für alle Punkte auf der y-Achse gilt $x = 0$.
- Für alle Punkte auf der x-Achse gilt $y = 0$.

### Aufgabe 2
- Beachten Sie bei der Berechnung der 1. und 2. Ableitung die Produktregel (siehe Merkhilfe).
- Die Ableitungen von $\sin x$ und $\cos x$ können Sie der Merkhilfe entnehmen.
- Welches Vorzeichen hat $f''(0)$?
- Dieses Vorzeichen ist entscheidend für die Art der Krümmung (siehe Merkhilfe).

### Aufgabe 3 a
- Welchen Verlauf hat der Graph der Funktion $f(x) = e^x$?
- Wie entsteht der Graph der Funktion $g(x) = e^{-x}$ aus dem Graphen von $e^x$?
- Beim Übergang von $f(x)$ zu $f(-x)$ wird der Graph an der y-Achse gespiegelt.
- Der Graph von $e^{-x}$ verläuft im II. und I. Quadranten, der Graph von $x^3$ im III. und I. Quadranten. Der Schnittpunkt muss also im I. Quadranten liegen.

### Aufgabe 3 b
- Stellen Sie den Term der Funktion $d(x)$ auf.
- Sie finden die Formel des Newtonschen Iterationsverfahrens auf der Merkhilfe.
- Sie benötigen gemäß Formel auch $d'(x)$.
- Beachten Sie bei der Ableitung die Kettenregel (nachdifferenzieren) auf Ihrer Merkhilfe.

- Sie sollen nur den ersten Schritt des Newtonschen Iterationsverfahrens ausführen.
- Gesucht ist der Näherungswert $x_1$, somit ist $n=0$.
- Der Startwert $x_0 = 1$ ist vorgegeben, die Werte von $d(x_0) = d(1)$ und $d'(x_0) = d'(1)$ müssen Sie noch berechnen.

**Aufgabe 4 a**
- Wenn Sie in der Integralfunktion $x = 0$ setzen, so erhalten Sie ein Integral, dessen obere und untere Grenze gleich sind.
- Veranschaulichen Sie sich $F(2)$ in der Abbildung.
- $F(2)$ stellt die Flächenbilanz des rechten Halbkreises dar.
- Wie berechnet sich die Fläche eines Halbkreises? Der Radius ist gegeben.
- Veranschaulichen Sie sich $F(-2)$ in der Abbildung.
- $F(-2)$ stellt die Flächenbilanz des linken Halbkreises dar.
- Beachten Sie die Integrationsrichtung.

**Aufgabe 4 b**
- Tragen Sie die Funktionswerte $F(0)$, $F(2)$ und $F(-2)$ in die Abbildung ein.
- $F(x)$ hat den Definitionsbereich $[-2; 2]$ (siehe Angabe). Der Graph darf somit über die eingezeichneten Randpunkte nicht hinausragen.
- Beachten Sie, dass sich das Integrationsintervall $[0; 2]$ zwar in vier gleich große Teilintervalle aufteilen lässt, die zugehörigen Flächen aber nicht die gleiche Größe haben.
- Der Graph von $F(x)$ kann keine Gerade sein.

## Teil 2

**Aufgabe 1 a**
- Welcher Art ist die Funktion $f(x)$?
- Welche Arten von Asymptoten können bei einer gebrochen-rationalen Funktion vorkommen?
- Senkrechte Asymptoten sind stets durch Definitionslücken vorgegeben.
- Der Definitionsbereich ist gegeben.
- Viele gebrochen-rationale Funktionen sind in Form eines Bruches gegeben. Warum ist dies hier nicht der Fall?
- Der Nebensatz in der Aufgabenstellung verrät, dass eine schräge Asymptote vorhanden sein muss.

- Die Gleichung der schrägen Asymptote lässt sich unmittelbar aus der Funktionsgleichung ablesen.
- Versuchen Sie einen Schnittpunkt von $G_f$ und schräger Asymptote zu errechnen.
- Eine Schnittstelle erhält man durch Gleichsetzen der Gleichungen von Funktion und schräger Asymptote.
- Diese Gleichung ist nicht lösbar. Was folgt daraus?
- Vergessen Sie nicht, die beiden Asymptoten in die Abbildung einzutragen.

**Aufgabe 1 b**
- Bedingung für einen Extrempunkt an der Stelle $x_0$ ist $f'(x_0) = 0$ (siehe Merkhilfe).
- Beachten Sie beim Ableiten die Quotientenregel (siehe Merkhilfe).
- Da nach den Extrempunkten gefragt ist, müssen Sie auch die zugehörigen y-Werte bestimmen.
- Die Art eines Extrempunkts können Sie entweder mithilfe des Monotonieverhaltens oder mithilfe der 2. Ableitung bestimmen.
- Wenn Sie bei einer quadratischen Ungleichung auf beiden Seiten die Wurzel ziehen, hat die negative Lösung der Wurzel ihre Auswirkung auf das Ungleichzeichen.
- Wechselt das Vorzeichen von f'(x) vom Positiven (f steigt) zum Negativen (f fällt), so liegt ein Hochpunkt vor.
- Wechselt das Vorzeichen von f'(x) vom Negativen (f fällt) zum Positiven (f steigt), so liegt ein Tiefpunkt vor.
- Aus $f'(x_0) = 0$ und $f''(x_0) < 0$ folgt: an der Stelle $x_0$ befindet sich ein Hochpunkt.
- Aus $f'(x_0) = 0$ und $f''(x_0) > 0$ folgt: an der Stelle $x_0$ befindet sich ein Tiefpunkt.

*oder:*

- Falls Sie das Ergebnis der Ableitung zu einem Bruch zusammenfassen, dann gilt: Ein Bruch hat den Wert null, wenn der Zähler null wird.
- Eine quadratische Ungleichung lösen Sie am besten, indem Sie den Term, der positiv bzw. negativ sein soll, als Gleichung einer Parabel auffassen.
- Im Intervall zwischen den Nullstellen dieser Parabel sind die Parabelwerte
  – negativ, falls die Parabel nach oben geöffnet ist.
  – positiv, falls die Parabel nach unten geöffnet ist.

**Aufgabe 2 a**
- Der Graph von h(x + a) ist im Vergleich zum Graphen von h(x) um –a in x-Richtung verschoben.
Der Graph von h(x) + a ist im Vergleich zum Graphen von h(x) um +a in y-Richtung verschoben.

- Der Graph von f(x) soll um +1 in x-Richtung und um +1 in y-Richtung verschoben werden.
- Die Gleichung von g(x) entsteht, wenn Sie in der Gleichung von f(x) das x durch (x – 1) ersetzen und den Summanden +1 anfügen.
- Vereinfachen Sie die entstehende Funktionsgleichung von g(x).
- Bestimmen Sie g(–x) und vergleichen Sie mit dem Funktionsterm g(x).
- Ist der Graph von g(x) punktsymmetrisch zum Ursprung, gilt: g(–x) = –g(x)
- Wie muss der Graph von g(x) verschoben werden, um den Graphen von f(x) zu erhalten?
- Der Symmetriepunkt (0|0) von g(x) wird ebenso verschoben.
- Wie lauten somit die Koordinaten des Symmetriepunkts von f(x)?

**Aufgabe 2 b**

- Zeichnen Sie die durch $\int_{0}^{4} f(x)\,dx$ dargestellte Fläche in die Abbildung ein.
- Bestimmen Sie zunächst eine Stammfunktion von f(x).
- Beachten Sie dabei die Integrationsregel für $x^r$ auf Ihrer Merkhilfe.
- Sie benötigen außerdem die Formel $\int \frac{1}{x}\,dx = \ln|x| + C$, in der Sie gemäß $\int f(ax+b)\,dx = \frac{1}{a}F(ax+b) + C$ für a = 1 und für b = 1 verwenden.
- Berechnen Sie den Wert des bestimmten Integrals, indem Sie die Integrationsgrenzen einsetzen.
- Beachten Sie: ln 1 = 0
- Auch $\int_{-6}^{-2} f(x)\,dx$ lässt sich darstellen. Veranschaulichen Sie das Integral in der Abbildung.
- Der Graph von f(x) liegt im gesamten Intervall [–6; –2] unterhalb der x-Achse. Was lässt sich somit über das Vorzeichen von $\int_{-6}^{-2} f(x)\,dx$ aussagen?
- Vergleichen Sie diese unterhalb der x-Achse gelegene Fläche mit der Fläche, die durch $\int_{0}^{4} f(x)\,dx$ gegeben ist.
- Die beiden Flächen unterscheiden sich durch ein Rechteck.
- Wie lässt sich die Fläche dieses Rechtecks berechnen?

**Aufgabe 3**

🖋 Veranschaulichen Sie sich den Text neben der Abbildung 3 mithilfe der Funktion f.

🖋 f(x) entspricht der Höhe von S über dem Dosenboden, x entspricht der Füllhöhe.

**Aufgabe 3 a**

🖋 f(0) gibt die Höhe von S an, wenn die Füllhöhe 0 beträgt, die Dose also leer ist.

🖋 f(15) gibt die Höhe von S an, wenn die Füllhöhe 15 beträgt, die Dose also voll ist.

🖋 Vergleichen Sie die beiden Ergebnisse.

**Aufgabe 3 b**

🖋 Der Graph in Abbildung 2 zeigt nur das Intervall von [0; 12]. Sie haben jedoch f(15) berechnet und wissen, dass der Graph für x > 3 steigt.

🖋 Beschreiben Sie den Funktionsverlauf im Intervall [0; 15].

🖋 Für x = 0 befindet sich der Schwerpunkt 7,5 cm über dem Dosenboden (siehe Teilaufgabe 3 a).

🖋 Für x > 0 fällt die Funktion zunächst. Die Höhe des Schwerpunkts wird also zunächst kleiner. Bis zu welcher Füllhöhe gilt dies?

🖋 Für x > 3 steigt die Funktion. Die Höhe des Schwerpunkts wird also größer.

🖋 Welche Höhe erreicht der Schwerpunkt für die Füllhöhe 15 cm? (siehe Teilaufgabe 3 a)

🖋 Gemäß Teilaufgabe 1 b hat der Tiefpunkt die Koordinaten (3|3).

🖋 Bei einer Füllhöhe von 3 cm befindet sich der Schwerpunkt also 3 cm über dem Dosenboden. Wo liegt er somit?

**Aufgabe 3 c**

🖋 Der Schwerpunkt liegt höchstens 5 cm hoch, wenn der Funktionsgraph die Parallele zur x-Achse y = 5 nicht übersteigt.

🖋 Zeichnen Sie y = 5 in Abbildung 2 ein.

🖋 Für welche x (= für welche Füllhöhen) verläuft der Funktionsgraph nicht oberhalb dieser Geraden?

🖋 Die Bedingung lautet f(x) ≤ 5.

🖋 Es ergibt sich eine quadratische Ungleichung.

🖋 Diese quadratische Ungleichung lösen Sie am besten, indem Sie den Term, der kleiner gleich null sein soll, als Gleichung einer nach oben geöffneten Parabel auffassen.

🖋 Im Intervall zwischen den Nullstellen dieser Parabel sind die Parabelwerte negativ.

## Lösungen

### Teil 1

1. $f(x) = \ln(2013-x)$

    Das Argument des Logarithmus muss positiv sein, daher:
    $2013 - x > 0$
    $\quad 2013 > x$
    $\Rightarrow \mathbb{D} = \,]-\infty;\, 2013[$

    Verhalten an den Grenzen:
    $$\lim_{x \to -\infty} \ln(2013-x) = "\ln(+\infty)" = +\infty$$
    $$\lim_{x \to 2013^-} \ln(2013-x) = "\ln(0^+)" = -\infty$$

    Schnittpunkt mit der y-Achse: $x = 0$
    $f(0) = \ln 2013 \quad \Rightarrow \quad S_y(0\,|\,\ln 2013)$

    Schnittpunkt mit der x-Achse: $y = 0$
    $\qquad f(x) = 0$
    $\ln(2013 - x) = 0$
    $\quad 2013 - x = e^0$
    $\quad 2013 - x = 1$
    $\qquad\quad x = 2012$
    $\Rightarrow S_x(2012\,|\,0)$

2. $f(x) = x \cdot \sin x$

    $f'(x) = 1 \cdot \sin x + x \cdot \cos x$
    $f''(x) = \cos x + 1 \cdot \cos x + x \cdot (-\sin x) = 2 \cdot \cos x - x \cdot \sin x$
    $f''(0) = 2 \cdot \cos 0 - 0 \cdot \sin 0 = 2 > 0$

    Der Graph von f(x) ist somit in der unmittelbaren Umgebung des Ursprungs linksgekrümmt.

3. a) Der Graph der Funktion $g(x)=e^{-x}$ entsteht aus dem Graphen der Funktion $f(x)=e^x$ durch Spiegelung an der y-Achse.

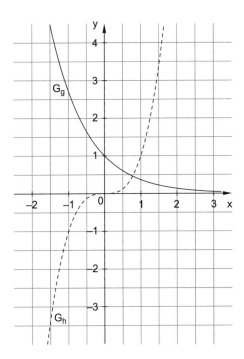

b) $d(x) = g(x) - h(x) = e^{-x} - x^3$

$d'(x) = e^{-x} \cdot (-1) - 3x^2$

Mit der Formel auf der Merkhilfe sowie $x_{n+1} = x_1$ und $x_n = x_0 = 1$ ergibt sich:

$$x_1 = 1 - \frac{d(1)}{d'(1)} = 1 - \frac{e^{-1} - 1^3}{-e^{-1} - 3 \cdot 1^2} = 1 - \frac{e^{-1} - 1}{-e^{-1} - 3} \approx 0{,}8123$$

*Anmerkung:* Dies ist ein Näherungswert für die x-Koordinate des Schnittpunkts, da aus $g(x) = h(x)$ folgt: $g(x) - h(x) = d(x) = 0$

4. a) $F(x) = \int_0^x f(t)\,dt$

$F(0) = \int_0^0 f(t)\,dt = 0$ \qquad da untere und obere Integrationsgrenzen gleich sind

$F(2) = \int_0^2 f(t)\,dt = \frac{1}{2} \cdot 1^2 \cdot \pi = \frac{\pi}{2}$ \qquad da das Integral die Fläche des Halbkreises mit Radius 1 oberhalb der x-Achse angibt

$$F(-2) = \int_0^{-2} f(t)\,dt = -\frac{1}{2} \cdot 1^2 \cdot \pi = -\frac{\pi}{2}$$

da das Integral zwar die Fläche des Halbkreises mit Radius 1 oberhalb der x-Achse angibt, jedoch in negative x-Richtung integriert wird

b) Achten Sie darauf, dass der Graph von F(x) **nicht** durch eine **Gerade** dargestellt wird, da die Flächen über den vier gleich langen Teilintervallen [0; 0,5] bzw. [0,5; 1] bzw. [1; 1,5] bzw. [1,5; 2] zwei unterschiedliche Größen besitzen.
Da der Graph von f(x) achsensymmetrisch zur y-Achse ist, muss der Graph von F(x) punktsymmetrisch zum Ursprung sein.

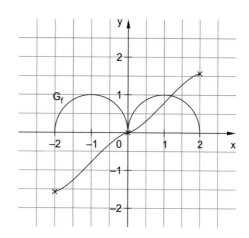

# Teil 2

1. $f(x) = \frac{1}{2}x - \frac{1}{2} + \frac{8}{x+1}$ mit $D = \mathbb{R} \setminus \{-1\}$

    a) Senkrechte Asymptote: $x = -1$

    Schräge Asymptote: $y = \frac{1}{2}x - \frac{1}{2}$

    Gäbe es einen Schnittpunkt, so ließe sich die Gleichung, die entsteht, wenn man die Gleichungen von Funktion und schräger Asymptote gleichsetzt, lösen. Doch hier führt diese Gleichung zu einem Widerspruch, denn:

    $$\frac{1}{2}x - \frac{1}{2} + \frac{8}{x+1} = \frac{1}{2}x - \frac{1}{2}$$

    $$\frac{8}{x+1} = 0$$

    $$8 = 0 \text{ ↯}$$

    Somit schneiden sich Funktion und schräge Asymptote nicht.

2013-30

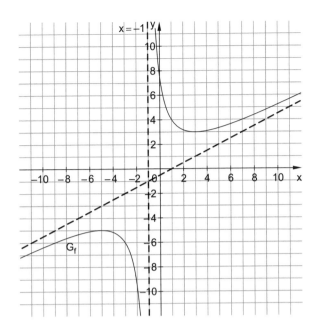

b) $f'(x) = \dfrac{1}{2} - 0 + \dfrac{0 \cdot (x+1) - 8 \cdot 1}{(x+1)^2} = \dfrac{1}{2} - \dfrac{8}{(x+1)^2}$

Nullsetzen der 1. Ableitung:

$f'(x) = 0 \Rightarrow \dfrac{1}{2} - \dfrac{8}{(x+1)^2} = 0$

$\phantom{f'(x) = 0 \Rightarrow} \dfrac{1}{2} = \dfrac{8}{(x+1)^2}$

$\phantom{f'(x) = 0 \Rightarrow} (x+1)^2 = 16$

$\phantom{f'(x) = 0 \Rightarrow} x+1 = \pm 4$

$\Rightarrow x_1 = 3 \quad \text{und} \quad x_2 = -5$

$f(3) = \dfrac{1}{2} \cdot 3 - \dfrac{1}{2} + \dfrac{8}{3+1} = 3$

$f(-5) = \dfrac{1}{2} \cdot (-5) - \dfrac{1}{2} + \dfrac{8}{-5+1} = -5$

Die Art der Extrempunkte kann mit einer Monotoniebetrachtung oder mithilfe der 2. Ableitung bestimmt werden.

**Bestimmung der Art der Extrempunkte über Monotonieverhalten**

$f'(x) > 0 \Rightarrow \dfrac{1}{2} - \dfrac{8}{(x+1)^2} > 0$

$$\dfrac{1}{2} > \dfrac{8}{(x+1)^2}$$

$$(x+1)^2 > 16$$

$\Rightarrow \quad x+1 > +4 \quad \text{und} \quad x+1 < -4$
$\qquad\quad x > +3 \qquad\qquad\quad x < -5$

$\Rightarrow \quad x \in\, ]-\infty; -5[\, \cup\, ]3; +\infty[$

$f'(x) < 0 \Rightarrow \dfrac{1}{2} - \dfrac{8}{(x+1)^2} < 0$

$$\dfrac{1}{2} < \dfrac{8}{(x+1)^2}$$

$$(x+1)^2 < 16$$

$\Rightarrow \quad x+1 < +4 \quad \text{und} \quad x+1 > -4$
$\qquad\quad x < +3 \qquad\qquad\quad x > -5$

$\Rightarrow \quad x \in\, ]-5; 3[\, \backslash\, \{-1\}$

|       | $x \in\, ]-\infty; -5[$ | $x \in\, ]-5; 3[\, \backslash\, \{-1\}$ | $x \in\, ]3; +\infty[$ |
|-------|---|---|---|
| $f'(x)$ | $> 0$ | $< 0$ | $> 0$ |
| $f(x)$  | steigt | fällt | steigt |

**Bestimmung der Art der Extrempunkte über 2. Ableitung**

$f''(x) = 0 - \dfrac{0 \cdot (x+1)^2 - 8 \cdot 2(x+1)}{[(x+1)^2]^2} = \dfrac{16(x+1)}{(x+1)^4} = \dfrac{16}{(x+1)^3}$

$f''(3) = \dfrac{16}{(3+1)^3} = \dfrac{16}{(+4)^3} = \dfrac{16}{64} = \dfrac{1}{4} > 0$

$f''(-5) = \dfrac{16}{(-5+1)^3} = \dfrac{16}{(-4)^3} = \dfrac{16}{-64} = -\dfrac{1}{4} < 0$

**Ergebnis**
Hochpunkt $(-5\,|\,-5)$
Tiefpunkt $\;\,(3\,|\,3)$

*Bemerkung:* Man kann den Term der 1. Ableitung auch so umformen, dass alles auf einem Bruchstrich steht. Dann sehen die entsprechenden Rechnungen wie folgt aus:

$$f'(x) = \frac{1}{2} - \frac{8}{(x+1)^2} = \frac{(x+1)^2 - 16}{2(x+1)^2} = \frac{x^2 + 2x + 1 - 16}{2(x+1)^2} = \frac{x^2 + 2x - 15}{2(x+1)^2}$$

$f'(x) = 0 \Rightarrow x^2 + 2x - 15 = 0$

$$\Rightarrow x_{1/2} = \frac{-2 \pm \sqrt{2^2 - 4 \cdot 1 \cdot (-15)}}{2 \cdot 1} = \frac{-2 \pm \sqrt{64}}{2} = \frac{-2 \pm 8}{2}$$

$\Rightarrow x_1 = 3$ und $x_2 = -5$

$f'(x) > 0 \Rightarrow x^2 + 2x - 15 > 0$, denn der Nenner $2(x+1)^2$ ist für $x \neq -1$ stets positiv

Da $y = x^2 + 2x - 15$ die Gleichung einer nach oben geöffneten Normalparabel mit den Nullstellen 3 und –5 angibt, gilt $x^2 + 2x - 15 > 0$ in den Intervallen $]-\infty; -5[$ und $]3; +\infty[$.

$f'(x) < 0 \Rightarrow x^2 + 2x - 15 < 0$, denn der Nenner $2(x+1)^2$ ist für $x \neq -1$ stets positiv

Da $y = x^2 + 2x - 15$ die Gleichung einer nach oben geöffneten Normalparabel mit den Nullstellen 3 und –5 angibt, gilt $x^2 + 2x - 15 < 0$ im Intervall $]-5; 3[ \setminus \{-1\}$.

Damit ergibt sich dieselbe Monotonietabelle wie oben.

$$f''(x) = \frac{(2x+2) \cdot 2(x+1)^2 - (x^2 + 2x - 15) \cdot 2 \cdot 2(x+1)}{[2(x+1)^2]^2}$$

$$= \frac{2(x+1)[(2x+2)\cdot(x+1) - (x^2 + 2x - 15) \cdot 2]}{4(x+1)^4}$$

$$= \frac{(2x^2 + 2x + 2x + 2) - (2x^2 + 4x - 30)}{2(x+1)^3}$$

$$= \frac{2x^2 + 4x + 2 - 2x^2 - 4x + 30}{2(x+1)^3} = \frac{16}{(x+1)^3}$$

Auch hier geht es mit $f''(3)$ und $f''(-5)$ wie vorher weiter.

2. a) $g(x) = f(x-1) + 1$

   | Verschiebung um +1 in y-Richtung
   Verschiebung um +1 in x-Richtung

$$g(x) = \frac{1}{2}(x-1) - \frac{1}{2} + \frac{8}{(x-1)+1} + 1 = \frac{1}{2}x - \frac{1}{2} - \frac{1}{2} + \frac{8}{x} + 1 = \frac{1}{2}x + \frac{8}{x}$$

$$g(-x) = \frac{1}{2}(-x) + \frac{8}{-x} = -\frac{1}{2}x - \frac{8}{x} = -\left(\frac{1}{2}x + \frac{8}{x}\right) = -g(x)$$

Die Funktion g(x) ist also punktsymmetrisch zum Ursprung.
Zur Veranschaulichung (Zeichnung ist nicht verlangt!):

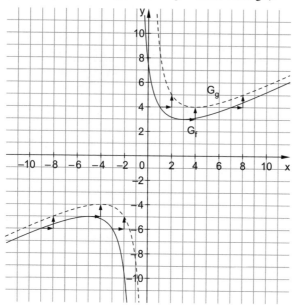

Wegen

f(x) = g(x + 1) – 1
    |                  Verschiebung um –1 in y-Richtung
      Verschiebung um –1 in x-Richtung

ist also f(x) punktsymmetrisch zum Punkt P(–1 | –1).

b) $\int_0^4 f(x)\,dx = \int_0^4 \left(\frac{1}{2}x - \frac{1}{2} + \frac{8}{x+1}\right) dx$

$$= \left[\frac{1}{4}x^2 - \frac{1}{2}x + 8 \cdot \ln|x+1|\right]_0^4$$

$$= \frac{1}{4} \cdot 4^2 - \frac{1}{2} \cdot 4 + 8 \cdot \ln(4+1) - \frac{1}{4} \cdot 0^2 + \frac{1}{2} \cdot 0 - 8 \cdot \ln(0+1)$$

$$= 4 - 2 + 8\ln 5 - 8\ln 1 = 2 + 8\ln 5$$

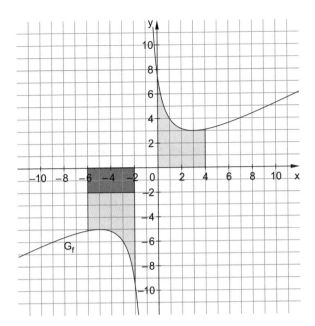

Das gesuchte Integral lässt sich als unterhalb der x-Achse gelegene Fläche veranschaulichen. Diese Fläche setzt sich zusammen aus einer Fläche, die dem gegebenen Integral entspricht (hellgrau) und einem Rechteck mit der Länge 4 und der Breite 2 (dunkelgrau):

$$\int_{-6}^{-2} f(x)\,dx = -\left[\int_{0}^{4} f(x)\,dx + 4\cdot 2\right] = -[2+8\ln 5 + 8] = -10 - 8\ln 5$$

unterhalb der x-Achse   hellgrau   dunkelgrau

3. Höhe des Schwerpunkts über dem Dosenboden $= \dfrac{1}{2}$ Füllhöhe $- \dfrac{1}{2} + \dfrac{8}{\text{Füllhöhe}+1}$

a) f(0) = Höhe des Schwerpunkts über dem Dosenboden bei Füllhöhe 0 cm

$$= \frac{1}{2}\cdot 0 - \frac{1}{2} + \frac{8}{0+1} = -\frac{1}{2} + 8 = 7{,}5$$

f(15) = Höhe des Schwerpunkts über dem Dosenboden bei Füllhöhe 15 cm

$$= \frac{1}{2}\cdot 15 - \frac{1}{2} + \frac{8}{15+1} = 7{,}5 - \frac{1}{2} + \frac{1}{2} = 7{,}5$$

Der Schwerpunkt S liegt bei leerer (Füllhöhe = 0 cm) und bei vollständig gefüllter (Füllhöhe = 15 cm) Dose genau in der Mitte auf einer Höhe von 7,5 cm über dem Dosenboden.

b) Der Kurvenverlauf im Füllhöhen-Intervall [0; 15] beschreibt den Höhenverlauf des Schwerpunkts S.
S befindet sich bei leerer Dose auf einer Höhe von 7,5 cm über dem Dosenboden. Während die Flüssigkeit auf eine Höhe von 3 cm steigt, sinkt S bis auf eine Höhe von 3 cm ab. Wenn weiterhin – bis zur Füllhöhe von 15 cm – Flüssigkeit eingefüllt wird, so steigt der Schwerpunkt S wieder bis auf eine Höhe von 7,5 cm an.

Tiefpunkt (3|3)

Beträgt die Füllhöhe 3 cm, so befindet sich S in seiner geringsten Höhe (3 cm).
S liegt also auf der Flüssigkeitsoberfläche.

c)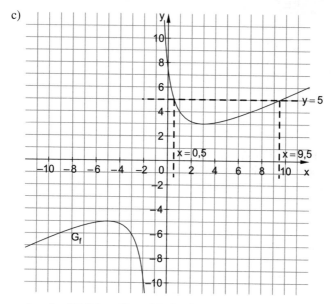

Aus der Abbildung lässt sich das Intervall [0,5; 9,5] ablesen.

Rechnerisch:

$$\frac{1}{2}x - \frac{1}{2} + \frac{8}{x+1} \leq 5$$

$$\frac{1}{2}x + \frac{8}{x+1} \leq 5,5$$

$$x + \frac{16}{x+1} \leq 11$$

$$x(x+1) + 16 \leq 11(x+1)$$

$$x^2 + x + 16 \leq 11x + 11$$

$$x^2 - 10x + 5 \leq 0$$

Da $x^2 - 10x + 5$ durch eine nach oben geöffnete Parabel dargestellt werden kann, verläuft die Parabel im Intervall zwischen den Nullstellen unterhalb der x-Achse.

$x^2 - 10x + 5 = 0$

$\Rightarrow x_{1/2} = \dfrac{10 \pm \sqrt{100 - 4 \cdot 1 \cdot 5}}{2 \cdot 1} = \dfrac{10 \pm \sqrt{80}}{2} = \dfrac{10 \pm 4\sqrt{5}}{2} = 5 \pm 2\sqrt{5}$

$\Rightarrow x_1 = 5 + 2\sqrt{5}$ und $x_2 = 5 - 2\sqrt{5}$

Also gilt: $x^2 - 10x + 5 \leq 0$ für $x \in [5 - 2\sqrt{5}; 5 + 2\sqrt{5}]$

Bei Füllhöhen im Bereich $[5 - 2\sqrt{5}; 5 + 2\sqrt{5}]$ liegt der Schwerpunkt höchstens 5 cm über dem Dosenboden.

**Abitur Mathematik (Bayern): Abiturprüfung 2013**
**Stochastik I**

BE

1. Folgende Tabelle gibt die Verteilung der Blutgruppen und der Rhesusfaktoren innerhalb der Bevölkerung Deutschlands wieder:

|        | 0    | A    | B   | AB  |
|--------|------|------|-----|-----|
| Rh⁺    | 35 % | 37 % | 9 % | 4 % |
| Rh⁻    | 6 %  | 6 %  | 2 % | 1 % |

In einem Krankenhaus spenden an einem Vormittag 25 Personen Blut. Im Folgenden soll angenommen werden, dass diese 25 Personen eine zufällige Auswahl aus der Bevölkerung darstellen.

a) Bestimmen Sie die Wahrscheinlichkeit dafür, dass genau zehn der Spender die Blutgruppe A haben. 

3

b) Ermitteln Sie die Wahrscheinlichkeit dafür, dass mehr als die Hälfte der Spender die Blutgruppe 0 und den Rhesusfaktor Rh⁺ besitzt.

3

Folgende Tabelle gibt für die verschiedenen Empfänger von Spenderblut an, welches Spenderblut für sie jeweils geeignet ist:

|           |        | Spender |       |       |       |       |       |        |        |
|-----------|--------|---------|-------|-------|-------|-------|-------|--------|--------|
|           |        | 0 Rh⁻   | 0 Rh⁺ | A Rh⁻ | A Rh⁺ | B Rh⁻ | B Rh⁺ | AB Rh⁻ | AB Rh⁺ |
| Empfänger | AB Rh⁺ | ✓       | ✓     | ✓     | ✓     | ✓     | ✓     | ✓      | ✓      |
|           | AB Rh⁻ | ✓       |       | ✓     |       | ✓     |       | ✓      |        |
|           | B Rh⁺  | ✓       | ✓     |       |       | ✓     | ✓     |        |        |
|           | B Rh⁻  | ✓       |       |       |       | ✓     |       |        |        |
|           | A Rh⁺  | ✓       | ✓     | ✓     | ✓     |       |       |        |        |
|           | A Rh⁻  | ✓       |       | ✓     |       |       |       |        |        |
|           | 0 Rh⁺  | ✓       | ✓     |       |       |       |       |        |        |
|           | 0 Rh⁻  | ✓       |       |       |       |       |       |        |        |

c) Für einen Patienten mit der Blutgruppe B und dem Rhesusfaktor Rh⁻ wird Spenderblut benötigt. Bestimmen Sie, wie viele zufällig ausgewählte Personen mindestens Blut spenden müssten, damit man mit einer Wahrscheinlichkeit von mehr als 95 % mindestens eine für diesen Patienten geeignete Blutspende erhält.

5

2. Bei 0,074 % der neugeborenen Kinder liegt eine bestimmte Stoffwechselstörung vor. Wird diese Störung frühzeitig erkannt, lässt sich durch eine geeignete Behandlung eine spätere Erkrankung vermeiden. Zur Früherkennung kann zunächst ein einfacher Test durchgeführt werden. Zeigt das Ergebnis des Tests die Stoffwechselstörung an, so bezeichnet man es als positiv.

Liegt bei einem neugeborenen Kind die Stoffwechselstörung vor, so ist das Testergebnis mit einer Wahrscheinlichkeit von 99,5 % positiv. Liegt bei einem neugeborenen Kind die Stoffwechselstörung nicht vor, so beträgt die Wahrscheinlichkeit dafür, dass das Testergebnis irrtümlich positiv ist, 0,78 %.

Bei einem zufällig ausgewählten neugeborenen Kind wird der Test durchgeführt. Betrachtet werden folgende Ereignisse:
S: „Die Stoffwechselstörung liegt vor."
T: „Das Testergebnis ist positiv."

a) Beschreiben Sie das Ereignis $\overline{S \cup T}$ im Sachzusammenhang. 2

b) Berechnen Sie die Wahrscheinlichkeiten P(T) und $P_T(S)$. Interpretieren Sie das Ergebnis für $P_T(S)$ im Sachzusammenhang.
[zur Kontrolle: $P(T) \approx 0{,}85\,\%$, $P_T(S) < 0{,}1$] 8

c) Im Rahmen eines Screenings wird eine sehr große Anzahl zufällig ausgewählter neugeborener Kinder getestet. Ermitteln Sie die pro Million getesteter Kinder im Mittel zu erwartende Anzahl derjenigen Kinder, bei denen die Stoffwechselstörung vorliegt und das Testergebnis negativ ist. 3

3. Um Geld für die Ausstattung des Spielbereichs in der Kinderstation des Krankenhauses einzunehmen, wird ein Gewinnspiel angeboten. Nachdem der Spieler zwei Euro bezahlt hat, werden aus einem Behälter, in dem sich drei rote, drei grüne und drei blaue Kugeln befinden, drei Kugeln ohne Zurücklegen zufällig entnommen. Haben die drei entnommenen Kugeln die gleiche Farbe, so gewinnt der Spieler und bekommt einen bestimmten Geldbetrag ausgezahlt; ansonsten verliert er und erhält keine Auszahlung. Anschließend werden die gezogenen Kugeln in den Behälter zurückgelegt.

a) Zeigen Sie, dass bei einem Spiel die Wahrscheinlichkeit für einen Gewinn $\frac{1}{28}$ beträgt. 2

b) Berechnen Sie, welcher Geldbetrag im Fall eines Gewinns ausgezahlt werden muss, damit im Mittel eine Einnahme von 1,25 Euro pro Spiel für die Ausstattung des Spielbereichs erwartet werden kann. 4

30

## Tipps und Hinweise

### Aufgabe 1 a

- Blutgruppe A tritt sowohl mit positivem als auch mit negativem Rhesusfaktor auf.
- Bestimmen Sie die Wahrscheinlichkeit für Blutgruppe A.
- Überlegen Sie, ob es sich um Ziehen mit oder ohne Zurücklegen handelt.
- „... diese 25 Personen stellen eine zufällige Auswahl aus der Bevölkerung dar" hilft Ihnen bei dieser Überlegung.
- Beachten Sie die Formel auf Ihrer Merkhilfe.
- Welche Werte nehmen hier n, p und k an?
- Sie können das Ergebnis nicht in der Stochastik-Tabelle ablesen, da $p = 0{,}43$ nicht tabellarisiert ist.

### Aufgabe 1 b

- Entnehmen Sie die Wahrscheinlichkeit für die Blutgruppe 0 Rh$^+$ der Angabe.
- Überlegen Sie, was „mehr als die Hälfte" bei 25 Personen bedeutet.
- Gesucht ist die Wahrscheinlichkeit, dass mindestens 13 Personen die Blutgruppe 0 Rh$^+$ besitzen.
- Das Tafelwerk lässt sich nur benutzen, wenn Sie mit dem Gegenereignis arbeiten.
- Achten Sie darauf, die kumulative Tabelle zu verwenden.

### Aufgabe 1 c

- Wer kann für einen Patienten mit der Blutgruppe B Rh$^-$ Blut spenden?
- Wie groß ist die Wahrscheinlichkeit für geeignetes Spenderblut?
- Beachten Sie die Tabelle am Anfang der Angabe.
- Formulieren Sie „mindestens ein geeigneter Spender" über das Gegenereignis.
- Die Anzahl n der Spender ist gesucht.
- Der Lösungsansatz lautet: $1 - 0{,}92^n > 0{,}95$
- Beim Auflösen der Ungleichung hilft Logarithmieren.
- Bedenken Sie, dass $\ln a < 0$ für $0 < a < 1$ gilt.
- n muss eine natürliche Zahl sein.

**Aufgabe 2 a**
- Veranschaulichen Sie sich die Menge $\overline{S \cup T}$ in einem Mengendiagramm.
- Wie lässt sich $\overline{S \cup T}$ auch ausdrücken?
- Vergleichen Sie $\overline{S \cup T}$ mit der Schnittmenge der beiden Gegenereignisse $\overline{S}$ und $\overline{T}$.
- Fassen Sie $\overline{S} \cap \overline{T}$ in Worte.

**Aufgabe 2 b**
- Listen Sie die gegebenen Wahrscheinlichkeiten auf.
- Unter den gegebenen Wahrscheinlichkeiten finden Sie zwei bedingte Wahrscheinlichkeiten.
- Das Testergebnis kann bei Vorliegen einer Stoffwechselstörung, aber auch ohne Vorliegen einer Stoffwechselstörung positiv ausfallen.
- Die Wahrscheinlichkeit P(T) setzt sich aus den beiden Wahrscheinlichkeiten $P(S \cap T)$ und $P(\overline{S} \cap T)$ zusammen.
- Beachten Sie die Formel für die bedingte Wahrscheinlichkeit auf Ihrer Merkhilfe.
- Umgeformt gilt: $P(A \cap B) = P(A) \cdot P_A(B)$
- Zur Berechnung von $P_T(S)$ beachten Sie die Formel auf Ihrer Merkhilfe und verwenden Sie das Ergebnis von P(T).
- Geben Sie $P_T(S)$ in Wortform an.

**Aufgabe 2 c**
- Berechnen Sie die Wahrscheinlichkeit, dass eine Stoffwechselstörung vorliegt **und** das Testergebnis negativ ist.
- $P(S \cap \overline{T})$ gibt an, mit welcher Wahrscheinlichkeit bei **einem** Neugeborenen eine Stoffwechselstörung vorliegt und das Testergebnis negativ ist.
- Gesucht ist die „im Mittel zu erwartende Anzahl", also der Erwartungswert.
- Die Formel für den Erwartungswert $E(X) = n \cdot p$ finden Sie auf Ihrer Merkhilfe.

**Aufgabe 3 a**
- Der Angabe ist zu entnehmen, dass es sich um Ziehen ohne Zurücklegen handelt.
- Die Merkhilfe bietet eine Formel für Ziehen ohne Zurücklegen.
- Aus den insgesamt N = 9 Kugeln werden n = 3 Kugeln entnommen.
- Die insgesamt 9 Kugeln bestehen aus 3 roten und 3 grünen und 3 blauen Kugeln.
- Für einen Gewinn dürfen nur die 3 roten oder nur die 3 grünen oder nur die 3 blauen Kugeln gezogen werden.

- Die Aufgabe kann als Laplace-Wahrscheinlichkeit auch mithilfe des Zählprinzips gelöst werden.
- Jede Laplace-Wahrscheinlichkeit berechnet sich als Bruch, dessen Nenner die Anzahl aller möglichen Ergebnisse und dessen Zähler die Anzahl aller günstigen Ergebnisse angibt.
- Beachten Sie, dass ohne Zurücklegen gezogen wird, jede Kugel also höchstens einmal gezogen werden kann.

**Aufgabe 3 b**
- Wie groß ist der Einsatz pro Spiel?
- Welcher Betrag kann im Mittel pro Spiel ausgezahlt werden, damit im Mittel eine Einnahme von 1,25 € pro Spiel erzielt wird?
- Wie viele Spiele müssen gespielt werden, damit ein Gewinn dabei ist?
  Beachten Sie das Ergebnis von Teilaufgabe a.
- Wie groß ist dann der Gewinn bei diesem Spiel?
- Das Ergebnis von Teilaufgabe a gibt an, wie groß die Wahrscheinlichkeit ist, bei **einem** Spiel zu gewinnen. Dabei soll der Gewinn pro Spiel im Mittel 0,75 € betragen.
- Gemäß der Formel für den Erwartungswert (siehe Merkhilfe) muss gelten:
  Gewinnbetrag · Gewinnwahrscheinlichkeit = mittlerer Gewinn

## Lösungen

1. a) Aus der Angabe ergibt sich:

   $P(A) = P(A \cap Rh^+) + P(A \cap Rh^-) = 37\% + 6\% = 43\%$

   Der Textstelle „diese 25 Personen stellen eine zufällige Auswahl aus der Bevölkerung dar" entnimmt man, dass es sich um ein Ziehen mit Zurücklegen handelt (Bernoulli-Kette).

   Einsetzen in die Formel aus der Merkhilfe ergibt:

   $$P(k = 10) = \binom{25}{10} \cdot 0{,}43^{10} \cdot (1 - 0{,}43)^{25-10} = B(25; 0{,}43; 10)$$

   Da die Trefferwahrscheinlichkeit p = 0,43 nicht tabellarisiert ist, verwenden Sie Ihren Taschenrechner.

   $$P(k = 10) = \binom{25}{10} \cdot 0{,}43^{10} \cdot 0{,}57^{15} \approx 0{,}15388 = 15{,}388\%$$

   b) Aus der Angabe lässt sich ablesen:

   $P(0 \cap Rh^+) = 35\%$

   Bei 25 Personen bedeutet „mehr als die Hälfte" mindestens 13 Personen. Die Trefferwahrscheinlichkeit p = 0,35 ist in der Stochastik-Tabelle aufgeführt.

   $$P(X \geq 13) = \sum_{i=13}^{25} B(25; 0{,}35; i) = 1 - \sum_{i=0}^{12} B(25; 0{,}35; i)$$

   $$= 1 - 0{,}93956 = 0{,}06044 \approx 6\%$$

   *oder in anderer Schreibweise:*

   $$P(X \geq 13) = P_{0{,}35}^{25}(X \geq 13) = 1 - P_{0{,}35}^{25}(X \leq 12)$$

   $$= 1 - 0{,}93956 = 0{,}06044 \approx 6\%$$

   c) Einem Patienten mit der Blutgruppe B Rh⁻ kann nur Blut von Spendern mit den Blutgruppen 0 Rh⁻ oder B Rh⁻ verabreicht werden.

   Aufgrund der Angabe am Anfang der Aufgabe beträgt die Wahrscheinlichkeit für einen geeigneten Spender somit:

   $P(0 \cap Rh^-) + P(B \cap Rh^-) = 6\% + 2\% = 8\%$

$$P(\text{„mindestens ein geeigneter Spender"}) > 95\,\%$$
$$1 - P(\text{„kein geeigneter Spender"}) > 0{,}95$$
$$1 - \binom{n}{0} \cdot 0{,}08^0 \cdot 0{,}92^n > 0{,}95$$
$$1 - 0{,}92^n > 0{,}95$$
$$-0{,}92^n > -0{,}05$$
$$0{,}92^n < 0{,}05$$
$$\ln 0{,}92^n < \ln 0{,}05$$
$$n \cdot \ln 0{,}92 < \ln 0{,}05$$
$$n > \frac{\ln 0{,}05}{\ln 0{,}92} \qquad \ln 0{,}92 < 0 \Rightarrow \text{das Ungleich-}$$
$$\phantom{n > \frac{\ln 0{,}05}{\ln 0{,}92}} \qquad \text{heitszeichen dreht sich um}$$
$$n > 35{,}9$$

Es müssen mindestens 36 Personen Blut spenden, um mit einer Wahrscheinlichkeit von mehr als 95 % einen geeigneten Spender zu finden.

2. a) Veranschaulicht man $\overline{S \cup T}$ („bei einem Neugeborenen liegt eine Stoffwechselstörung vor oder der Test ist positiv, tritt nicht ein") im Mengendiagramm, so erkennt man:

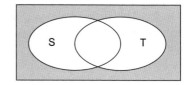

$\overline{S \cup T} = \overline{S} \cap \overline{T}$

In Worten somit:
Bei einem Neugeborenen liegt eine Stoffwechselstörung nicht vor und das Testergebnis ist nicht positiv.

*oder:*

Bei einem Neugeborenen liegt keine Stoffwechselstörung vor und das Testergebnis ist negativ.

*oder:*

Bei einem Neugeborenen liegt weder eine Stoffwechselstörung vor, noch ist das Testergebnis positiv.

b) Aus dem Text lassen sich folgende Wahrscheinlichkeiten entnehmen:

$P(S) = 0{,}074\,\% \quad \Rightarrow \quad P(\overline{S}) = 99{,}926\,\%$

$P_S(T) = 99{,}5\,\% \quad \Rightarrow \quad P_S(\overline{T}) = 0{,}5\,\%$

$P_{\overline{S}}(T) = 0{,}78\,\% \quad \Rightarrow \quad P_{\overline{S}}(\overline{T}) = 99{,}22\,\%$

Zur Veranschaulichung eignet sich ein Baumdiagramm (ist aber nicht verlangt!):

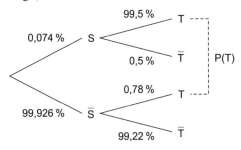

$P(T) = P(S \cap T) + P(\overline{S} \cap T) = P(S) \cdot P_S(T) + P(\overline{S}) \cdot P_{\overline{S}}(T)$
$= 0,00074 \cdot 0,995 + 0,99926 \cdot 0,0078 \approx 0,00853 = 0,85\,\%$

$P_T(S) = \dfrac{P(T \cap S)}{P(T)} = \dfrac{P(S \cap T)}{P(T)} = \dfrac{0,00074 \cdot 0,995}{0,00074 \cdot 0,995 + 0,99926 \cdot 0,0078}$

$\approx 0,0863 = 8,63\,\%$

Wenn der Test positiv ausfällt, beträgt die Wahrscheinlichkeit für eine Stoffwechselstörung lediglich 8,63 %.

*oder:*

Selbst bei einem positiven Test liegt nur in 8,63 % aller Fälle eine Stoffwechselstörung vor.

c) $P(S \cap \overline{T}) = 0,00074 \cdot 0,005 = 0,0000037 = 3,7 \cdot 10^{-6}$

Die bei 1 Million Neugeborenen im Mittel zu erwartende Anzahl von Neugeborenen, bei denen eine Stoffwechselstörung vorliegt und das Testergebnis negativ ist, beträgt also:
0,0000037 · 1 000 000 Neugeborene = $3,7 \cdot 10^{-6} \cdot 10^6$ = 3,7 Neugeborene

3. a) Entsprechend der Formel für ein Ziehen ohne Zurücklegen aus der Merkhilfe ergibt sich:

P(Gewinn) = P(3 rot) + P(3 grün) + P(3 blau)

$= \dfrac{\binom{3}{3}\cdot\binom{3}{0}\cdot\binom{3}{0}}{\binom{9}{3}} + \dfrac{\binom{3}{0}\cdot\binom{3}{3}\cdot\binom{3}{0}}{\binom{9}{3}} + \dfrac{\binom{3}{0}\cdot\binom{3}{0}\cdot\binom{3}{3}}{\binom{9}{3}}$

$= 3 \cdot \dfrac{1}{84} = \dfrac{1}{28}$

*oder als Laplace-Wahrscheinlichkeit mithilfe des Zählprinzips:*

$$P(\text{Gewinn}) = P(\text{immer gleiche Farbe}) = \frac{9 \cdot 2 \cdot 1}{9 \cdot 8 \cdot 7} = \frac{1}{28}$$

Im Nenner ergibt sich die Anzahl aller möglichen Ergebnisse durch $9 \cdot 8 \cdot 7$, da nach jedem Zug eine Kugel weniger im Behälter ist.

Im Zähler ergibt sich die Anzahl der günstigen Ergebnisse durch $9 \cdot 2 \cdot 1$, da beim ersten Zug eine beliebige Kugel gezogen werden kann, dann eine der zwei verbliebenen Kugeln derselben Farbe und dann die letzte Kugel dieser Farbe gezogen werden muss.

b) Damit im Mittel eine Einnahme von 1,25 € pro Spiel bleibt, darf pro Spiel bei 2 € Einsatz nur eine Auszahlung von im Mittel 0,75 € erfolgen.

Da die Auszahlung nach Teilaufgabe a nur bei jedem 28. Spiel erfolgt, ergibt sich als Betrag:

$28 \cdot 0{,}75\ € = 21\ €$

*oder:*

Da die Gewinnchance nach Teilaufgabe a bei jedem Spiel $\frac{1}{28}$ beträgt, muss für den Betrag x gelten:

$$x \cdot \frac{1}{28} = 0{,}75\ € \quad \Rightarrow \quad x = 28 \cdot 0{,}75\ € = 21\ €$$

# Abitur Mathematik (Bayern): Abiturprüfung 2013
## Stochastik II

BE

1. In einer Großstadt steht die Wahl des Oberbürgermeisters bevor. 12 % der Wahlberechtigten sind Jungwähler, d. h. Personen im Alter von 18 bis 24 Jahren. Vor Beginn des Wahlkampfs wird eine repräsentative Umfrage unter den Wahlberechtigten durchgeführt. Der Umfrage zufolge haben sich 44 % der befragten Wahlberechtigten bereits für einen Kandidaten entschieden. Jeder Siebte derjenigen Befragten, die sich noch nicht für einen Kandidaten entschieden haben, ist Jungwähler.

   Betrachtet werden folgende Ereignisse:

   J: „Eine aus den Befragten zufällig ausgewählte Person ist Jungwähler."

   K: „Eine aus den Befragten zufällig ausgewählte Person hat sich bereits für einen Kandidaten entschieden."

   a) Erstellen Sie zu dem beschriebenen Sachzusammenhang eine vollständig ausgefüllte Vierfeldertafel.      4

   b) Zeigen Sie, dass $P_J(\overline{K}) > P_{\overline{J}}(\overline{K})$ gilt.

   Begründen Sie, dass es trotz der Gültigkeit dieser Ungleichung nicht sinnvoll ist, sich im Wahlkampf vorwiegend auf die Jungwähler zu konzentrieren.      4

   c) Der Kandidat der Partei A spricht an einem Tag während seines Wahlkampfs 48 zufällig ausgewählte Wahlberechtigte an.
   Bestimmen Sie die Wahrscheinlichkeit dafür, dass sich darunter genau sechs Jungwähler befinden.      3

2. Der Umfrage zufolge hätte der Kandidat der Partei A etwa 50 % aller Stimmen erhalten, wenn die Wahl zum Zeitpunkt der Befragung stattgefunden hätte. Ein Erfolg im ersten Wahlgang, für den mehr als 50 % aller Stimmen erforderlich sind, ist demnach fraglich. Deshalb rät die von der Partei A eingesetzte Wahlkampfberaterin in der Endphase des Wahlkampfs zu einer zusätzlichen Kampagne. Der Schatzmeister der Partei A möchte die hohen Kosten, die mit einer zusätzlichen Kampagne verbunden wären, jedoch möglichst vermeiden.

   a) Um zu einer Entscheidung über die Durchführung einer zusätzlichen Kampagne zu gelangen, soll die Nullhypothese „Der Kandidat der Partei A würde gegenwärtig höchstens 50 % aller Stimmen erhalten." mithilfe einer Stichprobe von 200 Wahlberechtigten auf einem Signifikanzniveau von 5 % getestet werden. Bestimmen Sie die zugehörige Entscheidungsregel.      5

b) Begründen Sie, dass die Wahl der Nullhypothese für den beschriebenen Test in Einklang mit dem Anliegen der Wahlkampfberaterin steht, einen Erfolg bereits im ersten Wahlgang zu erreichen. 3

3. Nach der Wahl darf die Partei A in einem Ausschuss drei Sitze besetzen. Von den acht Stadträtinnen und vier Stadträten der Partei A, die Interesse an einem Sitz in diesem Ausschuss äußern, werden drei Personen per Losentscheid als Ausschussmitglieder bestimmt.

Die Zufallsgröße X beschreibt die Anzahl der weiblichen Ausschussmitglieder der Partei A. Abbildung 1 zeigt die Wahrscheinlichkeitsverteilung der Zufallsgröße X mit $P(X=0) = \frac{1}{55}$ und $P(X=3) = \frac{14}{55}$.

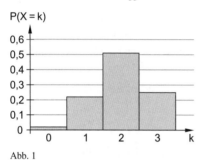

Abb. 1

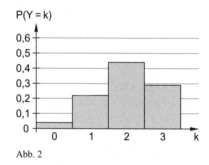

Abb. 2

a) Berechnen Sie die Wahrscheinlichkeiten $P(X=1)$ und $P(X=2)$.

$\left[\text{Ergebnis: } P(X=1) = \frac{12}{55},\ P(X=2) = \frac{28}{55}\right]$ 4

b) Bestimmen Sie Erwartungswert und Varianz der Zufallsgröße X.

$\left[\text{Ergebnis: } E(X) = 2,\ \text{Var}(X) = \frac{6}{11}\right]$ 3

c) Abbildung 2 zeigt die Wahrscheinlichkeitsverteilung einer binomialverteilten Zufallsgröße Y mit den Parametern $n=3$ und $p = \frac{2}{3}$. Zeigen Sie rechnerisch, dass Y den gleichen Erwartungswert wie die Zufallsgröße X, aber eine größere Varianz als X besitzt.

Erläutern Sie, woran man durch Vergleich der Abbildungen 1 und 2 erkennen kann, dass $\text{Var}(Y) > \text{Var}(X)$ gilt. 4

30

## Tipps und Hinweise

### Aufgabe 1 a
- Listen Sie die gegebenen Wahrscheinlichkeiten auf.
- Unter den gegebenen Wahrscheinlichkeiten finden Sie eine bedingte Wahrscheinlichkeit.
- Für eine Vierfeldertafel benötigen Sie die Wahrscheinlichkeit (mindestens) einer Schnittmenge.
- Die Merkhilfe bietet eine Formel für die bedingte Wahrscheinlichkeit. Lösen Sie diese nach der Wahrscheinlichkeit der Schnittmenge auf und setzen Sie ein.
- Sie haben für die Vierfeldertafel nun die Wahrscheinlichkeiten $P(J)$, $P(K)$ und $P(\overline{K} \cap J)$ zur Verfügung.
- Vervollständigen Sie die Vierfeldertafel durch entsprechende Addition und Subtraktion.

### Aufgabe 1 b
- Verwenden Sie die auf der Merkhilfe angegebene Formel für eine bedingte Wahrscheinlichkeit.
- Die benötigten Werte können Sie der Vierfeldertafel entnehmen.
- Vergleichen Sie die Größe der beiden berechneten Wahrscheinlichkeiten.
- $P_J(\overline{K})$ gibt an, mit welcher Wahrscheinlichkeit ein Jungwähler sich noch nicht für einen Kandidaten entschieden hat.
- $P_{\overline{J}}(\overline{K})$ gibt an, mit welcher Wahrscheinlichkeit ein „Altwähler" sich noch nicht für einen Kandidaten entschieden hat.
- Der Größenvergleich der beiden Wahrscheinlichkeiten zeigt, dass es prozentual unter den Jungwählern mehr Unentschlossene gibt als unter den „Altwählern".
- Wichtig für den Wahlkampf ist aber, dass nur „jeder Siebte derer, die sich noch nicht für einen Kandidaten entschieden haben, Jungwähler ist" (siehe Angabe). Somit sind sechs von sieben noch Unentschlossenen „Altwähler".

### Aufgabe 1 c
- Überlegen Sie, ob es sich um Ziehen mit oder ohne Zurücklegen handelt.
- „... 48 zufällig ausgewählte Wahlberechtigte" hilft Ihnen bei dieser Überlegung.
- Beachten Sie die Formel auf Ihrer Merkhilfe.
- Welche Werte nehmen hier n, p und k an?

- Sie können das Ergebnis nicht in der Stochastik-Tabelle ablesen, da $n=48$ nicht tabellarisiert ist.

**Aufgabe 2 a**
- Die Nullhypothese ist gegeben.
- Stimmt man für $p_0 \leq 0{,}5$, wenn möglichst viele oder wenn möglichst wenige der 200 Wahlberechtigten für den Kandidaten der Partei A stimmen?
- Die Wahrscheinlichkeit, gegen $p_0$ zu sein, obwohl $p_0 = 0{,}5$, soll höchstens 5 % betragen.
- Das Tafelwerk lässt sich nur benutzen, wenn Sie mit dem Gegenereignis arbeiten.
- Achten Sie darauf, die kumulative Tabelle zu verwenden.
- Lesen Sie in der Tabelle das kleinstmögliche k ab.
- In welchem Bereich spricht man sich gegen $p_0$ aus? (Ablehnungsbereich)

**Aufgabe 2 b**
- Das Signifikanzniveau gibt den Wert an, den die Wahrscheinlichkeit, die Nullhypothese irrtümlich abzulehnen, nicht übersteigen darf.
- „Nullhypothese irrtümlich ablehnen" bedeutet: man ist gegen $p_0$, obwohl $p_0$ richtig ist.
- „Nullhypothese irrtümlich ablehnen" bedeutet hier: Man glaubt, der Kandidat der Partei A habe im ersten Wahlgang bereits Erfolg (er erhält mehr als 50 % der Stimmen), obwohl auf ihn tatsächlich höchstens 50 % der Stimmen entfallen.
- Die Wahrscheinlichkeit dafür soll maximal 5 % (Signifikanzniveau) betragen.
- Die Wahlkampfberaterin ist darauf bedacht, dass die Wahrscheinlichkeit, dass sie keine zusätzliche Kampagne gemacht hat, obwohl der Kandidat dann im ersten Wahlgang höchstens 50 % der Stimmen erzielt, möglichst klein (= maximal 5 %) ist.

**Aufgabe 3 a**
- Aus den 8 weiblichen und 4 männlichen Stadträten sollen 3 Ausschussmitglieder ausgelost werden.
- Handelt es sich um ein Ziehen mit oder ohne Zurücklegen?
- Auf der Merkhilfe finden Sie die entsprechende Formel.
- Die Wahrscheinlichkeiten, dass sich unter den 3 Ausschussmitgliedern genau keine bzw. genau 3 Frauen befinden, sind angegeben. Sie können dennoch zur Kontrolle eine Wahrscheinlichkeit (oder auch beide Wahrscheinlichkeiten) berechnen.

- Bestimmen Sie nach derselben Formel die Wahrscheinlichkeiten, dass unter den 3 Ausschussmitgliedern genau eine bzw. genau zwei Frauen sind.
- Vergleichen Sie Ihre Ergebnisse mit den angegebenen Werten.

**Aufgabe 3 b**
- Sowohl für den Erwartungswert als auch für die Varianz einer Zufallsgröße X finden Sie die entsprechende Formel auf Ihrer Merkhilfe.
- Setzen Sie die Ergebnisse aus Teilaufgabe 3 a ein und vergleichen Sie wiederum mit den gegebenen Werten.

**Aufgabe 3 c**
- Die Zufallsgröße Y ist laut Angabe binomialverteilt.
- Die Formeln für Erwartungswert und Varianz einer binomialverteilten Zufallsgröße entnehmen Sie Ihrer Merkhilfe.
- Die Varianz einer Zufallsgröße ist umso größer, je mehr die Zufallsgröße um den Erwartungswert „streut".
- Zu dieser „Streuung" tragen sowohl die Entfernungen vom Erwartungswert bei (in der Formel: $(x_i - \mu)^2$) als auch die jeweiligen Wahrscheinlichkeiten (in der Formel: $p_i$).
- Da hier beide Zufallsgrößen in ihren Werten (0; 1; 2; 3) und ihrem Erwartungswert (2) übereinstimmen, sind auch die Entfernungen vom Erwartungswert jeweils gleich.
- Zu vergleichen sind somit die Wahrscheinlichkeiten der Werte rechts und links des Erwartungswerts.

# Lösungen

1. a) Gegeben sind die Wahrscheinlichkeiten:
   $P(J) = 12\,\%$
   $P(K) = 44\,\%$
   $P_{\overline{K}}(J) = \dfrac{1}{7}$

   Wegen
   $$P(\overline{K} \cap J) = P(\overline{K}) \cdot P_{\overline{K}}(J)$$
   folgt:
   $$P(\overline{K} \cap J) = (1 - 0{,}44) \cdot \dfrac{1}{7} = 0{,}08 = 8\,\%$$

   Damit lässt sich die Vierfeldertafel aufstellen:

   |                  | J    | $\overline{J}$ |       |
   |------------------|------|------|-------|
   | K                | 4 %  | **40 %** | 44 %  |
   | $\overline{K}$   | 8 %  | **48 %** | **56 %** |
   |                  | 12 % | **88 %** | 100 % |

   Die in der Vierfeldertafel berechneten Werte sind fett gedruckt.

   b) $P_J(\overline{K}) = \dfrac{P(J \cap \overline{K})}{P(J)} = \dfrac{0{,}08}{0{,}12} \approx 0{,}6667 = 66{,}67\,\%$

   $P_{\overline{J}}(\overline{K}) = \dfrac{P(\overline{J} \cap \overline{K})}{P(\overline{J})} = \dfrac{0{,}48}{0{,}88} \approx 0{,}5455 = 54{,}55\,\%$

   Somit gilt $P_J(\overline{K}) > P_{\overline{J}}(\overline{K})$.

   Unter den Jungwählern gibt es somit prozentual mehr Personen, die sich noch nicht für einen Kandidaten entschieden haben, als unter den älteren Wählern. Allerdings ist unter denen, die sich noch nicht für einen Kandidaten entschieden haben, doch nur jeder 7. ein Jungwähler (siehe Angabe). Daher ist es nicht sinnvoll, sich im Wahlkampf vorwiegend auf die Jungwähler, die nur 12 % aller Wähler ausmachen, zu konzentrieren.

   c) Da es sich um zufällig ausgewählte Wahlberechtigte handelt, darf man davon ausgehen, dass es sich um ein Ziehen mit Zurücklegen handelt (Bernoulli-Kette).

Einsetzen in die Formel aus der Merkhilfe ergibt:

$$P(k=6) = \binom{48}{6} \cdot 0{,}12^6 \cdot (1-0{,}12)^{48-6} = B(48; 0{,}12; 6)$$

Da die Länge n = 48 nicht tabellarisiert ist, verwenden Sie Ihren Taschenrechner.

$$P(k=6) = \binom{48}{6} \cdot 0{,}12^6 \cdot 0{,}88^{42} \approx 0{,}171 = 17{,}1\,\%$$

2. a) $p_0 \leq 50\,\%$

|  | für $p_0$ bei 0 ... k zusätzliche Kampagne findet statt | gegen $p_0$ bei k+1 ... 200 zusätzliche Kampagne findet nicht statt | Stimmen |
|---|---|---|---|
| $p_0 \leq 50\,\%$ |  | $\leq 5\,\%$ |  |

$$P(X \geq k+1) \leq 0{,}05$$

$$\sum_{i=k+1}^{200} B(200; 0{,}5; i) \leq 0{,}05$$

$$1 - \sum_{i=0}^{k} B(200; 0{,}5; i) \leq 0{,}05$$

$$\sum_{i=0}^{k} B(200; 0{,}5; i) \geq 0{,}95$$

Nachschlagen in der Stochastik-Tabelle ergibt k = 112 als kleinstmöglichen Wert für k.

*oder in anderer Schreibweise:*

$$P_{0{,}5}^{200}(X \geq k+1) \leq 0{,}05$$

$$1 - P_{0{,}5}^{200}(X \leq k) \leq 0{,}05$$

$$P_{0{,}5}^{200}(X \leq k) \geq 0{,}95$$

Auch hier ergibt das Nachschlagen in der Stochastik-Tabelle k = 112 als kleinstmöglichen Wert für k.

Erhält der Kandidat der Partei A mehr als 112 (oder: mindestens 113) Stimmen, so wird die Nullhypothese abgelehnt und es findet keine zusätzliche Kampagne statt.

b) Die Nullhypothese „der Kandidat der Partei A erhält höchstens 50 % der Stimmen" wurde so gewählt, dass sie mit maximal 5 % Wahrscheinlichkeit **irrtümlich abgelehnt** wird.
Die Wahrscheinlichkeit, dass **keine** zusätzliche **Kampagne** durchgeführt wird (weil man die Nullhypothese ablehnt), **obwohl** der Kandidat der Partei A nur **höchstens 50 %** der Stimmen erhält, ist also auf maximal 5 % begrenzt. Dies entspricht dem Anliegen der Wahlkampfberaterin, denn sie will das Risiko, irrtümlich keine zusätzliche Kampagne durchzuführen, möglichst gering halten.

3. a) Die Auslosung der 3 Ausschussmitglieder unter den insgesamt $8+4=12$ Interessenten entspricht einem Ziehen ohne Zurücklegen. Mit der entsprechenden Formel aus der Merkhilfe ergibt sich:

$$P(X=0) = \frac{\binom{8}{0} \cdot \binom{4}{3}}{\binom{12}{3}} = \frac{4}{220} = \frac{1}{55}$$  Dieser Wert ist vorgegeben!

$$P(X=1) = \frac{\binom{8}{1} \cdot \binom{4}{2}}{\binom{12}{3}} = \frac{48}{220} = \frac{12}{55}$$  siehe Angabe des Ergebnisses

$$P(X=2) = \frac{\binom{8}{2} \cdot \binom{4}{1}}{\binom{12}{3}} = \frac{112}{220} = \frac{28}{55}$$  siehe Angabe des Ergebnisses

$$P(X=3) = \frac{\binom{8}{3} \cdot \binom{4}{0}}{\binom{12}{3}} = \frac{56}{220} = \frac{14}{55}$$  Dieser Wert ist vorgegeben!

b) Die Merkhilfe bietet für Erwartungswert und Varianz die entsprechenden Formeln:

$$E(X) = 0 \cdot \frac{1}{55} + 1 \cdot \frac{12}{55} + 2 \cdot \frac{28}{55} + 3 \cdot \frac{14}{55} = \frac{110}{55} = 2$$

$$Var(X) = (0-2)^2 \cdot \frac{1}{55} + (1-2)^2 \cdot \frac{12}{55} + (2-2)^2 \cdot \frac{28}{55} + (3-2)^2 \cdot \frac{14}{55}$$

$$= 4 \cdot \frac{1}{55} + 1 \cdot \frac{12}{55} + 0 \cdot \frac{28}{55} + 1 \cdot \frac{14}{55} = \frac{30}{55} = \frac{6}{11}$$

c) Die Formeln für Erwartungswert und Varianz einer binomialverteilten Zufallsgröße befinden sich ebenfalls auf der Merkhilfe.

$E(Y) = n \cdot p = 3 \cdot \frac{2}{3} = 2$

$Var(Y) = n \cdot p \cdot (1-p) = 3 \cdot \frac{2}{3} \cdot \frac{1}{3} = \frac{2}{3}$

Somit gilt:
$Var(Y) \approx 0{,}667 > Var(X) \approx 0{,}545$

Für beide Zufallsgrößen gilt die Formel:

$Var(\text{Zufallsgröße}) = (0-2)^2 \cdot p_1 + (1-2)^2 \cdot p_2 + (2-2)^2 \cdot p_3 + (3-2)^2 \cdot p_4$
$= 4 \cdot p_1 + 1 \cdot p_2 + 0 \cdot p_3 + 1 \cdot p_4$

Ausschlaggebend für die Größe der Varianz sind also die Wahrscheinlichkeiten der Werte 0, 1 und 3 (jeweils rechts und links des Erwartungswerts). Die beiden Abbildungen zeigen, dass für die Größen der Wahrscheinlichkeiten gilt:

$p_1$: $P(Y=0) > P(X=0)$

$p_2$: $P(Y=1) \approx P(X=1)$

$p_4$: $P(Y=3) > P(X=3)$

Bei der Zufallsgröße Y sind also die „Randwerte" 0 und 3 wahrscheinlicher als bei Zufallsgröße X, somit muss auch die Varianz von Y größer sein als die Varianz von X.

# Abitur Mathematik (Bayern): Abiturprüfung 2013
## Geometrie I

BE

Ein auf einer horizontalen Fläche stehendes Kunstwerk besitzt einen Grundkörper aus massivem Beton, der die Form eines Spats hat. Alle Seitenflächen eines Spats sind Parallelogramme.

In einem Modell lässt sich der Grundkörper durch einen Spat ABCDPQRS mit A(28|0|0), B(28|10|0), D(20|0|6) und P(0|0|0) beschreiben (vgl. Abbildung). Die rechteckige Grundfläche ABQP liegt in der $x_1$-$x_2$-Ebene. Im Koordinatensystem entspricht eine Längeneinheit 0,1 m, d. h., der Grundkörper ist 0,6 m hoch.

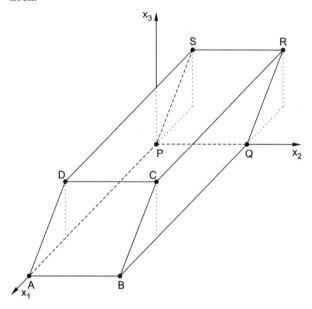

a) Geben Sie die Koordinaten des Punkts C an und zeigen Sie, dass die Seitenfläche ABCD ein Quadrat ist. 5

b) Ermitteln Sie eine Gleichung der Ebene E, in der die Seitenfläche ABCD liegt, in Normalenform.
[mögliches Ergebnis: E: $3x_1 + 4x_3 - 84 = 0$] 3

c) Berechnen Sie die Größe des Winkels, unter dem die Seitenfläche ABCD gegen die $x_1$-$x_2$-Ebene geneigt ist. 3

d) Die Seitenfläche PQRS liegt in einer Ebene F. Bestimmen Sie, ohne zu rechnen, eine Gleichung von F in Normalenform; erläutern Sie Ihr Vorgehen. 2

e) Machen Sie plausibel, dass das Volumen des Spats mithilfe der Formel $V = G \cdot h$ berechnet werden kann, wobei G der Flächeninhalt des Rechtecks ABQP und h die zugehörige Höhe des Spats ist. 3

f) Ein Kubikmeter des verwendeten Betons besitzt eine Masse von 2,1 t. Berechnen Sie die Masse des Grundkörpers. 3

Der Grundkörper ist mit einer dünnen geradlinigen Bohrung versehen, die im Modell vom Punkt H(11|3|6) der Deckfläche DCRS aus in Richtung des Schnittpunkts der Diagonalen der Grundfläche verläuft. In der Bohrung ist eine gerade Stahlstange mit einer Länge von 1,4 m so befestigt, dass die Stange zu drei Vierteln ihrer Länge aus der Deckfläche herausragt.

g) Bestimmen Sie im Modell eine Gleichung der Geraden h, entlang derer die Bohrung verläuft, sowie die Koordinaten des Punkts, in dem die Stange in der Bohrung endet.

$$\left[\text{zur Kontrolle: möglicher Richtungsvektor von h: } \begin{pmatrix} 3 \\ 2 \\ -6 \end{pmatrix}\right]$$ 7

h) Auf der Deckfläche des Grundkörpers liegt eine Stahlkugel mit einem Radius von 0,8 m. Im Modell berührt die Kugel die Deckfläche des Spats im Punkt K. Beschreiben Sie, wie man im Modell rechnerisch überprüfen könnte, ob die Stahlkugel die Stange berührt, wenn die Koordinaten von K bekannt wären. 4

30

## Tipps und Hinweise

**Aufgabe a**
- Betrachten Sie die Koordinaten von A, B und C.
- Wo stimmen die Koordinaten von A und B bzw. A und D überein, wo nicht?
- Aus den Koordinaten kann man auf die Lage von [AB] und [AD] schließen.
- Alle Seitenflächen des Spats – also auch ABCD – sind Parallelogramme (s. Angabe).
- Im Parallelogramm sind gegenüberliegende Seiten parallel und gleich lang.
- Das Parallelogramm ABCD ist ein Quadrat, wenn zwei aneinandergrenzende Seiten gleich lang sind und aufeinander senkrecht stehen.
- Die Länge einer Seite lässt sich als Länge eines Vektors nach der Formel auf der Merkhilfe berechnen.
- Zwei Vektoren stehen aufeinander senkrecht, wenn ihr Skalarprodukt null ergibt (siehe Merkhilfe).

**Aufgabe b**
- Welche Vektoren lassen sich als Richtungsvektoren der Ebene E verwenden?
- Sie benötigen einen Normalenvektor der Ebene.
- Der Normalenvektor steht auf den Richtungsvektoren senkrecht.
- Der Normalenvektor lässt sich mithilfe des Vektorprodukts zweier nicht-paralleler Richtungsvektoren bestimmen (siehe Merkhilfe).
- Setzen Sie den Normalenvektor und einen Ebenenpunkt als Aufpunkt in die Formel für die Normalenform der Ebene ein (siehe Merkhilfe).

**Aufgabe c**
- Der Schnittwinkel zweier Ebenen ist gleich dem Schnittwinkel der beiden Normalenvektoren.
- Wie lautet die Gleichung der $x_1$-$x_2$-Ebene? Welche Koordinaten hat ein Normalenvektor der $x_1$-$x_2$-Ebene?
- Die Formel für den Winkel zwischen zwei Vektoren finden Sie auf der Merkhilfe.
- Achten Sie darauf, dass ein Schnittwinkel nie größer als 90° sein kann (Absolutbetrag in der Formel zum Winkel setzen!).

**Aufgabe d**
- Der Punkt P, durch den die Ebene F verlaufen soll, ist der Koordinatenursprung.
- Auf der Merkhilfe finden Sie die Normalenform in Koordinatendarstellung. Welche Besonderheit hat diese Formel, wenn die Ebene den Koordinatenursprung enthält?

- Welche Lage besitzt die Ebene F in Bezug auf die Ebene E?
- Welche Eigenschaft besitzen die Normalenvektoren paralleler Ebenen?
- Zwei Vektoren sind parallel, wenn sie Vielfache voneinander sind.

**Aufgabe e**
- Die Formel V = G · h kennen Sie als Volumenformel für einen Quader.
- Das Rechteck ABQP ist als Grundfläche bereits vorhanden.
- Die dünn gestrichelten Linien in der Darstellung des Körpers können Ihnen bei der Umgestaltung des Spats in einen Quader helfen.
- Ein Parallelogramm lässt sich durch Abschneiden und Ansetzen von Teilflächen in ein Rechteck verwandeln.

- Entsprechendes ist auch bei einem Spat möglich.
- Welcher Teil des Spats befindet sich „hinter" der $x_2$-$x_3$-Ebene?
- Schneidet man diesen Teil vom Spat ab, lässt er sich an anderer Stelle wieder anfügen.
- Wie müssen Sie den abgeschnittenen Teil an den Restkörper ansetzen?
- Welcher Körper entsteht nun?

**Aufgabe f**
- Aus der Masse von einem Kubikmeter kann auf die Masse von x m$^3$ geschlossen werden.
- Sie benötigen das Volumen des Grundkörpers.
- Teilaufgabe e gibt Ihnen dafür eine Formel vor.
- Beachten Sie die vorgegebene Längeneinheit, damit Sie das Volumen mit den entsprechenden Benennungen berechnen können.

**Aufgabe g**
- Um die Gleichung der Geraden h aufstellen zu können, benötigen Sie neben H einen weiteren Punkt auf der Geraden.
- Bestimmen Sie die Koordinaten des Schnittpunkts G der Diagonalen der Grundfläche ABQP.
- Da ABQP ein Rechteck ist, halbieren sich die Diagonalen gegenseitig. Sie erhalten den Schnittpunkt G also als Mittelpunkt einer der Diagonalen.
- Die Koordinaten der Endpunkte der Diagonalen [BP] sind gegeben.
- Die Gerade h ist durch die Punkte H und G festgelegt.

- Die Gerade h ergibt sich aus $\vec{X} = \vec{H} + \kappa \cdot \overrightarrow{HG}$ mit $\kappa \in \mathbb{R}$.
- Die Stahlstange verläuft in einer Länge von 1,4 m als Teil der Geraden h.
- Nur ein Viertel der Stange befindet sich im Grundkörper, daher endet die Bohrung an einem Punkt L zwischen G und H.
- Welche Länge besitzt die Bohrung, also die Strecke [LH]? Beachten Sie den angegebenen Maßstab.
- Die Länge der Strecke [LH] ist gleich dem Betrag des Vektors $\overrightarrow{LH}$. Eine Formel für dessen Berechnung finden Sie auf der Merkhilfe.
- Sie wissen, dass L auf h liegt, also die Geradengleichung erfüllen muss.
- Einsetzen dieser Koordinaten in die Formel für den Betrag eines Vektors liefert eine Gleichung für den Geradenparameter $\kappa$. Lösen Sie die Gleichung nach $\kappa$ auf.
- Einsetzen von $\kappa$ in die Geradengleichung h liefert die Koordinaten von L.

*oder:*

- Geht man auf der Geraden h von H aus 3,5 Einheiten in Richtung G, so gelangt man zum Punkt L.
- Der Vektor $\overrightarrow{HL}$ ist ein Vielfaches des Richtungsvektors von h mit der Länge 3,5.
- Der Einheitsvektor des Richtungsvektors $\overrightarrow{HG}$ besitzt die Länge 1.
- Auf der Merkhilfe finden Sie die Formel zur Berechnung des Einheitsvektors.
- Das 3,5-Fache des Einheitsvektors hat die Länge 3,5.

**Aufgabe h**

- Die Kugel liegt im Punkt K auf der Deckfläche des Spats auf. Wie lautet daher die $x_3$-Koordinate von K?
- Was lässt sich über die $x_3$-Koordinate des Kugelmittelpunkts M aussagen? Beachten Sie den angegebenen Maßstab.
- Unter welcher Bedingung berührt eine Gerade eine Kugel?
- Eine Gerade h ist nur dann Tangente an eine Kugel mit Mittelpunkt M und Radius r, wenn $d(M; h) = r$ gilt.
- Wie erhält man den Abstand des Kugelmittelpunkts M von der Geraden h?
- Die Strecke vom Kugelmittelpunkt zum Berührpunkt F auf der Geraden muss auf der Geraden senkrecht stehen.
- Die Kugel soll nicht nur die Gerade h, sondern diese auch noch im Bereich der Stange berühren.
- Was muss daher für die Lage des Berührpunkts F gelten?
- Wie weit darf F höchstens von H entfernt sein, um noch auf der Stange zu liegen?

## Lösungen

a) $C(20|10|6)$

Aus der Skizze und den Koordinaten von A, B und D ist ersichtlich, dass [AB] parallel zur $x_2$-Achse verläuft und [AD] in der $x_1$-$x_2$-Ebene liegt. Da ABCD als Seitenfläche des Spats ein Parallelogramm ist, muss auch [DC] parallel zur $x_2$-Achse verlaufen. Somit müssen die $x_1$- und die $x_3$-Koordinate von C mit der $x_1$- und der $x_3$-Koordinate von D übereinstimmen.
Da [AB] und [DC] außerdem gleich lang sein müssen, muss die $x_2$-Koordinate von C mit der $x_2$-Koordinate von B übereinstimmen.

ABCD ist als eine Seitenfläche des Spats ein Parallelogramm (siehe Angabe).

$$\vec{AB} = \vec{B} - \vec{A} = \begin{pmatrix} 28 \\ 10 \\ 0 \end{pmatrix} - \begin{pmatrix} 28 \\ 0 \\ 0 \end{pmatrix} = \begin{pmatrix} 0 \\ 10 \\ 0 \end{pmatrix} \Rightarrow |\vec{AB}| = \sqrt{0^2 + 10^2 + 0^2} = \sqrt{100} = 10$$

$$\vec{AD} = \vec{D} - \vec{A} = \begin{pmatrix} 20 \\ 0 \\ 6 \end{pmatrix} - \begin{pmatrix} 28 \\ 0 \\ 0 \end{pmatrix} = \begin{pmatrix} -8 \\ 0 \\ 6 \end{pmatrix} \Rightarrow |\vec{AD}| = \sqrt{(-8)^2 + 0^2 + 6^2} = \sqrt{100} = 10$$

$$\vec{AB} \circ \vec{AD} = \begin{pmatrix} 0 \\ 10 \\ 0 \end{pmatrix} \circ \begin{pmatrix} -8 \\ 0 \\ 6 \end{pmatrix} = 0 + 0 + 0 = 0$$

Die beiden aneinandergrenzenden Seiten [AB] und [AD] sind gleich lang und stehen aufeinander senkrecht. Somit ist das Parallelogramm ABCD ein Quadrat.

b) Mit A als Aufpunkt und $\vec{AB}$ und $\vec{AD}$ als Richtungsvektoren der Ebene E ergibt sich:

$$\vec{n}_E = \vec{AB} \times \vec{AD} = \begin{pmatrix} 0 \\ 10 \\ 0 \end{pmatrix} \times \begin{pmatrix} -8 \\ 0 \\ 6 \end{pmatrix} = \begin{pmatrix} 60 - 0 \\ 0 - 0 \\ 0 + 80 \end{pmatrix} = \begin{pmatrix} 60 \\ 0 \\ 80 \end{pmatrix} = 20 \cdot \begin{pmatrix} 3 \\ 0 \\ 4 \end{pmatrix}$$

$$E: \begin{pmatrix} 3 \\ 0 \\ 4 \end{pmatrix} \circ \left[ \vec{X} - \begin{pmatrix} 28 \\ 0 \\ 0 \end{pmatrix} \right] = 0$$

$$3x_1 + 4x_3 - 3 \cdot 28 = 0$$
$$3x_1 + 4x_3 - 84 = 0$$

c) Der Winkel, den die Ebene E mit der $x_1$-$x_2$-Ebene bildet, entspricht dem Winkel zwischen den beiden Normalenvektoren. Die Gleichung der $x_1$-$x_2$-Ebene lautet $x_3 = 0$.
Ein Normalenvektor der $x_1$-$x_2$-Ebene ist somit $\begin{pmatrix} 0 \\ 0 \\ 1 \end{pmatrix}$.

Eingesetzt in die Formel auf der Merkhilfe (mit Absolutstrichen, da der spitze Winkel gesucht ist) ergibt sich:

$$\cos\varphi = \frac{\left|\begin{pmatrix}3\\0\\4\end{pmatrix}\circ\begin{pmatrix}0\\0\\1\end{pmatrix}\right|}{\sqrt{3^2+0^2+4^2}\cdot\sqrt{0^2+0^2+1^2}} = \frac{4}{5} = 0{,}8 \quad \Rightarrow \quad \varphi \approx 36{,}87°$$

d) Die Seitenfläche PQRS verläuft durch den Koordinatenursprung $P(0|0|0)$, daher muss in der Darstellung $F: n_1x_1 + n_2x_2 + n_3x_3 + n_0 = 0$ gelten: $n_0 = 0$
Da PQRS parallel zur Seitenfläche ABCD ist, gilt $\vec{n}_F \parallel \vec{n}_E$, also $\vec{n}_F = a \cdot \vec{n}_E$.
Wählt man $a = 1$, ergibt sich:
$F: 3x_1 + 4x_3 = 0$

e) Auf der Merkhilfe findet sich die Formel $V = G \cdot h$ für das Volumen eines Prismas. Diese Formel gilt sowohl für gerade als auch für schiefe Prismen. Da bei einem Spat Grund- und Deckfläche kongruent und die Verbindungsstrecken entsprechender Punkte der Grund- und Deckfläche parallel und gleich lang sind, ist ein Spat ein schiefes Prisma. Damit wäre die Aufgabe bereits gelöst.

Da im Lehrplan (der Jahrgangsstufe 9) jedoch nur gerade Prismen aufgelistet sind (also Prismen, bei denen die Verbindungsstrecken entsprechender Punkte der Grund- und Deckfläche zusätzlich auf der Grundfläche senkrecht stehen), ist die Aufgabe wohl so gedacht, dass gezeigt werden soll, dass sich der Spat (= das schiefe Prisma) in ein gerades Prisma (hier einen Quader, da die Grundfläche ein Rechteck ist) verwandeln lässt.

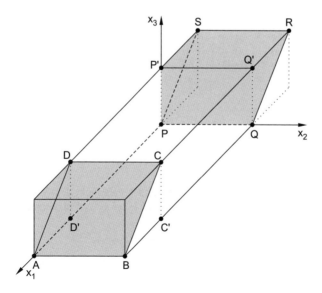

Durch einen senkrechten (entlang der $x_2$-$x_3$-Ebene) Schnitt durch die Punkte P und Q wird das dreiseitige Prisma PSP'QRQ' vom Spat abgetrennt. Dieses dreiseitige Prisma PSP'QRQ' ist kongruent zum dreiseitigen Prisma AD'DBC'C, das durch einen senkrechten Schnitt (parallel zur $x_2$-$x_3$-Ebene) durch C und D entstehen würde.

Entfernt man das Prisma PSP'QRQ' hinten vom Spat und setzt es vorn so auf, dass die beiden Quadrate ABCD und PQRS aufeinander liegen, so entsteht ein Quader mit der Grundfläche ABQP und der Spathöhe [C'C]. Für das Volumen eines Quaders gilt:

$$\text{Volumen}_{\text{Quader}} = \text{Grundfläche} \cdot \text{Höhe}$$

f) Das Volumen des Spats ist identisch mit dem Volumen des Quaders und berechnet sich gemäß Teilaufgabe e nach der Formel:

$$V = G \cdot h = \overline{AP} \cdot \overline{AB} \cdot \overline{C'C} = 28 \cdot 10 \cdot 6 \stackrel{\triangleq}{=} 2{,}8 \text{ m} \cdot 1{,}0 \text{ m} \cdot 0{,}6 \text{ m} = 1{,}68 \text{ m}^3$$

$$\text{Masse} = m = 1{,}68 \text{ m}^3 \cdot 2{,}1 \frac{t}{m^3} = 3{,}528 \text{ t}$$

g)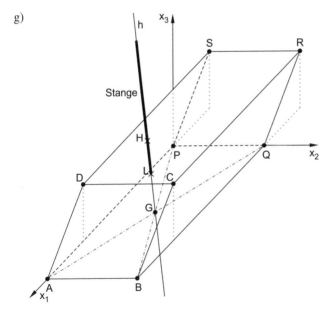

Die Diagonalen der Grundfläche ABQP halbieren sich gegenseitig. Der Schnittpunkt G ist also der Mittelpunkt der Diagonalen.

$$\vec{G} = \vec{M}_{BP} = \frac{1}{2} \cdot \left( \begin{pmatrix} 28 \\ 10 \\ 0 \end{pmatrix} + \begin{pmatrix} 0 \\ 0 \\ 0 \end{pmatrix} \right) = \begin{pmatrix} 14 \\ 5 \\ 0 \end{pmatrix}$$

$\overrightarrow{HG}$ entspricht dem Richtungsvektor der Geraden h.

$$\overrightarrow{HG} = \begin{pmatrix} 14 \\ 5 \\ 0 \end{pmatrix} - \begin{pmatrix} 11 \\ 3 \\ 6 \end{pmatrix} = \begin{pmatrix} 3 \\ 2 \\ -6 \end{pmatrix}$$

h: $\vec{X} = \vec{H} + \kappa \cdot \overrightarrow{HG}$    mit $\kappa \in \mathbb{R}$

h: $\vec{X} = \begin{pmatrix} 11 \\ 3 \\ 6 \end{pmatrix} + \kappa \cdot \begin{pmatrix} 3 \\ 2 \\ -6 \end{pmatrix}$    mit $\kappa \in \mathbb{R}$

In der Seitenansicht kann das wie in der nebenstehenden Abbildung veranschaulicht werden.

Die Länge der Strecke [LH] muss ein Viertel von 1,4 m, also 0,35 m, betragen.
Aufgrund des Maßstabs muss also gelten:

$\overline{LH} = 3,5$

Da L auf h liegt, gilt $L(11+3\kappa \mid 3+2\kappa \mid 6-6\kappa)$ und somit:

$$\overline{LH} = |\overrightarrow{LH}| = \left| \begin{pmatrix} 11 \\ 3 \\ 6 \end{pmatrix} - \begin{pmatrix} 11+3\kappa \\ 3+2\kappa \\ 6-6\kappa \end{pmatrix} \right| = \left| \begin{pmatrix} -3\kappa \\ -2\kappa \\ 6\kappa \end{pmatrix} \right|$$

$$= \sqrt{(-3\kappa)^2 + (-2\kappa)^2 + (6\kappa)^2} = \sqrt{49\kappa^2} = 7\kappa$$

$\Rightarrow \quad 7\kappa = 3,5$
$\quad\quad\, \kappa = 0,5$

$L(11+3 \cdot 0,5 \mid 3+2 \cdot 0,5 \mid 6-6 \cdot 0,5) \quad \Rightarrow \quad L(12,5 \mid 4 \mid 3)$

*oder:*

$\vec{L} = \vec{H} + 3,5 \cdot \overrightarrow{HG}^0$

Der Einheitsvektor $\overrightarrow{HG}^0$ ergibt sich durch Division durch die Länge von $\overrightarrow{HG}$:

$|\overrightarrow{HG}| = \left| \begin{pmatrix} 3 \\ 2 \\ -6 \end{pmatrix} \right| = \sqrt{3^2 + 2^2 + (-6)^2} = \sqrt{49} = 7 \quad \Rightarrow \quad \overrightarrow{HG}^0 = \frac{1}{7} \cdot \begin{pmatrix} 3 \\ 2 \\ -6 \end{pmatrix}$

Somit:

$$\vec{L} = \begin{pmatrix} 11 \\ 3 \\ 6 \end{pmatrix} + 3,5 \cdot \frac{1}{7} \cdot \begin{pmatrix} 3 \\ 2 \\ -6 \end{pmatrix} = \begin{pmatrix} 11 \\ 3 \\ 6 \end{pmatrix} + \begin{pmatrix} 1,5 \\ 1 \\ -3 \end{pmatrix} = \begin{pmatrix} 12,5 \\ 4 \\ 3 \end{pmatrix} \quad \Rightarrow \quad L(12,5 \mid 4 \mid 3)$$

h) Da der Radius der Kugel 0,8 m beträgt, muss der Mittelpunkt M der Kugel 8 Einheiten „senkrecht über" K liegen. K liegt in der Deckfläche und hat die Koordinaten $(k_1 | k_2 | 6)$, also muss M die Koordinaten $(k_1 | k_2 | 6+8) = (k_1 | k_2 | 14)$ besitzen.
Man berechnet den Abstand d(M; h) des Kugelmittelpunkts M zur Geraden h. Dafür bestimmt man den Berührpunkt der Kugel mit der Geraden. Da Radius und Gerade aufeinander senkrecht stehen müssen, ist der Berührpunkt der Fußpunkt F des Lots von M auf die Gerade h. Es gilt:

$d(M; h) = |\overrightarrow{FM}|$

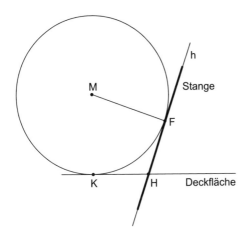

Falls
$d(M; h) = |\overrightarrow{FM}| = 8$
und
$|\overrightarrow{FH}| \leq$ drei Viertel von 1,4 m
und somit
$|\overrightarrow{FH}| \leq 1,05$ m,
so berührt die Kugel die Stange.

*Bemerkung:* Von weiteren Lagen der Kugel auf der Deckfläche des Spats (die Kugel liegt z. B. in obiger Abbildung rechts von der Stange) wird hier aufgrund des Erwartungshorizonts abgesehen.

# Abitur Mathematik (Bayern): Abiturprüfung 2013
## Geometrie II

BE

1. Die Abbildung zeigt modellhaft einen Ausstellungspavillon, der die Form einer geraden vierseitigen Pyramide mit quadratischer Grundfläche hat und auf einer horizontalen Fläche steht. Das Dreieck BCS beschreibt im Modell die südliche Außenwand des Pavillons. Im Koordinatensystem entspricht eine Längeneinheit 1 m, d. h., die Grundfläche des Pavillons hat eine Seitenlänge von 12 m.

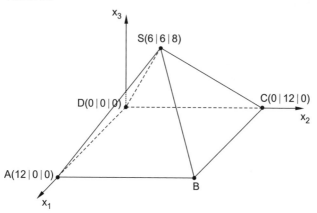

a) Geben Sie die Koordinaten des Punkts B an und bestimmen Sie das Volumen des Pavillons.  3

b) Die südliche Außenwand des Pavillons liegt im Modell in einer Ebene E. Bestimmen Sie eine Gleichung von E in Normalenform.
[mögliches Ergebnis: E: $4x_2 + 3x_3 - 48 = 0$]  4

c) Der Innenausbau des Pavillons erfordert eine möglichst kurze, dünne Strebe zwischen dem Mittelpunkt der Grundfläche und der südlichen Außenwand. Ermitteln Sie, in welcher Höhe über der Grundfläche die Strebe an der Außenwand befestigt ist.  5

An einem Teil der südlichen Außenwand sind Solarmodule flächenbündig montiert. Die Solarmodule bedecken im Modell eine dreieckige Fläche, deren Eckpunkte die Spitze S sowie die Mittelpunkte der Kanten [SB] und [SC] sind.

d) Ermitteln Sie den Inhalt der von den Solarmodulen bedeckten Fläche.  4

e) Die von Solarmodulen abgegebene elektrische Leistung hängt unter anderem von der Größe ihres Neigungswinkels gegen die Horizontale ab. Die Tabelle gibt den Anteil der abgegebenen Leistung an der maximal möglichen Leistung in Abhängigkeit von der Größe des Neigungswinkels an. Schätzen Sie diesen Anteil für die Solarmodule des Pavillons – nach Berechnung des Neigungswinkels – unter Verwendung der Tabelle ab.

| Neigungswinkel | 0° | 10° | 20° | 30° | 40° |
|---|---|---|---|---|---|
| Anteil an der maximalen Leistung | 87 % | 93 % | 97 % | 100 % | 100 % |
| Neigungswinkel | 50° | 60° | 70° | 80° | 90° |
| Anteil an der maximalen Leistung | 98 % | 94 % | 88 % | 80 % | 69 % |

2. In einem kartesischen Koordinatensystem sind die Geraden

$g: \vec{X} = \begin{pmatrix} 8 \\ 1 \\ 7 \end{pmatrix} + \lambda \cdot \begin{pmatrix} 3 \\ 1 \\ 2 \end{pmatrix}$, $\lambda \in \mathbb{R}$, und $h: \vec{X} = \begin{pmatrix} -1 \\ 5 \\ -9 \end{pmatrix} + \mu \cdot \begin{pmatrix} 1 \\ -2 \\ 4 \end{pmatrix}$, $\mu \in \mathbb{R}$,

gegeben. Die Geraden g und h schneiden sich im Punkt T.

a) Bestimmen Sie die Koordinaten von T.
 [Ergebnis: T(2|−1|3)]

b) Geben Sie die Koordinaten zweier Punkte P und Q an, die auf g liegen und von T gleich weit entfernt sind.

c) Zwei Punkte U und V der Geraden h bilden zusammen mit P und Q das Rechteck PUQV. Beschreiben Sie einen Weg zur Ermittlung der Koordinaten von U und V.

## Tipps und Hinweise

### Aufgabe 1 a

- Die Angabe besagt, dass ABCD ein Quadrat ist.
- A bzw. C bestimmen die $x_1$- bzw. $x_2$-Koordinate von B.
- Da die Pyramide auf einer horizontalen Fläche steht (siehe Angabe) und A, C und D in der $x_1$-$x_2$-Ebene liegen, muss die gesamte Grundfläche (und damit auch B) in der $x_1$-$x_2$-Ebene liegen.
- Das Volumen der geraden Pyramide kann sowohl elementargeometrisch als auch vektoriell bestimmt werden.
- Die Formel für die elementargeometrische Volumenberechnung finden Sie auf der Merkhilfe.
- Die Seitenlänge des Grundflächenquadrats beträgt 12 m (siehe Angabe).
- Die Höhe einer geraden Pyramide verbindet den Mittelpunkt der Grundfläche mit der Spitze.
- Da die Grundfläche in der $x_1$-$x_2$-Ebene liegt, lässt sich die Höhe unmittelbar aus den Koordinaten der Spitze S ablesen.
- Auf der Merkhilfe finden Sie die Formel für die vektorielle Berechnung des Volumens einer dreiseitigen Pyramide. Das Volumen einer entsprechenden vierseitigen Pyramide ist doppelt so groß.
- Achten Sie darauf, dass die drei aufspannenden Vektoren alle im selben Punkt (z. B. A) beginnen.

### Aufgabe 1 b

- Die südliche Außenwand ist laut Angabe durch das Dreieck BCS beschrieben.
- Gesucht ist somit die Normalenform einer Ebene durch drei Punkte.
- Gemäß Merkhilfe benötigen Sie einen Normalenvektor und einen Ebenenpunkt.
- Der Normalenvektor steht auf den Richtungsvektoren senkrecht.
- Welche Vektoren lassen sich als Richtungsvektoren der Ebene E verwenden?
- Der Normalenvektor lässt sich mithilfe des Vektorprodukts zweier nicht-paralleler Richtungsvektoren bestimmen (siehe Merkhilfe).
- Setzen Sie den Normalenvektor und einen Ebenenpunkt (B oder C oder S) in die Formel für die Normalenform der Ebene ein (siehe Merkhilfe).

### Aufgabe 1 c

- Der Mittelpunkt der quadratischen Grundfläche ist der Schnittpunkt der Diagonalen, die sich gegenseitig halbieren.

- Der Mittelpunkt der Grundfläche ist der Mittelpunkt einer der beiden Diagonalen.
- Der Mittelpunkt der Grundfläche liegt bei einer geraden Pyramide senkrecht unter der Spitze S.
- Der Mittelpunkt der Grundfläche entspricht der senkrechten Projektion der Spitze S in die $x_1$-$x_2$-Ebene.
- Die Strebe zwischen Mittelpunkt und Außenwand ist dann möglichst kurz, wenn die Strebe auf der Außenwand senkrecht steht.
- Die Strebe liegt also auf einer Geraden durch M, die auf der Außenwand (der Ebene E) senkrecht steht.
- Eine auf E senkrecht stehende Gerade ist ein Lot zu E.
- Welchen Richtungsvektor hat ein Lot zu E?
- Bestimmen Sie den Schnittpunkt des Lots durch M mit der Ebene E.
- Die $x_3$-Koordinate des Schnittpunkts gibt die Höhe über der Grundfläche (in der $x_1$-$x_2$-Ebene) an.

*oder:*

- Sie können die gesuchte Höhe auch elementargeometrisch bestimmen.
- Verwenden Sie dazu das rechtwinklige Dreieck MNF, wobei M der Mittelpunkt der Grundfläche, N der Mittelpunkt der Strecke [BC] und F der Punkt ist, in dem die Strebe auf die Außenwand trifft.
- Ist K der Lotfußpunkt von F auf [MN], so gibt die Länge der Strecke [FK] die gesuchte Höhe an.
- Die Strecke [MN] ist halb so lang wie die Quadratseite.
- Die Länge der Strecke [FM] ist der Abstand des Punktes M von der Ebene E.
- Verwenden Sie die Formel $d(M; E) = \frac{|n_1 m_1 + n_2 m_2 + n_3 m_3 + n_0|}{|\vec{n}|}$.
- Die Länge der Strecke [NF] ergibt sich mithilfe von Pythagoras im Dreieck MNF.
- Sowohl MNF als auch NFK sind rechtwinklige Dreiecke, die den Winkel bei N gemeinsam haben.
- MNF und NFK sind somit ähnliche Dreiecke.
- In ähnlichen Dreiecken stehen entsprechende Seiten im selben Verhältnis.
- Stellen Sie mit den Längen der Strecken [MN], [FM], [NF] und [FK] eine Verhältnisgleichung auf.
- Lösen Sie nach $\overline{FK}$ auf.

**Aufgabe 1 d**

- Die von den Solarmodulen bedeckte Fläche lässt sich elementargeometrisch oder vektoriell bestimmen.
- Zeichnen Sie die Mittelpunkte der beiden Kanten ein und schraffieren Sie die von den Solarmodulen bedeckte Fläche.
- Diese Zeichnung erinnert an „Strahlensatz".
- Mithilfe der Formel auf der Merkhilfe können Sie das Verhältnis bestimmen, in dem entsprechende Seiten der Dreiecke BCS bzw. GHS zueinander stehen.
- Nicht nur die Seiten, auch die Höhen der beiden Dreiecke stehen in diesem Verhältnis.
- Beide Dreiecke sind gleichschenklig. Die Höhe halbiert also die Basis.
- Die Höhe lässt sich mit Pythagoras berechnen.
- Die Fläche eines Dreiecks berechnet sich aus $A_\Delta = \frac{1}{2} \cdot$ Grundlinie $\cdot$ Höhe.
- Für eine vektorielle Berechnung der Dreiecksfläche benötigen Sie die Koordinaten der Mittelpunkte der Kanten [SB] und [SC].
- Benutzen Sie die Formel für den Mittelpunkt einer Strecke auf Ihrer Merkhilfe.
- Auch für den Flächeninhalt eines Dreiecks findet sich eine Formel auf der Merkhilfe.
- Beachten Sie bei der Angabe der Fläche den angegebenen Maßstab.

**Aufgabe 1 e**

- Der Schnittwinkel zweier Ebenen ist gleich dem Schnittwinkel der beiden Normalenvektoren.
- Wie lautet die Gleichung der $x_1$-$x_2$-Ebene? Welche Koordinaten hat ein Normalenvektor der $x_1$-$x_2$-Ebene?
- Die Formel für den Winkel zwischen zwei Vektoren finden Sie auf der Merkhilfe.
- Achten Sie darauf, dass ein Schnittwinkel nie größer als 90° sein kann (Absolutbetrag in der Formel zum Winkel setzen!).
- In der Tabelle ist dieser Winkel nicht zu finden. Zwischen welchen angegebenen Werten liegt er?
- Sie können damit das Intervall bestimmen, das den entsprechenden Anteil der abgegebenen Leistung angibt.
- Welche Prozentzahl aus dem Intervall von 98 % bis 94 % ist daher als Näherungswert für den berechneten Neigungswinkel anzusetzen?

**Aufgabe 2 a**

- Den Schnittpunkt zweier Geraden erhält man durch Gleichsetzen der beiden Geradengleichungen.
- Es ergibt sich ein Gleichungssystem aus 3 Gleichungen mit 2 Unbekannten.
- Berechnen Sie mithilfe von zwei dieser Gleichungen die beiden Unbekannten.
- Achten Sie darauf, dass die beiden von Ihnen berechneten Parameter alle drei Gleichungen erfüllen müssen (Probe!).
- Einsetzen eines dieser Parameter in die entsprechende Geradengleichung liefert die Koordinaten des Schnittpunkts.

**Aufgabe 2 b**

- Zeichnen Sie sich eine beliebige Geradenkreuzung mit dem Schnittpunkt T.
- Zu einem Punkt P gelangen Sie, indem Sie im Punkt T ein beliebiges Vielfaches des Richtungsvektors von g anfügen.
- Was müssen Sie im Punkt T anfügen, um zum gleich weit entfernten Punkt Q auf g zu gelangen?

**Aufgabe 2 c**

- Im Rechteck PUQV bilden die Strecken [PQ] und [UV] die Diagonalen.
- Welche Eigenschaften haben die Diagonalen eines Rechtecks?
- Gehört ein Rechteck zu den Vierecken, die einen Umkreis besitzen?
- Was gilt für die Entfernung von U (bzw. V) zu T im Vergleich zur Entfernung von P (bzw. Q) zu T?
- Diese Entfernung lässt sich mithilfe der Formel für die Länge eines Vektors (siehe Merkhilfe) berechnen.
- Diese Entfernung ist zugleich die Länge des Radius r des Umkreises des Rechtecks PUQV.
- Da U und V auf h liegen, gelangt man zu ihnen, indem man im Punkt T einen Richtungsvektor von h anfügt, der die Länge r besitzt.
- Der Einheitsvektor des Richtungsvektors besitzt die Länge 1.
- Auf der Merkhilfe finden Sie die Formel zur Berechnung des Einheitsvektors.
- Multipliziert man den Einheitsvektor des Richtungsvektors von h mit dem Radius r des Umkreises, so entsteht ein Richtungsvektor der Länge r.

## Lösungen

1. a) $B(12|12|0)$

Die $x_1$-Koordinate von B ist gleich der $x_1$-Koordinate von A, die $x_2$-Koordinate von B ist gleich der $x_2$-Koordinate von C, die $x_3$-Koordinate von B ist (wie bei allen Punkten der Grundfläche) gleich 0.

Das Volumen lässt sich mithilfe der entsprechenden Formeln auf der Merkhilfe elementargeometrisch oder vektoriell bestimmen.

*elementargeometrisch:*

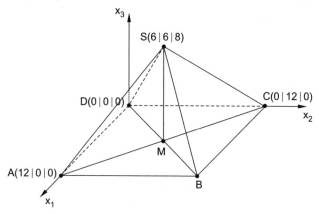

Die Grundfläche ist ein Quadrat der Seitenlänge 12 m (siehe Angabe). Bei einer geraden Pyramide befindet sich die Spitze S senkrecht über dem Mittelpunkt M der Grundfläche. Die Pyramidenhöhe ist somit gleich $\overline{MS}$. $\overline{MS}$ entspricht der $x_3$-Koordinate von S, da M (wie die gesamte Grundfläche) in der $x_1$-$x_2$-Ebene liegt. Somit gilt $h = 8$ m.

$$V = \frac{1}{3} G \cdot h = \frac{1}{3} \cdot (12\text{ m})^2 \cdot 8\text{ m} = 384\text{ m}^3$$

*vektoriell:*

$$V = \frac{1}{3} \cdot |\overrightarrow{AB} \circ (\overrightarrow{AD} \times \overrightarrow{AS})|$$

mit $\overrightarrow{AB} = \vec{B} - \vec{A} = \begin{pmatrix} 12 \\ 12 \\ 0 \end{pmatrix} - \begin{pmatrix} 12 \\ 0 \\ 0 \end{pmatrix} = \begin{pmatrix} 0 \\ 12 \\ 0 \end{pmatrix}$

$\overrightarrow{AD} = \vec{D} - \vec{A} = \begin{pmatrix} 0 \\ 0 \\ 0 \end{pmatrix} - \begin{pmatrix} 12 \\ 0 \\ 0 \end{pmatrix} = \begin{pmatrix} -12 \\ 0 \\ 0 \end{pmatrix}$

$$\vec{AS} = \vec{S} - \vec{A} = \begin{pmatrix} 6 \\ 6 \\ 8 \end{pmatrix} - \begin{pmatrix} 12 \\ 0 \\ 0 \end{pmatrix} = \begin{pmatrix} -6 \\ 6 \\ 8 \end{pmatrix}$$

ergibt sich:

$$V = \frac{1}{3} \cdot |\vec{AB} \circ (\vec{AD} \times \vec{AS})| = \frac{1}{3} \cdot \left| \begin{pmatrix} 0 \\ 12 \\ 0 \end{pmatrix} \circ \left( \begin{pmatrix} -12 \\ 0 \\ 0 \end{pmatrix} \times \begin{pmatrix} -6 \\ 6 \\ 8 \end{pmatrix} \right) \right| = \frac{1}{3} \cdot \left| \begin{pmatrix} 0 \\ 12 \\ 0 \end{pmatrix} \circ \begin{pmatrix} 0-0 \\ 0+96 \\ -72-0 \end{pmatrix} \right|$$

$$= \frac{1}{3} \cdot 1152 = 384$$

Aufgrund des angegebenen Maßstabs beträgt das Pyramidenvolumen 384 m³.

b) Die südliche Außenwand ist durch das Dreieck BCS festgelegt. Als Richtungsvektoren der Ebene E können somit z. B. die Vektoren $\vec{BC}$ und $\vec{BS}$ verwendet werden.

$$\vec{BC} = \vec{C} - \vec{B} = \begin{pmatrix} 0 \\ 12 \\ 0 \end{pmatrix} - \begin{pmatrix} 12 \\ 12 \\ 0 \end{pmatrix} = \begin{pmatrix} -12 \\ 0 \\ 0 \end{pmatrix}$$

$$\vec{BS} = \vec{S} - \vec{B} = \begin{pmatrix} 6 \\ 6 \\ 8 \end{pmatrix} - \begin{pmatrix} 12 \\ 12 \\ 0 \end{pmatrix} = \begin{pmatrix} -6 \\ -6 \\ 8 \end{pmatrix}$$

Daraus ergibt sich der Normalenvektor der Ebene E:

$$\vec{n}_E = \begin{pmatrix} -12 \\ 0 \\ 0 \end{pmatrix} \times \begin{pmatrix} -6 \\ -6 \\ 8 \end{pmatrix} = \begin{pmatrix} 0-0 \\ 0+96 \\ 72-0 \end{pmatrix} = 24 \cdot \begin{pmatrix} 0 \\ 4 \\ 3 \end{pmatrix}$$

Zusammen mit dem Aufpunkt B erhält man eine Gleichung der Ebene E:

$$E: \begin{pmatrix} 0 \\ 4 \\ 3 \end{pmatrix} \circ \left[ \vec{X} - \begin{pmatrix} 12 \\ 12 \\ 0 \end{pmatrix} \right] = 0$$

$$4x_2 + 3x_3 - 48 = 0$$

c) Der Mittelpunkt der Grundfläche ist der Schnittpunkt der Diagonalen. Diese halbieren sich gegenseitig.

$$\vec{M} = \vec{M}_{BD} = \frac{1}{2} \cdot (\vec{B} + \vec{D}) = \frac{1}{2} \cdot \left( \begin{pmatrix} 12 \\ 12 \\ 0 \end{pmatrix} + \begin{pmatrix} 0 \\ 0 \\ 0 \end{pmatrix} \right) = \begin{pmatrix} 6 \\ 6 \\ 0 \end{pmatrix}$$

*oder:*

$$\vec{M} = \vec{M}_{AC} = \frac{1}{2} \cdot (\vec{A} + \vec{C}) = \frac{1}{2} \cdot \left( \begin{pmatrix} 12 \\ 0 \\ 0 \end{pmatrix} + \begin{pmatrix} 0 \\ 12 \\ 0 \end{pmatrix} \right) = \begin{pmatrix} 6 \\ 6 \\ 0 \end{pmatrix}$$

*oder:*

Da es sich um eine gerade Pyramide handelt, deren Grundfläche in der $x_1$-$x_2$-Ebene liegt, ist M die senkrechte Projektion von S in die $x_1$-$x_2$-Ebene. Daher hat M dieselbe $x_1$- und dieselbe $x_2$-Koordinate wie S und als $x_3$-Koordinate Null: M(6|6|0)

Die Strebe ist dann möglichst kurz, wenn sie auf der südlichen Außenwand (der Ebene E) senkrecht steht. M muss also auf dem Lot $\ell$ zu E liegen. Der Richtungsvektor des Lots entspricht dem Normalenvektor der Ebene E.

$$\ell : \vec{X} = \begin{pmatrix} 6 \\ 6 \\ 0 \end{pmatrix} + \kappa \cdot \begin{pmatrix} 0 \\ 4 \\ 3 \end{pmatrix} \text{ mit } \kappa \in \mathbb{R}$$

$\ell \cap E$: $\quad 4 \cdot (6 + 4\kappa) + 3 \cdot (0 + 3\kappa) - 48 = 0$
$\qquad\qquad 24 + 16\kappa + 9\kappa - 48 = 0$
$\qquad\qquad 25\kappa - 24 = 0$
$\qquad\qquad \kappa = 0{,}96$

$$\vec{F} = \begin{pmatrix} 6 \\ 6 \\ 0 \end{pmatrix} + 0{,}96 \cdot \begin{pmatrix} 0 \\ 4 \\ 3 \end{pmatrix} = \begin{pmatrix} 6 \\ 9{,}84 \\ 2{,}88 \end{pmatrix}$$

Die Strebe trifft also im Punkt F(6|9,84|2,88) und somit in einer Höhe von 2,88 m auf die südliche Außenwand.

*oder:*

Die Aufgabe kann auch elementargeometrisch gelöst werden.

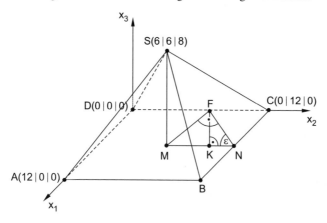

Das Dreieck MNF besitzt einen rechten Winkel bei F, das Dreieck NFK einen rechten Winkel bei K. Da außerdem der Winkel ε beiden Dreiecken angehört, sind die beiden Dreiecke ähnlich, entsprechende Seiten stehen also im selben Verhältnis:

$$\frac{\overline{FK}}{\overline{NF}} = \frac{\overline{FM}}{\overline{MN}} \qquad \text{jeweils } \frac{\text{Kathete gegenüber } \varepsilon}{\text{Hypotenuse}}$$

Dabei gilt:

- $\overline{FK}$ ist die gesuchte Höhe

- $\overline{MN} = \frac{1}{2}\overline{AB} = 6$

- $\overline{FM}$ ist der Abstand von M zur Ebene E, also:
$$\overline{FM} = d(M; E) = \frac{|4 \cdot 6 + 3 \cdot 0 - 48|}{\sqrt{4^2 + 3^2}} = \frac{24}{5} = 4,8$$

- $\overline{NF}$ lässt sich als Kathete im Dreieck MNF mit Pythagoras berechnen:
$$\overline{NF}^2 + \overline{FM}^2 = \overline{MN}^2$$
$$\overline{NF}^2 = 6^2 - 4,8^2$$
$$\overline{NF} = 3,6$$

Eingesetzt ergibt sich:

$$\frac{\overline{FK}}{\overline{NF}} = \frac{\overline{FM}}{\overline{MN}}$$

$$\frac{\overline{FK}}{3,6} = \frac{4,8}{6}$$

$$\overline{FK} = 2,88$$

d)

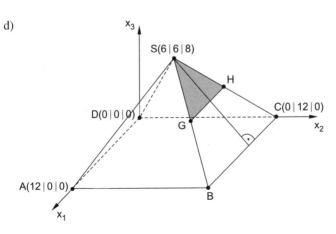

Die Fläche des Dreiecks GHS lässt sich elementargeometrisch oder vektoriell bestimmen.

*elementargeometrisch:*
Die Figur der südlichen Außenwand entspricht der rechten Zeichnung zum Stichwort „Strahlensatz" auf Ihrer Merkhilfe. Für entsprechende Seiten gilt:

$$\frac{\overline{SG}}{\overline{SB}} = \frac{\frac{1}{2}\overline{SB}}{\overline{SB}} = \frac{1}{2}$$

und

$$\frac{\overline{SH}}{\overline{SC}} = \frac{1}{2} \text{ bzw. } \frac{\overline{GH}}{\overline{BC}} = \frac{1}{2}$$

und:

$$\frac{h_{\triangle GHS}}{h_{\triangle BCS}} = \frac{1}{2}$$

Die Höhe des gleichschenkligen Dreiecks BCS lässt sich mit Pythagoras berechnen:

$$(h_{\triangle BCS})^2 + \left(\frac{1}{2}|\overrightarrow{BC}|\right)^2 = |\overrightarrow{SC}|^2$$

$$(h_{\triangle BCS})^2 = \left|\begin{pmatrix} -6 \\ 6 \\ -8 \end{pmatrix}\right|^2 - 6^2$$

$$(h_{\triangle BCS})^2 = \sqrt{136}^2 - 6^2 = 136 - 36 = 100$$

$$h_{\triangle BCS} = 10$$

Unter Berücksichtigung des angegebenen Maßstabs erhält man:

$$A_{GHS} = \frac{1}{2} \cdot \overline{GH} \cdot h_{\triangle GHS} = \frac{1}{2} \cdot \left(\frac{1}{2}\overline{BC}\right) \cdot \left(\frac{1}{2}h_{\triangle BCS}\right) = \frac{1}{2} \cdot 6 \text{ m} \cdot 5 \text{ m} = 15 \text{ m}^2$$

*vektoriell:*
Die beiden Mittelpunkte berechnen sich zu:

$$\vec{G} = \overrightarrow{M_{SB}} = \frac{1}{2} \cdot (\vec{S} + \vec{B}) = \frac{1}{2} \cdot \left(\begin{pmatrix} 6 \\ 6 \\ 8 \end{pmatrix} + \begin{pmatrix} 12 \\ 12 \\ 0 \end{pmatrix}\right) = \begin{pmatrix} 9 \\ 9 \\ 4 \end{pmatrix}$$

$$\vec{H} = \overrightarrow{M_{SC}} = \frac{1}{2} \cdot (\vec{S} + \vec{C}) = \frac{1}{2} \cdot \left(\begin{pmatrix} 6 \\ 6 \\ 8 \end{pmatrix} + \begin{pmatrix} 0 \\ 12 \\ 0 \end{pmatrix}\right) = \begin{pmatrix} 3 \\ 9 \\ 4 \end{pmatrix}$$

Für die von den Solarmodulen bedeckte Fläche gilt somit:

$$A_{GHS} = \frac{1}{2} \cdot |\overrightarrow{GH} \times \overrightarrow{GS}| = \frac{1}{2} \cdot \left| \begin{pmatrix} 3-9 \\ 9-9 \\ 4-4 \end{pmatrix} \times \begin{pmatrix} 6-9 \\ 6-9 \\ 8-4 \end{pmatrix} \right| = \frac{1}{2} \cdot \left| \begin{pmatrix} -6 \\ 0 \\ 0 \end{pmatrix} \times \begin{pmatrix} -3 \\ -3 \\ 4 \end{pmatrix} \right| = \frac{1}{2} \cdot \left| \begin{pmatrix} 0-0 \\ 0+24 \\ 18-0 \end{pmatrix} \right|$$

$$= \frac{1}{2} \cdot \sqrt{0^2 + 24^2 + 18^2} = 15$$

Die Solarmodule bedecken eine Fläche von 15 m².

e) Der Neigungswinkel der Solarmodule gegen die Horizontale ist der Winkel zwischen der Ebene E und der $x_1$-$x_2$-Ebene. Er entspricht dem Winkel zwischen den Normalenvektoren der beiden Ebenen. Die Gleichung der $x_1$-$x_2$-Ebene lautet $x_3 = 0$.

Ein Normalenvektor der $x_1$-$x_2$-Ebene ist somit $\begin{pmatrix} 0 \\ 0 \\ 1 \end{pmatrix}$.

Eingesetzt in die Formel auf der Merkhilfe (mit Absolutstrichen, da der spitze Winkel gesucht ist) ergibt sich:

$$\cos \varphi = \frac{\left| \begin{pmatrix} 0 \\ 4 \\ 3 \end{pmatrix} \circ \begin{pmatrix} 0 \\ 0 \\ 1 \end{pmatrix} \right|}{\sqrt{0^2 + 4^2 + 3^2} \cdot \sqrt{0^2 + 0^2 + 1^2}} = \frac{3}{5} = 0{,}6 \quad \Rightarrow \quad \varphi = 53{,}13°$$

In der Tabelle aufgeführt sind die beiden Winkel 50° (mit 98 %) und 60° (mit 94 %). Der Anteil der von den Solarmodulen des Pavillons abgegebenen Leistung liegt also zwischen 94 % und 98 %.

Die Angabe dieses Intervalls reicht als Lösung bereits aus. Möchte man einen genaueren Schätzwert angeben, bietet sich folgende Überlegung an:
53,13° liegt deutlich näher an 50°. Zwischen 98 % und 94 % liegen 4 % Prozentpunkte. Diese verteilen sich auf eine Differenz von 60° − 50° = 10°. Von 98 % (bei 50°) muss also etwa 1° abgezogen werden. Der Schätzwert ist somit etwa 97 %.

2. a) $g \cap h = \{T\}$

$$\begin{pmatrix} 8 \\ 1 \\ 7 \end{pmatrix} + \lambda \cdot \begin{pmatrix} 3 \\ 1 \\ 2 \end{pmatrix} = \begin{pmatrix} -1 \\ 5 \\ -9 \end{pmatrix} + \mu \cdot \begin{pmatrix} 1 \\ -2 \\ 4 \end{pmatrix}$$

$$\begin{aligned} 8 + 3\lambda &= -1 + \mu \\ 1 + \lambda &= 5 - 2\mu \quad \Rightarrow \quad \lambda = 4 - 2\mu \\ 7 + 2\lambda &= -9 + 4\mu \end{aligned}$$

λ eingesetzt in die erste Gleichung liefert:

$8 + 3 \cdot (4 - 2\mu) = -1 + \mu$
$8 + 12 - 6\mu = -1 + \mu$
$21 = 7\mu$
$\mu = 3 \quad \Rightarrow \quad \lambda = 4 - 2 \cdot 3 = -2$

Probe in der dritten Gleichung:
$7 + 2 \cdot (-2) = -9 + 4 \cdot 3$
$3 = 3 \checkmark$

Man erhält den Schnittpunkt T durch Einsetzen von $\lambda = -2$ in g oder von $\mu = 3$ in h:

$\vec{T} = \begin{pmatrix} 8 \\ 1 \\ 7 \end{pmatrix} - 2 \cdot \begin{pmatrix} 3 \\ 1 \\ 2 \end{pmatrix} = \begin{pmatrix} -1 \\ 5 \\ -9 \end{pmatrix} + 3 \cdot \begin{pmatrix} 1 \\ -2 \\ 4 \end{pmatrix} = \begin{pmatrix} 2 \\ -1 \\ 3 \end{pmatrix} \quad \Rightarrow \quad T(2|-1|3)$

b)

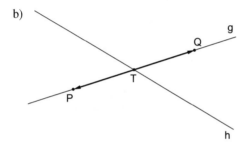

Statt des Aufpunkts $(8|1|7)$ lässt sich für g auch der Aufpunkt T wählen:

$g: \vec{X} = \begin{pmatrix} 2 \\ -1 \\ 3 \end{pmatrix} + v \cdot \begin{pmatrix} 3 \\ 1 \\ 2 \end{pmatrix} \quad \text{mit } v \in \mathbb{R}$

Wählt man für v zwei Werte, die dem Betrag nach gleich sind, also z. B. +1 und −1 (oder +2 und −2 usw.), so ergeben sich zwei Punkte, die von T die gleiche Entfernung haben (nämlich einmal bzw. zweimal die Länge des Richtungsvektors).

$\vec{P} = \begin{pmatrix} 2 \\ -1 \\ 3 \end{pmatrix} + 1 \cdot \begin{pmatrix} 3 \\ 1 \\ 2 \end{pmatrix} = \begin{pmatrix} 5 \\ 0 \\ 5 \end{pmatrix}$

$\vec{Q} = \begin{pmatrix} 2 \\ -1 \\ 3 \end{pmatrix} - 1 \cdot \begin{pmatrix} 3 \\ 1 \\ 2 \end{pmatrix} = \begin{pmatrix} -1 \\ -2 \\ 1 \end{pmatrix}$

*oder:*

$$\vec{P} = \begin{pmatrix} 2 \\ -1 \\ 3 \end{pmatrix} + 2 \cdot \begin{pmatrix} 3 \\ 1 \\ 2 \end{pmatrix} = \begin{pmatrix} 8 \\ 1 \\ 7 \end{pmatrix}$$

$$\vec{Q} = \begin{pmatrix} 2 \\ -1 \\ 3 \end{pmatrix} - 2 \cdot \begin{pmatrix} 3 \\ 1 \\ 2 \end{pmatrix} = \begin{pmatrix} -4 \\ -3 \\ -1 \end{pmatrix}$$

c)

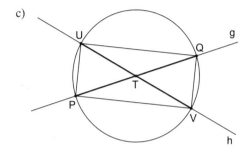

In einem Rechteck sind die Diagonalen gleich lang und halbieren sich gegenseitig.

*oder:*

Jedes Rechteck besitzt einen Umkreis. Es muss also gelten:

$|\overrightarrow{TP}| = |\overrightarrow{TQ}| = |\overrightarrow{TU}| = |\overrightarrow{TV}| = r$

Man berechnet diese Länge r, die zugleich der Radius des Umkreises ist.
Bei der Geraden h tauscht man nicht nur den Aufpunkt (–1|5|–9) durch T aus, sondern verwendet statt des gegebenen Richtungsvektors den entsprechenden Einheitsvektor:

h: $\vec{X} = \begin{pmatrix} 2 \\ -1 \\ 3 \end{pmatrix} + \rho \cdot \dfrac{1}{\sqrt{1^2 + (-2)^2 + 4^2}} \begin{pmatrix} 1 \\ -2 \\ 4 \end{pmatrix}$  mit $\rho \in \mathbb{R}$

$\vec{X} = \begin{pmatrix} 2 \\ -1 \\ 3 \end{pmatrix} + \rho \cdot \dfrac{1}{\sqrt{21}} \begin{pmatrix} 1 \\ -2 \\ 4 \end{pmatrix}$  mit $\rho \in \mathbb{R}$

Setzt man nun für $\rho$ die Werte +r und –r ein, so erhält man die Koordinaten von U und V.

## Abitur Mathematik (Bayern): Abiturprüfung 2014
### Prüfungsteil A – Analysis

**Aufgabengruppe 1**

BE

1. Gegeben ist die Funktion f: $x \mapsto \frac{x}{\ln x}$ mit Definitionsmenge $\mathbb{R}^+ \setminus \{1\}$.
   Bestimmen Sie Lage und Art des Extrempunkts des Graphen von f.    5

2. Gegeben ist die in $\mathbb{R}$ definierte Funktion f mit $f(x) = e^x \cdot (2x + x^2)$.
   a) Bestimmen Sie die Nullstellen der Funktion f.    2
   b) Zeigen Sie, dass die in $\mathbb{R}$ definierte Funktion F mit $F(x) = x^2 \cdot e^x$ eine Stammfunktion von f ist. Geben Sie eine Gleichung einer weiteren Stammfunktion G von f an, für die $G(1) = 2e$ gilt.    3

3. Gegeben sind die in $\mathbb{R}$ definierten Funktionen $g_{a,c}: x \mapsto \sin(ax) + c$ mit $a, c \in \mathbb{R}_0^+$.
   a) Geben Sie für jede der beiden folgenden Eigenschaften einen möglichen Wert für a und einen möglichen Wert für c so an, dass die zugehörige Funktion $g_{a,c}$ diese Eigenschaft besitzt.
   α) Die Funktion $g_{a,c}$ hat die Wertemenge $[0; 2]$.
   β) Die Funktion $g_{a,c}$ hat im Intervall $[0; \pi]$ genau drei Nullstellen.    3
   b) Ermitteln Sie in Abhängigkeit von a, welche Werte die Ableitung von $g_{a,c}$ annehmen kann.    2

4. Die Abbildung zeigt den Graphen einer Funktion f.
   a) Beschreiben Sie für $a \leq x \leq b$ den Verlauf des Graphen einer Stammfunktion von f.    2
   b) Skizzieren Sie in der Abbildung den Graphen einer Stammfunktion von f im gesamten dargestellten Bereich.    3

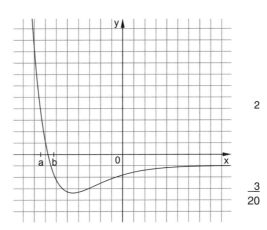

20

2014-1

# Aufgabengruppe 2

**BE**

1. Geben Sie jeweils den Term einer in $\mathbb{R}$ definierten periodischen Funktion an, die die angegebene Eigenschaft hat.

   a) Der Graph der Funktion g geht aus dem Graphen der in $\mathbb{R}$ definierten Funktion $x \mapsto \sin x$ durch Spiegelung an der y-Achse hervor.   1

   b) Die Funktion h hat den Wertebereich $[1; 3]$.   1

   c) Die Funktion k besitzt die Periode $\pi$.   1

2. Gegeben ist die in $\mathbb{R}$ definierte Funktion f mit $f(x) = e^x \cdot (2x + x^2)$.

   a) Bestimmen Sie die Nullstellen der Funktion f.   2

   b) Zeigen Sie, dass die in $\mathbb{R}$ definierte Funktion F mit $F(x) = x^2 \cdot e^x$ eine Stammfunktion von f ist. Geben Sie eine Gleichung einer weiteren Stammfunktion G von f an, für die $G(1) = 2e$ gilt.   3

3. Der Graph einer in $\mathbb{R}$ definierten Funktion $g: x \mapsto g(x)$ besitzt für $-5 \leq x \leq 5$ zwei Wendepunkte. Entscheiden Sie, welcher der Graphen I, II und III zur zweiten Ableitungsfunktion g" von g gehört. Begründen Sie Ihre Entscheidung.

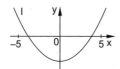
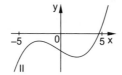
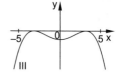

2

4. In einem Koordinatensystem (vgl. Abbildung 1) werden alle Rechtecke betrachtet, die folgende Bedingungen erfüllen:
   - Zwei Seiten liegen auf den Koordinatenachsen.
   - Ein Eckpunkt liegt auf dem Graphen $G_f$ der Funktion $f: x \mapsto -\ln x$ mit $0 < x < 1$.

   Abbildung 1 zeigt ein solches Rechteck.

   Unter den betrachteten Rechtecken gibt es eines mit größtem Flächeninhalt. Berechnen Sie die Seitenlängen dieses Rechtecks.   5

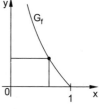

Abb. 1

5. Abbildung 2 zeigt den Graphen einer Funktion f.

   a) Beschreiben Sie für $a \leq x \leq b$ den Verlauf des Graphen einer Stammfunktion von f. 2

   b) Skizzieren Sie in Abbildung 2 den Graphen einer Stammfunktion von f im gesamten dargestellten Bereich. 3

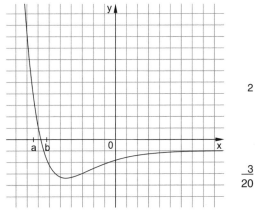

Abb. 2

20

**Für CAS-Nutzer:** Alternative Aufgabe 4

4. Gegeben ist die Funktion f: $x \mapsto \frac{5x}{2x+1}$ mit Definitionsbereich $\mathbb{R} \setminus \left\{-\frac{1}{2}\right\}$.

   a) Geben Sie die Gleichungen der Asymptoten des Graphen von f an. 2

   b) Zeigen Sie, dass die Werte der Ableitungsfunktion f' von f im gesamten Definitionsbereich von f positiv sind. 3

# Tipps und Hinweise

## Aufgabengruppe 1

### Aufgabe 1
- Bedingung für einen Extrempunkt an der Stelle $x_0$ ist $f'(x_0) = 0$.
- Beachten Sie beim Ableiten die Quotientenregel:
$$f(x) = \frac{u(x)}{v(x)} \Rightarrow f'(x) = \frac{u'(x) \cdot v(x) - u(x) \cdot v'(x)}{[v(x)]^2}$$
- Es gilt: $(\ln x)' = \frac{1}{x}$
- Ein Bruch hat den Wert null, wenn der Zähler null wird.
- Da nach dem Extrempunkt gefragt ist, müssen Sie auch den zugehörigen y-Wert bestimmen.
- Die Art eines Extrempunkts können Sie entweder mithilfe des Monotonieverhaltens oder mithilfe der 2. Ableitung bestimmen.
- Wechselt das Vorzeichen von $f'(x)$ vom Positiven (f steigt) zum Negativen (f fällt), so liegt ein Hochpunkt vor.
- Wechselt das Vorzeichen von $f'(x)$ vom Negativen (f fällt) zum Positiven (f steigt), so liegt ein Tiefpunkt vor.
- Aus $f'(x_0) = 0$ und $f''(x_0) < 0$ folgt: an der Stelle $x_0$ befindet sich ein Hochpunkt.
- Aus $f'(x_0) = 0$ und $f''(x_0) > 0$ folgt: an der Stelle $x_0$ befindet sich ein Tiefpunkt.

### Aufgabe 2 a
- Ein Produkt ist null, wenn einer der Faktoren null ist.
- Jede Potenz von e ist stets positiv.
- Klammern Sie so weit wie möglich aus.
- Auch mithilfe der Lösungsformel für quadratische Gleichungen lässt sich arbeiten.

### Aufgabe 2 b
- Gemäß HDI gilt: Die Ableitung der Stammfunktion muss mit der ursprünglichen Funktion übereinstimmen, also $F'(x) = f(x)$.
- Beim Ableiten die Produktregel beachten.
- Es gilt: $(e^x)' = e^x$
- Ausklammern führt zum gewünschten Ergebnis.
- Alle Stammfunktionen von $f(x)$ unterscheiden sich nur durch eine additive Konstante.
- Die Bedingung $G(1) = 2e$ liefert die Gleichung zur Bestimmung der Konstanten.

## Aufgabe 3

- Der Graph der Funktion h(ax) ist im Vergleich zum Graphen von h(x) in x-Richtung gedehnt bzw. gestaucht.
- Eine Veränderung von a bewirkt bei der Funktion f(x)=sin(ax) eine Veränderung der Periode.
- Der Graph der Funktion h(x)+c entsteht aus dem Graphen von h(x) durch Verschiebung um c in y-Richtung.
- Eine Veränderung von c bewirkt bei der Funktion f(x)=sin x+c eine Veränderung des Wertebereichs.

### Aufgabe 3 a

- Welche Wertemenge besitzt die Funktion f(x)=sin x+0?
- Wie muss der Graph von f(x)=sin x+0 verschoben werden, damit sich die Wertemenge von [−1; 1] nach [0; 2] verschiebt?
- Der Wert von a ist von dieser Verschiebung nicht betroffen.
- Welche Periode besitzt die Funktion f(x)=sin(1 · x)?
- Wie viele Nullstellen hat f(x)=sin(1 · x) im Intervall [0; 2π]?
- Welche Periode muss $g_{a,c}(x)$ haben, damit sich im Intervall [0; π] drei Nullstellen befinden?
- Die Periode von $g_{a,c}(x)$ ist also nur halb so lang wie die Periode von f(x)=sin(1 · x).
- Der Faktor a muss also doppelt so groß sein.
- Vorsicht: Verschiebung nach oben oder unten ändert die Anzahl der Nullstellen.

### Aufgabe 3 b

- Bilden Sie die Ableitung von $g_{a,c}(x)$.
- Beachten Sie (sin x)'=cos x.
- Kettenregel (nachdifferenzieren) nicht vergessen.
- Die Funktion k(x)=cos(ax) besitzt den Wertebereich [−1; 1].

### Aufgabe 4 a

- Für jede Stammfunktion F(x) gilt: F'(x)=f(x)
- Aus dem Vorzeichen von f(x) lässt sich das Monotonieverhalten von F(x) ablesen.
- Ist f(x) positiv, so steigt der Graph von F(x).
- Ist f(x) negativ, so fällt der Graph von F(x).
- Gilt f(x)=0, so besitzt der Graph von F(x) eine waagrechte Tangente.

- Lesen Sie aus dem Graphen von f(x) ab, wo im Intervall [a; b] der Graph von F(x) steigt bzw. fällt bzw. eine waagrechte Tangente besitzt.
- Geben Sie auch die Art des Extremwerts an.

**Aufgabe 4 b**
- Für jede Stammfunktion F(x) gilt: $F''(x) = f'(x)$
- Somit gilt: $F''(x) = 0 \Rightarrow f'(x) = 0$
- Wo der Graph von f(x) eine waagrechte Tangente besitzt, wechselt somit der Graph von F(x) die Krümmung.

## Aufgabengruppe 2

**Aufgabe 1 a**
- Durch die Spiegelung des Graphen von p(x) an der y-Achse entsteht der Graph der Funktion p(−x).

**Aufgabe 1 b**
- Der Graph der Funktion p(x) + c entsteht aus dem Graphen von p(x) durch Verschiebung um c in y-Richtung.
- Eine Veränderung von c kann somit eine Veränderung des Wertebereichs bewirken.
- Welche Wertemenge besitzt die periodische Funktion f(x) = sin x?
- Wie muss der Graph von f(x) = sin x verschoben werden, damit sich die Wertemenge von [−1; 1] nach [1; 3] verschiebt?

**Aufgabe 1 c**
- Der Graph der Funktion p(ax) ist im Vergleich zum Graphen von p(x) in x-Richtung gedehnt bzw. gestaucht.
- Eine Veränderung von a kann somit eine Veränderung der Periode bewirken.
- Welche Periode besitzt die Funktion f(x) = sin x?
- Die Periode von k(x) soll nur halb so groß sein wie die Periode von f(x) = sin x.
- Damit die Periode sich halbiert, muss a verdoppelt werden.

**Aufgabe 2**
- siehe Analysis – Aufgabengruppe 1, Aufgabe 2

**Aufgabe 3**
- Welche Bedingungen müssen für einen Wendepunkt erfüllt sein?

- Nur f"(x) = 0 ist noch nicht ausreichend.
- Für $x = x_0$ liegt ein Wendepunkt vor, wenn $f''(x_0) = 0$ und f" an der Stelle $x_0$ das Vorzeichen wechselt.
- Welche Abbildungen besitzen in [–5; 5] zwei Nullstellen?
- Welche Abbildung besitzt in [–5; 5] zwei Nullstellen mit Vorzeichenwechsel?

**Aufgabe 4**
- Welche Länge besitzt die Seite auf der y-Achse, wenn man die Länge der Seite auf der x-Achse mit x bezeichnet?
- Die Fläche eines Rechtecks berechnet sich zu Länge · Breite.
- Die Fläche ist eine Funktion der Länge x.
- Eine Größe wird maximal (minimal), wenn ihre Ableitung null wird.
- Achten Sie beim Ableiten auf die Produktregel:
  $f(x) = u(x) \cdot v(x) \Rightarrow f'(x) = u'(x) \cdot v(x) + u(x) \cdot v'(x)$
- Es gilt: $(\ln x)' = \frac{1}{x}$
- Durch $A'(x) = 0$ erhalten Sie die Länge der einen Seite.
- Welche Länge hat in diesem Fall die zweite Seite?
- Um nachzuweisen, dass es sich um die größtmögliche Fläche handelt, können Sie entweder die 2. Ableitung benutzen oder die Monotonie von A(x) betrachten.
- Aus $A'(x_0) = 0$ und $A''(x_0) < 0$ folgt: Für $x_0$ ergibt sich ein maximaler Flächeninhalt.
- Aus $A'(x_0) = 0$ und $A''(x_0) > 0$ folgt: Für $x_0$ ergibt sich ein minimaler Flächeninhalt.
- Wechselt das Vorzeichen von A'(x) vom Positiven (A steigt) zum Negativen (A fällt), so liegt ein maximaler Flächeninhalt vor.
- Wechselt das Vorzeichen von A'(x) vom Negativen (A fällt) zum Positiven (A steigt), so liegt ein minimaler Flächeninhalt vor.

**Aufgabe 5 a**
- siehe Analysis – Aufgabengruppe 1, Aufgabe 4

**Für CAS-Nutzer: Alternative Aufgabe 4 a**
- Waagrechte Asymptoten hängen von Zählergrad und Nennergrad ab.
- Senkrechte Asymptoten liegen bei Polstellen vor.
- An einer Polstelle ist der Nenner 0, der Zähler (in der gekürzten Form) aber nicht.

**Für CAS-Nutzer: Alternative Aufgabe 4 b**
- Betrachten Sie bei der Ableitungsfunktion die Vorzeichen von Zähler und Nenner.

# Lösungen

## Aufgabengruppe 1

1. $f(x) = \dfrac{x}{\ln x}$ mit $D = \mathbb{R}^+ \setminus \{1\}$

   $f'(x) = \dfrac{1 \cdot \ln x - x \cdot \frac{1}{x}}{(\ln x)^2} = \dfrac{\ln x - 1}{(\ln x)^2}$

   $f'(x) = 0 \;\Rightarrow\; \ln x - 1 = 0$
   $\phantom{f'(x) = 0 \;\Rightarrow\;} \ln x = 1$
   $\phantom{f'(x) = 0 \;\Rightarrow\;} x = e$

   $f(e) = \dfrac{e}{\ln e} = \dfrac{e}{1} = e$

   **Bestimmung der Art des Extremwerts über Monotonieverhalten**
   $f'(x) > 0 \;\Rightarrow\; \ln x - 1 > 0$
   $\phantom{f'(x) > 0 \;\Rightarrow\;} \ln x > 1 \;\Rightarrow\; x > e$
   $f'(x) < 0 \;\Rightarrow\; \ln x - 1 < 0$
   $\phantom{f'(x) < 0 \;\Rightarrow\;} \ln x < 1 \;\Rightarrow\; (1 <) x < e$

   Der Graph von f(x) fällt für x < e und steigt für x > e, der Punkt (e | e) ist also ein Tiefpunkt.

   **Bestimmung der Art des Extremwerts über 2. Ableitung**

   $f''(x) = \dfrac{\frac{1}{x} \cdot (\ln x)^2 - (\ln x - 1) \cdot 2 \cdot \ln x \cdot \frac{1}{x}}{(\ln x)^4} = \dfrac{\frac{1}{x} \cdot \ln x - (\ln x - 1) \cdot 2 \cdot \frac{1}{x}}{(\ln x)^3}$

   $\phantom{f''(x)} = \dfrac{\frac{1}{x} \cdot (\ln x - (\ln x - 1) \cdot 2)}{(\ln x)^3} = \dfrac{\frac{1}{x} \cdot (\ln x - 2 \ln x + 2)}{(\ln x)^3} = \dfrac{(2 - \ln x)}{x \cdot (\ln x)^3}$

   $f''(e) = \dfrac{2 - \ln e}{e \cdot (\ln e)^3} = \dfrac{2 - 1}{e \cdot 1} = \dfrac{1}{e} > 0$

   Der Punkt (e | e) ist also ein Tiefpunkt.

2. $f(x) = e^x \cdot (2x + x^2)$ mit $D = \mathbb{R}$

   a) $f(x) = 0 \;\Rightarrow\; 2x + x^2 = 0$, da $e^x > 0$ für alle x gilt
   $\phantom{f(x) = 0 \;\Rightarrow\;} x(2 + x) = 0$
   $\phantom{f(x) = 0} \Rightarrow\; x_1 = 0 \;\text{ oder }\; x_2 = -2$

*oder:*
$$x^2 + 2x = 0$$
$$x_{1/2} = \frac{-2 \pm \sqrt{2^2 - 4 \cdot 1 \cdot 0}}{2 \cdot 1} = \frac{-2 \pm 2}{2}$$
$$\Rightarrow \quad x_1 = 0 \quad \text{oder} \quad x_2 = -2$$

b) $F(x) = x^2 \cdot e^x$ mit $\mathbb{D} = \mathbb{R}$
$F'(x) = 2x \cdot e^x + x^2 \cdot e^x = e^x \cdot (2x + x^2) = f(x)$
Somit ist $F(x)$ eine Stammfunktion von $f(x)$.

$G(x) = x^2 \cdot e^x + C$

Bestimmung von C:
$G(1) = 2e \quad \Rightarrow \quad 1^2 \cdot e^1 + C = 2e$
$\phantom{G(1) = 2e \quad \Rightarrow \quad} e + C = 2e$
$\phantom{G(1) = 2e \quad \Rightarrow \quad\quad\quad\;} C = e$

Also:
$G(x) = x^2 \cdot e^x + e$

3. $g_{a,\,c}(x) = \sin(ax) + c$ mit $\mathbb{D} = \mathbb{R}$ und $a, c \in \mathbb{R}_0^+$
Ausgehend von der Funktion $f(x) = \sin x = \sin(1 \cdot x) + 0$ mit dem Graphen

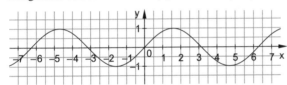

bewirkt die Veränderung von a eine Veränderung der Periodenlänge. Die Veränderung von c verschiebt den Graphen in y-Richtung, bewirkt also eine Veränderung der Wertemenge.

a) α) Die Funktion $f(x) = \sin x$ besitzt die Wertemenge $[-1;\,1]$. Um zur Wertemenge $[0;\,2]$ zu gelangen, muss der Funktionsgraph um 1 nach oben (in positive y-Richtung) verschoben werden.
$\Rightarrow \; c = 1$ und $a =$ beliebig
Also: $c = 1, a = 1$ oder $c = 1, a = 2$ oder $c = 1, a = 3$ usw.

β) Die Funktion $f(x) = \sin x$ besitzt die Periode $2\pi$ und hat in $[0;\,2\pi]$ genau drei Nullstellen. Damit die Funktion $g_{a,\,c}(x)$ in $[0;\,\pi]$ genau drei Nullstellen besitzt, muss die Funktion $g_{a,\,c}$ die Periode $\pi$ haben, im Vergleich mit $f(x)$ also eine nur halb so lange Periode.
$\Rightarrow \; a = 2$ und $c = 0$ (eine Verschiebung nach oben oder unten reduziert die Anzahl der Nullstellen auf 2 für $|c| < 1$ bzw. auf 1 für $|c| = 1$ bzw. auf 0 für $|c| > 1$)

b) $g'_{a,c}(x) = \cos(ax) \cdot a = a \cdot \cos(ax)$
Da $-1 \leq \cos(ax) \leq +1$ gilt, gilt für die Ableitung von $g_{a,c}(x)$: $-a \leq g'_{a,c}(x) \leq a$

4. a) Die Nullstelle von f(x) werde mit c bezeichnet.
Da der Graph in [a; c[ oberhalb der x-Achse verläuft, ist $f(x) > 0$ in [a; c[.
Der Graph der Stammfunktion F(x) steigt also in diesem Intervall.
Da der Graph in ]c; b] unterhalb der x-Achse verläuft, ist $f(x) < 0$ in ]c; b].
Der Graph der Stammfunktion F(x) fällt also in diesem Intervall.
Somit besitzt F(x) für $x = c$ einen Hochpunkt.

b) f(x) besitzt für $x \approx -2{,}25$ (2 Kästchen = 1) einen Extremwert.
F(x) besitzt somit für dasselbe x einen Wendepunkt.

Bewertet wird nur der Verlauf des Graphen (Monotonie, Extremwert, Krümmung). Die y-Werte von z. B. Hochpunkt (HP) und Wendepunkt (WP) oder auch der Schnittpunkt mit der y-Achse sind variabel!

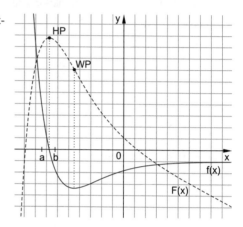

## Aufgabengruppe 2

1. a) Damit der Graph der Funktion an der y-Achse gespiegelt wird, muss anstelle von x stets $-x$ gesetzt werden, somit:
   $g(x) = \sin(-x)$

b) Da $f(x) = \sin x$ die Wertemenge $W = [-1; 1]$ besitzt, muss der Graph von f(x) um 2 in y-Richtung nach oben verschoben werden, somit:
   $h(x) = \sin x + 2$

c) Da $f(x) = \sin x$ die Periode $2\pi$ besitzt, muss das Argument x mit 2 multipliziert werden, um die Periode zu halbieren, somit:
   $k(x) = \sin(2x)$

*Anmerkung:* Da bei Teilaufgabe b bzw. c nicht von der Funktion $f(x) = \sin x$ ausgegangen werden muss, kann auch mit der cos-Funktion gearbeitet werden. Auch die cos-Funktion hat die Wertemenge $W = [-1; 1]$ und die Periode $2\pi$. Somit:
$h(x) = \cos x + 2$ bzw. $k(x) = \cos(2x)$

2. siehe Analysis – Aufgabengruppe 1, Aufgabe 2

3. Hat eine Funktion an der Stelle $x_0$ einen Wendepunkt, so muss die 2. Ableitung an der Stelle $x_0$ eine Nullstelle haben und bei $x_0$ das Vorzeichen wechseln.
Abbildung II besitzt im Intervall [–5; 5] nur eine Nullstelle, kommt also nicht infrage.
Abbildung III besitzt im Intervall [–5; 5] zwar zwei Nullstellen, jedoch beide ohne Vorzeichenwechsel.
Abbildung I besitzt im Intervall [–5; 5] zwei Nullstellen mit Vorzeichenwechsel und ist somit der gesuchte Graph von g"(x).

4. Die beiden Rechteckseiten haben die Längen x und f(x). Für die Fläche gilt somit:

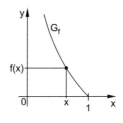

$A(x) = x \cdot (-\ln x)$

$A'(x) = 1 \cdot (-\ln x) + x \cdot \left(-\dfrac{1}{x}\right) = -\ln x - 1$

$A'(x) = 0 \;\Rightarrow\; -\ln x - 1 = 0$
$\qquad\qquad\quad \ln x = -1$
$\qquad\qquad\quad x = e^{-1} = \dfrac{1}{e}$

$f\left(\dfrac{1}{e}\right) = -\ln e^{-1} = -(-1) = 1$

Wegen $A''(x) = -\dfrac{1}{x} < 0$ für $0 < x < 1$ ist im Intervall $]0; 1[$ nur ein Maximum möglich.

*oder:*

$-\ln x - 1 > 0$ $\qquad\qquad\qquad$ $-\ln x - 1 < 0$
$\ln x < -1$ $\qquad\qquad\qquad\qquad$ $\ln x > -1$
$(0 <) \; x < \dfrac{1}{e}$ $\qquad\qquad\qquad$ $x > \dfrac{1}{e} \quad \left(\dfrac{1}{e} < x < 1\right)$

$\Rightarrow\;$ A(x) steigt in $\left]0; \dfrac{1}{e}\right[$ $\qquad\;\;$ $\Rightarrow\;$ A(x) fällt in $\left]\dfrac{1}{e}; 1\right[$

A(x) hat für $x = \dfrac{1}{e}$ ein Maximum.
Die Seitenlängen des größten Rechtecks betragen $\dfrac{1}{e}$ und 1.

5. siehe Analysis – Aufgabengruppe 1, Aufgabe 4

**Für CAS-Nutzer:** Alternative Aufgabe 4

4. a) Da der Zählergrad genauso groß ist wie der Nennergrad, geht f für $|x| \to \infty$ gegen den Quotienten der Koeffizienten der Leitpotenzen. Also ist $y = 2{,}5$ waagrechte Asymptote.

   Der Nenner hat bei $x = -\frac{1}{2}$ eine Nullstelle, bei der nicht auch der Zähler gleichzeitig null ist. Es liegt also eine Polstelle vor, womit $x = -\frac{1}{2}$ eine senkrechte Asymptote ist.

   b) Zunächst muss der Term der Ableitungsfunktion berechnet werden:
   $$f'(x) = \frac{5 \cdot (2x+1) - 5x \cdot 2}{(2x+1)^2} = \frac{5}{(2x+1)^2}$$

   Der Nenner ist ein Quadrat und damit im Definitionsbereich stets positiv, der Zähler ist als positive Konstante ebenfalls positiv. f' ist also im Definitionsbereich von f immer positiv.

## Abitur Mathematik (Bayern): Abiturprüfung 2014
## Prüfungsteil A – Stochastik

**Aufgabengruppe 1**

1. In Urne A befinden sich zwei rote und drei weiße Kugeln. Urne B enthält drei rote und zwei weiße Kugeln. Betrachtet wird folgendes Zufallsexperiment: Aus Urne A wird eine Kugel zufällig entnommen und in Urne B gelegt; danach wird aus Urne B eine Kugel zufällig entnommen und in Urne A gelegt.

   a) Geben Sie alle Möglichkeiten für den Inhalt der Urne A nach der Durchführung des Zufallsexperiments an.

   b) Betrachtet wird das Ereignis E: „Nach Durchführung des Zufallsexperiments befinden sich wieder drei weiße Kugeln in Urne A." Untersuchen Sie, ob das Ereignis E eine größere Wahrscheinlichkeit als sein Gegenereignis hat.

2. Betrachtet wird eine Bernoulli-Kette mit der Trefferwahrscheinlichkeit 0,9 und der Länge 20. Beschreiben Sie zu dieser Bernoulli-Kette ein Ereignis, dessen Wahrscheinlichkeit durch den Term $0,9^{20} + 20 \cdot 0,1 \cdot 0,9^{19}$ angegeben wird.

3. Die Zufallsgröße X kann die Werte 0, 1, 2 und 3 annehmen. Die Tabelle zeigt die Wahrscheinlichkeitsverteilung von X mit $p_1, p_2 \in [0; 1]$.

   | k      | 0     | 1              | 2             | 3     |
   |--------|-------|----------------|---------------|-------|
   | P(X=k) | $p_1$ | $\frac{3}{10}$ | $\frac{1}{5}$ | $p_2$ |

   Zeigen Sie, dass der Erwartungswert von X nicht größer als 2,2 sein kann.

# Aufgabengruppe 2

BE

1. In Urne A befinden sich zwei rote und drei weiße Kugeln. Urne B enthält drei rote und zwei weiße Kugeln. Betrachtet wird folgendes Zufallsexperiment: Aus Urne A wird eine Kugel zufällig entnommen und in Urne B gelegt; danach wird aus Urne B eine Kugel zufällig entnommen und in Urne A gelegt.

   a) Geben Sie alle Möglichkeiten für den Inhalt der Urne A nach der Durchführung des Zufallsexperiments an.   2

   b) Betrachtet wird das Ereignis E: „Nach Durchführung des Zufallsexperiments befinden sich wieder drei weiße Kugeln in Urne A." Untersuchen Sie, ob das Ereignis E eine größere Wahrscheinlichkeit als sein Gegenereignis hat.   3

2. Das Baumdiagramm gehört zu einem Zufallsexperiment mit den Ereignissen C und D.

   a) Berechnen Sie $P(\overline{D})$.   1

   b) Weisen Sie nach, dass die Ereignisse C und D abhängig sind.   2

   c) Von den im Baumdiagramm angegebenen Zahlenwerten soll nur der Wert $\frac{1}{10}$ so geändert werden, dass die Ereignisse C und D unabhängig sind. Bestimmen Sie den geänderten Wert.   $\frac{2}{10}$

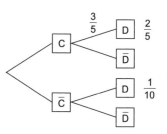

## Tipps und Hinweise

### Aufgabengruppe 1

#### Aufgabe 1
- Zur Veranschaulichung dient ein Baumdiagramm, in dem jeweils der Inhalt beider Urnen aufgeführt ist.

#### Aufgabe 1 a
- Die möglichen Ergebnisse lassen sich aus dem Baumdiagramm ablesen.
- Achten Sie darauf, dass in $\Omega$ jedes Element nur einmal aufgelistet wird.

#### Aufgabe 1 b
- Das Baumdiagramm zeigt, dass es zwei Wege gibt, um am Ende wieder 3 weiße Kugeln in Urne A zu haben.
- Wie groß ist die Wahrscheinlichkeit, aus einer Urne mit r roten und w weißen Kugeln eine rote Kugel zu ziehen?
- Die Laplace-Wahrscheinlichkeit für eine rote Kugel berechnet sich zu:

$$P(\text{rot}) = \frac{\text{Anzahl der roten Kugeln}}{\text{Anzahl aller Kugeln}}$$

- Das erste Mal wird aus Urne A gezogen, in der sich zunächst 5 Kugeln befinden.
- Beim zweiten Ziehen befinden sich in Urne B insgesamt 6 Kugeln.
- Die Wahrscheinlichkeit des Gegenereignisses $\overline{E}$ ergibt sich aus $P(\overline{E}) = 1 - P(E)$.

#### Aufgabe 2
- Wie berechnet sich bei einer Bernoulli-Kette der Länge 20 mit der Trefferwahrscheinlichkeit 0,9 die Wahrscheinlichkeit, genau k Treffer zu erzielen?
- Vergleichen Sie mit den beiden Summanden des angegebenen Terms.
- Beachten Sie: $\binom{n}{0} = \binom{n}{n} = 1$ und $\binom{n}{1} = n$ sowie $a^0 = 1$

#### Aufgabe 3
- Der Erwartungswert berechnet sich nach der Formel:

$$E(X) = \sum_{i=1}^{n} x_i \cdot p_i = x_1 \cdot p_1 + x_2 \cdot p_2 + x_3 \cdot p_3 + \ldots + x_n \cdot p_n$$

- Der Erwartungswert ist wegen $x_1 = 0$ unabhängig von $p_1$.
- Die Summe aller Wahrscheinlichkeiten ist 1. Was folgt daraus für die Summe der beiden unbekannten Wahrscheinlichkeiten?

- Wie groß kann somit $p_2$ höchstens sein?
- Welche Größenbeschränkung ergibt sich für den Erwartungswert, wenn Sie für $p_2$ den größtmöglichen Wert einsetzen?

## Aufgabengruppe 2

### Aufgabe 1
- siehe Stochastik – Aufgabengruppe 1, Aufgabe 1

### Aufgabe 2
- Welche Wahrscheinlichkeiten sind im Baumdiagramm angegeben?
- Die beiden Zahlen an den Pfadenden geben die Wahrscheinlichkeiten von Schnittmengen an.
- Die Zahl $\frac{3}{5}$ gibt die bedingte Wahrscheinlichkeit $P_C(D)$ an.

### Aufgabe 2 a
- Berechnen Sie aus den angegebenen Werten zunächst P(D).
- Aus welchen Wahrscheinlichkeiten lässt sich P(D) zusammensetzen?
- $P(D) = P(C \cap D) + P(\overline{C} \cap D)$
- Wie ergibt sich die Wahrscheinlichkeit des Gegenereignisses $\overline{D}$ aus P(D)?

### Aufgabe 2 b
- Zwei Ereignisse C und D sind abhängig, wenn $P(C) \cdot P(D) \neq P(C \cap D)$ gilt.
- Die Werte von P(D) und $P(C \cap D)$ sind Ihnen schon bekannt.
- Der Wert von P(C) lässt sich über den obersten Pfad im Baumdiagramm berechnen.
- Wie lautet die 1. Pfadregel für den obersten Pfad?
- Aufgrund der Pfadregel gilt: $P(C) \cdot \frac{3}{5} = \frac{2}{5}$

### Aufgabe 2 c
- Die Werte am obersten Pfad bleiben unverändert.
- Welche weitere Wahrscheinlichkeit bleibt damit auch gleich?
- Wann sind zwei Ereignisse stochastisch unabhängig?
- Berechnen Sie aus dieser Bedingung den veränderten Wert für P(D).
- Mit der Unabhängigkeit von C und D folgt auch die Unabhängigkeit von $\overline{C}$ und D.
- Bestimmen Sie den veränderten Wert für $P(\overline{C} \cap D)$ aufgrund der Unabhängigkeit.

# Lösungen

## Aufgabengruppe 1

1. Stellt man das Zufallsexperiment in einem Baumdiagramm dar, so ergibt sich:

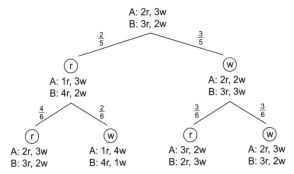

a) Aus dem Baumdiagramm ergeben sich die für Urne A möglichen Inhalte:
$\Omega = \{(2r, 3w); (1r, 4w); (3r, 2w)\}$

b) Beim ersten Entnehmen befinden sich in Urne A fünf Kugeln. Beim zweiten Entnehmen befinden sich in Urne B 6 Kugeln. Somit ergibt sich für die beiden Möglichkeiten, am Ende in Urne A wieder 3 weiße Kugeln zu haben:

$$P(E) = \frac{2}{5} \cdot \frac{4}{6} + \frac{3}{5} \cdot \frac{3}{6} = \frac{8}{30} + \frac{9}{30} = \frac{17}{30}$$

Und somit:

$$P(\overline{E}) = 1 - P(E) = 1 - \frac{17}{30} = \frac{13}{30}$$

Das Ereignis E besitzt also eine größere Wahrscheinlichkeit als sein Gegenereignis $\overline{E}$.

2. Die Wahrscheinlichkeit für genau k Treffer bei einer Bernoulli-Kette der Länge 20 und der Trefferwahrscheinlichkeit 0,9 berechnet sich zu:

$$B(20; 0,9; k) = \binom{20}{k} \cdot 0,9^k \cdot 0,1^{20-k}$$

$$\Rightarrow P = 0,9^{20} + 20 \cdot 0,1 \cdot 0,9^{19} = \binom{20}{20} \cdot 0,1^0 \cdot 0,9^{20} + \binom{20}{1} \cdot 0,1^1 \cdot 0,9^{19}$$

Es wird die Wahrscheinlichkeit angegeben, genau 20 oder genau 19 Treffer zu erzielen. Es werden also mindestens 19 Treffer erzielt.

*oder:*

Es wird die Wahrscheinlichkeit angegeben, genau 0 oder genau 1 Niete zu erzielen. Es wird also höchstens 1 Niete erzielt.

3. $E(X) = 0 \cdot p_1 + 1 \cdot \frac{3}{10} + 2 \cdot \frac{1}{5} + 3 \cdot p_2 = \frac{3}{10} + \frac{4}{10} + 3 \cdot p_2 = \frac{7}{10} + 3 \cdot p_2$

Die Größe des Erwartungswerts hängt nur von $p_2$ ab.

Aus $p_1 + \frac{3}{10} + \frac{1}{5} + p_2 = 1$ folgt:

$p_1 + p_2 = 1 - \frac{3}{10} - \frac{1}{5} = \frac{10}{10} - \frac{3}{10} - \frac{2}{10} = \frac{5}{10} = \frac{1}{2} \Rightarrow p_2 \leq \frac{1}{2}$

Also:

$E(X) \leq \frac{7}{10} + 3 \cdot \frac{1}{2} = \frac{7}{10} + \frac{3}{2} = \frac{7}{10} + \frac{15}{10} = \frac{22}{10} = 2,2$

## Aufgabengruppe 2

1. siehe Stochastik – Aufgabengruppe 1, Aufgabe 1

2. Aus dem Baumdiagramm können folgende Wahrscheinlichkeiten abgelesen werden:

    $P_C(D) = \frac{3}{5}; \quad P(C \cap D) = \frac{2}{5}; \quad P(\overline{C} \cap D) = \frac{1}{10}$

    a) $P(D) = P(C \cap D) + P(\overline{C} \cap D) = \frac{2}{5} + \frac{1}{10} = \frac{4}{10} + \frac{1}{10} = \frac{5}{10} = \frac{1}{2}$

    $P(\overline{D}) = 1 - P(D) = 1 - \frac{1}{2} = \frac{1}{2}$

    b) Mit der 1. Pfadregel gilt:

    $P(C) \cdot P_C(D) = P(C \cap D)$

    $P(C) \cdot \frac{3}{5} = \frac{2}{5}$

    $P(C) = \frac{2}{5} : \frac{3}{5} = \frac{2}{5} \cdot \frac{5}{3} = \frac{2}{3}$

    $P(C) \cdot P(D) = \frac{2}{3} \cdot \frac{1}{2} = \frac{1}{3} \neq \frac{2}{5} = P(C \cap D)$

    C und D sind also stochastisch abhängig.

c) Da sich nur der Wert $P(\overline{C} \cap D) = \frac{1}{10}$ ändern darf, gilt weiterhin $P_C(D) = \frac{3}{5}$, $P(C \cap D) = \frac{2}{5}$ sowie $P(C) = \frac{2}{3}$ (siehe Teilaufgabe b).

Sind C und D unabhängig, so muss gelten:

$P(C) \cdot P(D) = P(C \cap D)$

$$\frac{2}{3} \cdot P(D) = \frac{2}{5}$$

$$P(D) = \frac{2}{5} : \frac{2}{3} = \frac{2}{5} \cdot \frac{3}{2} = \frac{3}{5}$$

Da mit C und D auch $\overline{C}$ und D unabhängig sind, ergibt sich:

$$P(\overline{C} \cap D) = P(\overline{C}) \cdot P(D) = \frac{1}{3} \cdot \frac{3}{5} = \frac{1}{5}$$

Der geänderte Wert lautet $\frac{1}{5}$.

**Abitur Mathematik (Bayern): Abiturprüfung 2014**
**Prüfungsteil A – Geometrie**

**Aufgabengruppe 1**

BE

1. Die Abbildung zeigt ein gerades Prisma ABCDEF mit A(0|0|0), B(8|0|0), C(0|8|0) und D(0|0|4).

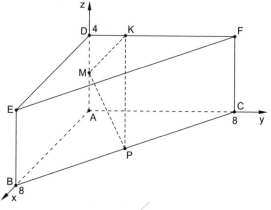

   a) Bestimmen Sie den Abstand der Eckpunkte B und F. 2

   b) Die Punkte M und P sind die Mittelpunkte der Kanten [AD] bzw. [BC]. Der Punkt K(0|$y_K$|4) liegt auf der Kante [DF]. Bestimmen Sie $y_K$ so, dass das Dreieck KMP in M rechtwinklig ist. 3

2. Gegeben ist die Ebene E: $3x_2 + 4x_3 = 5$.

   a) Beschreiben Sie die besondere Lage von E im Koordinatensystem. 1

   b) Untersuchen Sie rechnerisch, ob die Kugel mit Mittelpunkt Z(1|6|3) und Radius 7 die Ebene E schneidet. 4

   10

# Aufgabengruppe 2

BE

1. Die Vektoren $\vec{a} = \begin{pmatrix} 2 \\ 1 \\ 2 \end{pmatrix}$, $\vec{b} = \begin{pmatrix} -1 \\ 2 \\ 0 \end{pmatrix}$ und $\vec{c}_t = \begin{pmatrix} 4t \\ 2t \\ -5t \end{pmatrix}$

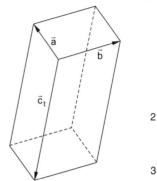

spannen für jeden Wert von t mit $t \in \mathbb{R} \setminus \{0\}$ einen Körper auf. Die Abbildung zeigt den Sachverhalt beispielhaft für einen Wert von t.

a) Zeigen Sie, dass die aufgespannten Körper Quader sind.    2

b) Bestimmen Sie diejenigen Werte von t, für die der jeweils zugehörige Quader das Volumen 15 besitzt.    3

2. Eine Kugel besitzt den Mittelpunkt M(–3|2|7). Der Punkt P(3|4|4) liegt auf der Kugel.

a) Der Punkt Q liegt ebenfalls auf der Kugel, die Strecke [PQ] verläuft durch deren Mittelpunkt. Ermitteln Sie die Koordinaten von Q.    3

b) Weisen Sie nach, dass die Kugel die $x_1$-$x_2$-Ebene berührt.    2

   10

## Tipps und Hinweise

### Aufgabengruppe 1

### Aufgabe 1
- Die Koordinaten der Eckpunkte E und F lassen sich aus der Zeichnung ablesen.
- E liegt senkrecht über B, F senkrecht über C.
- E unterscheidet sich nur in der $x_3$-Koordinate von B, F unterscheidet sich nur in der $x_3$-Koordinate von C.

### Aufgabe 1 a
- Gesucht ist die Länge der Strecke [BF].
- Die Länge des Vektors $\vec{a} = \begin{pmatrix} a_1 \\ a_2 \\ a_3 \end{pmatrix}$ ergibt sich aus $|\vec{a}| = \sqrt{a_1^2 + a_2^2 + a_3^2}$.

### Aufgabe 1 b
- Die Koordinaten des Mittelpunkts M einer Strecke [ST] ergeben sich aus $\vec{M} = \frac{1}{2}(\vec{S} + \vec{T})$.
- Das Dreieck KMP ist rechtwinklig in M, wenn die Vektoren $\overrightarrow{MP}$ und $\overrightarrow{MK}$ aufeinander senkrecht stehen.
- Zwei Vektoren bilden einen rechten Winkel, wenn ihr Skalarprodukt null ergibt.
- Berechnung des Skalarprodukts: $\vec{a} \circ \vec{b} = \begin{pmatrix} a_1 \\ a_2 \\ a_3 \end{pmatrix} \circ \begin{pmatrix} b_1 \\ b_2 \\ b_3 \end{pmatrix} = a_1 b_1 + a_2 b_2 + a_3 b_3$
- Die Bedingung $\overrightarrow{MP} \circ \overrightarrow{MK} = 0$ liefert eine Gleichung für $y_K$.

### Aufgabe 2 a
- Was fällt an der Ebenengleichung auf?
- Warum taucht kein $x_1$ auf?
- Wie lautet der Normalenvektor der Ebene?
- Welche Lage hat dieser Normalenvektor im KOSY?
- Auf welcher Koordinatenachse steht der Normalenvektor senkrecht?

*oder*:
- Benennen Sie einen Punkt, der auf der Ebene liegt.
- Benennen Sie – ohne weitere Rechnung! – weitere Punkte, die auf der Ebene liegen.
- Alle diese Punkte bilden eine Gerade. Welche spezielle Lage hat diese Gerade?

## Aufgabe 2 b
- Wann berührt eine Ebene eine Kugel?
- Sie können sich das auch zweidimensional überlegen: Wann berührt eine Gerade einen Kreis?
- Im Berührpunkt steht der Radius senkrecht auf der Ebene (Gerade).
- Welchen Abstand muss der Mittelpunkt von der Ebene bei einer Berührung haben?
- Welche Bedingung muss erfüllt sein, damit sich Kugel und Ebene schneiden?
- Den Abstand eines Punktes M von einer Ebene E: $n_1x_1 + n_2x_2 + n_3x_3 + n_0 = 0$ erhält man durch:
$$d(M; E) = \frac{|n_1m_1 + n_2m_2 + n_3m_3 + n_0|}{|\vec{n}|}$$
- Vergleichen Sie den Abstand mit dem gegebenen Radius.

## Aufgabengruppe 2

### Aufgabe 1 a
- Ein Ziegelstein ist ein Quader.
- Alle Seitenflächen eines Quaders sind Rechtecke.
- Zwei Vektoren bilden einen rechten Winkel, wenn ihr Skalarprodukt null ergibt.
- Berechnung des Skalarprodukts: $\vec{a} \circ \vec{b} = \begin{pmatrix} a_1 \\ a_2 \\ a_3 \end{pmatrix} \circ \begin{pmatrix} b_1 \\ b_2 \\ b_3 \end{pmatrix} = a_1b_1 + a_2b_2 + a_3b_3$

### Aufgabe 1 b
- Das Volumen eines Quaders lässt sich sowohl vektoriell als auch elementargeometrisch berechnen.
- Die Formel für die vektorielle Berechnung lautet: $V = |\vec{a} \circ (\vec{b} \times \vec{c})|$
- Das Vektorprodukt (oder Kreuzprodukt) zweier Vektoren erhält man durch:
$$\vec{a} \times \vec{b} = \begin{pmatrix} a_2b_3 - a_3b_2 \\ a_3b_1 - a_1b_3 \\ a_1b_2 - a_2b_1 \end{pmatrix}$$
- Elementargeometrisch: Volumen = Länge · Breite · Höhe
- Die Länge des Vektors $\vec{a} = \begin{pmatrix} a_1 \\ a_2 \\ a_3 \end{pmatrix}$ ergibt sich aus $|\vec{a}| = \sqrt{a_1^2 + a_2^2 + a_3^2}$.
- Die Bedingung $V = 15$ liefert eine Gleichung für t.
- Es gibt 2 Lösungen für t.

**Aufgabe 2 a**

- Eine Strecke [PQ], deren beide Enden auf einer Kugel liegen und die durch den Kugelmittelpunkt verläuft, bildet einen Durchmesser der Kugel.

- Es gilt: $\overrightarrow{MQ} = \overrightarrow{PM}$ bzw. $\overrightarrow{PQ} = 2 \cdot \overrightarrow{PM}$

**Aufgabe 2 b**

- Wann berührt eine Ebene eine Kugel?
- Sie können sich das auch zweidimensional überlegen: Wann berührt eine Gerade einen Kreis?
- Im Berührpunkt steht der Radius senkrecht auf der Ebene (Gerade).
- Welchen Abstand muss der Mittelpunkt von der Ebene bei einer Berührung haben?
- Der Abstand eines Punktes von einer Koordinatenebene lässt sich aus den Koordinaten ablesen.
- Der Punkt $(p_1 | p_2 | p_3)$ hat:
  - von der $x_1$-$x_2$-Ebene den Abstand $|p_3|$
  - von der $x_1$-$x_3$-Ebene den Abstand $|p_2|$
  - von der $x_2$-$x_3$-Ebene den Abstand $|p_1|$
- Die Entfernung des Mittelpunkts zu einem beliebigen Punkt auf der Kugel ist gleich dem Radius.
- Die Länge des Vektors $\vec{a} = \begin{pmatrix} a_1 \\ a_2 \\ a_3 \end{pmatrix}$ ergibt sich aus $|\vec{a}| = \sqrt{a_1^2 + a_2^2 + a_3^2}$.

# Lösungen

## Aufgabengruppe 1

1. Aus der Zeichnung ergibt sich: Die Eckpunkte E und F haben die Koordinaten E(8|0|4) und F(0|8|4).

a) $|\overrightarrow{BF}| = \left|\begin{pmatrix}0\\8\\4\end{pmatrix} - \begin{pmatrix}8\\0\\0\end{pmatrix}\right| = \left|\begin{pmatrix}-8\\8\\4\end{pmatrix}\right| = \sqrt{(-8)^2 + 8^2 + 4^2} = \sqrt{64+64+16} = \sqrt{144} = 12$

b) $\overrightarrow{M} = \frac{1}{2} \cdot (\overrightarrow{A} + \overrightarrow{D}) = \frac{1}{2} \cdot \left(\begin{pmatrix}0\\0\\0\end{pmatrix} + \begin{pmatrix}0\\0\\4\end{pmatrix}\right) = \begin{pmatrix}0\\0\\2\end{pmatrix}$

$\overrightarrow{P} = \frac{1}{2} \cdot (\overrightarrow{B} + \overrightarrow{C}) = \frac{1}{2} \cdot \left(\begin{pmatrix}8\\0\\0\end{pmatrix} + \begin{pmatrix}0\\8\\0\end{pmatrix}\right) = \begin{pmatrix}4\\4\\0\end{pmatrix}$

Das Dreieck ist rechtwinklig bei M, wenn $\overrightarrow{MP}$ und $\overrightarrow{MK}$ einen rechten Winkel bilden, ihr Skalarprodukt also null ist.

$$\overrightarrow{MP} \circ \overrightarrow{MK} = 0$$

$\left(\begin{pmatrix}4\\4\\0\end{pmatrix} - \begin{pmatrix}0\\0\\2\end{pmatrix}\right) \circ \left(\begin{pmatrix}0\\y_K\\4\end{pmatrix} - \begin{pmatrix}0\\0\\2\end{pmatrix}\right) = 0$

$\begin{pmatrix}4\\4\\-2\end{pmatrix} \circ \begin{pmatrix}0\\y_K\\2\end{pmatrix} = 0$

$0 + 4y_K - 4 = 0$

$y_K = 1$

2. a) Die Ebene E ist parallel zur $x_1$-Achse.

Begründung (ist nicht verlangt!): Der Normalenvektor $\begin{pmatrix}0\\3\\4\end{pmatrix}$ der Ebene ist parallel zur $x_2x_3$-Ebene und steht somit auf der $x_1$-Achse senkrecht.

*oder:*

Der Punkt $P\left(0\left|\frac{1}{3}\right|1\right)$ erfüllt die Ebenengleichung, liegt also in E. Mit P liegen auch die Punkte $\left(1\left|\frac{1}{3}\right|1\right), \left(7\left|\frac{1}{3}\right|1\right), \left(-5\left|\frac{1}{3}\right|1\right), \left(-12\,345\left|\frac{1}{3}\right|1\right)$ oder allgemein $\left(a\left|\frac{1}{3}\right|1\right)$ auf der Ebene.

Diese Punkte bilden die Gerade $\vec{X} = \begin{pmatrix} 0 \\ \frac{1}{3} \\ 1 \end{pmatrix} + \lambda \cdot \begin{pmatrix} 1 \\ 0 \\ 0 \end{pmatrix}$ mit $\lambda \in \mathbb{R}$. Dies ist eine Parallele zur $x_1$-Achse.

b) Die Ebene berührt die Kugel, wenn der Abstand des Mittelpunkts von der Ebene gleich dem Kugelradius ist. Ist der Abstand kleiner als der Radius, so schneiden sich Ebene und Kugel.

$$d(M; E) = \frac{|3 \cdot 6 + 4 \cdot 3 - 5|}{\sqrt{3^2 + 4^2}} = \frac{|18 + 12 - 5|}{\sqrt{25}} = \frac{|25|}{5} = 5 < 7$$

Also schneidet die Kugel die Ebene.

## Aufgabengruppe 2

1. a) Die drei Vektoren spannen dann einen Quader auf, wenn je zwei der Vektoren aufeinander senkrecht stehen, wenn also ihr Skalarprodukt null ergibt.

$$\vec{a} \circ \vec{b} = \begin{pmatrix} 2 \\ 1 \\ 2 \end{pmatrix} \circ \begin{pmatrix} -1 \\ 2 \\ 0 \end{pmatrix} = -2 + 2 + 0 = 0$$

$$\vec{a} \circ \vec{c}_t = \begin{pmatrix} 2 \\ 1 \\ 2 \end{pmatrix} \circ \begin{pmatrix} 4t \\ 2t \\ -5t \end{pmatrix} = 8t + 2t - 10t = 0$$

$$\vec{b} \circ \vec{c}_t = \begin{pmatrix} -1 \\ 2 \\ 0 \end{pmatrix} \circ \begin{pmatrix} 4t \\ 2t \\ -5t \end{pmatrix} = -4t + 4t - 0 = 0$$

Die aufgespannten Körper sind also unabhängig von t Quader.

b) *vektoriell:*
$V = \vec{a} \circ (\vec{b} \times \vec{c}_t)$

$$= \left| \begin{pmatrix} 2 \\ 1 \\ 2 \end{pmatrix} \circ \left[ \begin{pmatrix} -1 \\ 2 \\ 0 \end{pmatrix} \times \begin{pmatrix} 4t \\ 2t \\ -5t \end{pmatrix} \right] \right| = \left| \begin{pmatrix} 2 \\ 1 \\ 2 \end{pmatrix} \circ \begin{pmatrix} -10t - 0 \\ 0 - 5t \\ -2t - 8t \end{pmatrix} \right| = \left| \begin{pmatrix} 2 \\ 1 \\ 2 \end{pmatrix} \circ \begin{pmatrix} -10t \\ -5t \\ -10t \end{pmatrix} \right|$$

$= |-20t - 5t - 20t| = |-45t|$

Der Quader soll das Volumen 15 besitzen, also:

$|-45t| = 15 \Rightarrow \pm 45t = 15 \Rightarrow t = \pm \frac{15}{45} = \pm \frac{1}{3}$

*elementargeometrisch:*

$$V = G \cdot h = |\vec{a}| \cdot |\vec{b}| \cdot |\vec{c}_t|$$
$$= \sqrt{2^2+1^2+2^2} \cdot \sqrt{(-1)^2+2^2+0^2} \cdot \sqrt{(4t)^2+(2t)^2+(-5t)^2}$$
$$= \sqrt{9} \cdot \sqrt{5} \cdot \sqrt{16t^2+4t^2+25t^2} = \sqrt{9 \cdot 5 \cdot 45t^2} = \pm 45t$$

Also:
$$\pm 45t = 15 \quad \Rightarrow \quad t = \pm \frac{1}{3}$$

2. a) $\vec{Q} = \vec{M} + \vec{PM} = \vec{M} + (\vec{M} - \vec{P}) = 2 \cdot \vec{M} - \vec{P}$

$$= 2 \cdot \begin{pmatrix} -3 \\ 2 \\ 7 \end{pmatrix} - \begin{pmatrix} 3 \\ 4 \\ 4 \end{pmatrix} = \begin{pmatrix} -9 \\ 0 \\ 10 \end{pmatrix}$$

*oder:*

$$\vec{Q} = \vec{P} + 2 \cdot \vec{PM} = \vec{P} + 2 \cdot (\vec{M} - \vec{P})$$
$$= \begin{pmatrix} 3 \\ 4 \\ 4 \end{pmatrix} + 2 \cdot \left( \begin{pmatrix} -3 \\ 2 \\ 7 \end{pmatrix} - \begin{pmatrix} 3 \\ 4 \\ 4 \end{pmatrix} \right) = \begin{pmatrix} 3 \\ 4 \\ 4 \end{pmatrix} + 2 \cdot \begin{pmatrix} -6 \\ -2 \\ 3 \end{pmatrix} = \begin{pmatrix} 3 \\ 4 \\ 4 \end{pmatrix} + \begin{pmatrix} -12 \\ -4 \\ 6 \end{pmatrix} = \begin{pmatrix} -9 \\ 0 \\ 10 \end{pmatrix}$$

b) Die Kugel berührt die $x_1$-$x_2$-Ebene, wenn der Abstand des Mittelpunkts von der $x_1$-$x_2$-Ebene ($\triangleq x_3$-Koordinate des Mittelpunkts) gleich dem Kugelradius ist.

$d(M; x_1\text{-}x_2\text{-Ebene}) = 7$

$$r = |\vec{MP}| = \left| \begin{pmatrix} 3 \\ 4 \\ 4 \end{pmatrix} - \begin{pmatrix} -3 \\ 2 \\ 7 \end{pmatrix} \right| = \left| \begin{pmatrix} 6 \\ 2 \\ -3 \end{pmatrix} \right| = \sqrt{6^2+2^2+(-3)^2} = \sqrt{36+4+9} = 7$$

Radius und Abstand sind gleich, also berührt die Kugel die $x_1$-$x_2$-Ebene.

## Abitur Mathematik (Bayern): Abiturprüfung 2014
## Prüfungsteil B – Analysis Aufgabengruppe 1

BE

Gegeben ist die Funktion f: $x \mapsto 2 - \sqrt{12 - 2x}$ mit maximaler Definitionsmenge $D_f = \,]-\infty; 6]$. Der Graph von f wird mit $G_f$ bezeichnet.

1. a) Berechnen Sie die Koordinaten der Schnittpunkte von $G_f$ mit den Koordinatenachsen. Bestimmen Sie das Verhalten von f für $x \to -\infty$ und geben Sie f(6) an. 5

   b) Bestimmen Sie den Term der Ableitungsfunktion f' von f und geben Sie die maximale Definitionsmenge von f' an. Bestimmen Sie $\lim\limits_{x \to 6} f'(x)$ und beschreiben Sie, welche Eigenschaft von $G_f$ aus diesem Ergebnis folgt.
   
   $\left[\text{zur Kontrolle: } f'(x) = \dfrac{1}{\sqrt{12-2x}}\right]$ 5

   c) Geben Sie das Monotonieverhalten von $G_f$ und die Wertemenge von f an. 2

   d) Geben Sie f(–2) an und zeichnen Sie $G_f$ unter Berücksichtigung der bisherigen Ergebnisse in ein Koordinatensystem ein (Platzbedarf im Hinblick auf die folgenden Aufgaben: $-3 \leq y \leq 7$). 3

   e) Die Funktion f ist in $D_f$ umkehrbar. Geben Sie die Definitionsmenge der Umkehrfunktion $f^{-1}$ von f an und zeigen Sie, dass $f^{-1}(x) = -\frac{1}{2}x^2 + 2x + 4$ gilt. 4

Der Graph der in $\mathbb{R}$ definierten Funktion h: $x \mapsto -\frac{1}{2}x^2 + 2x + 4$ ist die Parabel $G_h$. Der Graph der in Aufgabe 1 e betrachteten Umkehrfunktion $f^{-1}$ ist ein Teil dieser Parabel.

2. a) Berechnen Sie die Koordinaten der Schnittpunkte von $G_h$ mit der durch die Gleichung $y = x$ gegebenen Winkelhalbierenden w des I. und III. Quadranten.
   [Teilergebnis: x-Koordinaten der Schnittpunkte: –2 und 4] 3

   b) Zeichnen Sie die Parabel $G_h$ – unter Berücksichtigung des Scheitels – im Bereich $-2 \leq x \leq 4$ in Ihre Zeichnung aus Aufgabe 1 d ein. Spiegelt man diesen Teil von $G_h$ an der Winkelhalbierenden w, so entsteht eine herzförmige Figur; ergänzen Sie Ihre Zeichnung dementsprechend. 4

3. Durch die in Aufgabe 2 entstandene herzförmige Figur soll das abgebildete Blatt modellhaft beschrieben werden. Eine Längeneinheit im Koordinatensystem aus Aufgabe 1 d soll dabei 1 cm in der Wirklichkeit entsprechen.

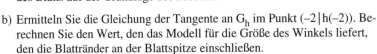

a) Berechnen Sie den Inhalt des von $G_h$ und der Winkelhalbierenden w eingeschlossenen Flächenstücks. Bestimmen Sie unter Verwendung dieses Werts den Flächeninhalt des Blatts auf der Grundlage des Modells.    5

b) Ermitteln Sie die Gleichung der Tangente an $G_h$ im Punkt $(-2\,|\,h(-2))$. Berechnen Sie den Wert, den das Modell für die Größe des Winkels liefert, den die Blattränder an der Blattspitze einschließen.    6

c) Der Verlauf des oberen Blattrands wird in der Nähe der Blattspitze durch das bisher verwendete Modell nicht genau genug dargestellt. Daher soll der obere Blattrand im Modell für $-2 \leq x \leq 0$ nicht mehr durch $G_h$, sondern durch den Graphen $G_k$ einer in $\mathbb{R}$ definierten ganzrationalen Funktion k dritten Grades beschrieben werden. Für die Funktion k werden die folgenden Bedingungen gewählt (k' und h' sind die Ableitungsfunktionen von k bzw. h):

I    $k(0) = h(0)$
II    $k'(0) = h'(0)$
III    $k(-2) = h(-2)$
IV    $k'(-2) = 1{,}5$

Begründen Sie im Sachzusammenhang, dass die Wahl der Bedingungen I, II und III sinnvoll ist. Machen Sie plausibel, dass die Bedingung IV dazu führt, dass die Form des Blatts in der Nähe der Blattspitze im Vergleich zum ursprünglichen Modell genauer dargestellt wird.    3

## Tipps und Hinweise

**Aufgabe 1 a**
- Es wird nach den Schnittpunkten mit der x-Achse und der y-Achse gefragt.
- Für alle Punkte auf der x-Achse gilt $y=0$.
- Für alle Punkte auf der y-Achse gilt $x=0$.
- Wohin strebt der Term unter der Wurzel, wenn $x \to -\infty$ geht?
- Übersehen Sie nicht, dass f(6) berechnet werden soll.

**Aufgabe 1 b**
- $\sqrt{a} = a^{\frac{1}{2}}$ (siehe Merkhilfe)
- Die Ableitung von $x^r$ finden Sie ebenfalls auf der Merkhilfe.
- Beachten Sie die Kettenregel (nachdifferenzieren).
- Was darf bei einem Bruch nie passieren?
- Division durch null ist nicht definiert.
- Für welchen x-Wert hat der Nenner den Wert null?
- Wohin strebt der Term unter der Wurzel, wenn $x \to 6$ geht?
- Welche Werte haben die Brüche $\frac{1}{\frac{1}{10}}; \frac{1}{\frac{1}{100}}; \frac{1}{\frac{1}{1000}}; \ldots; \frac{1}{\frac{1}{10\,000\,000}}$?
- Ein Bruch mit festem Zähler wird umso größer, je kleiner der Nenner wird.
- Welche Größe wird durch die 1. Ableitung angegeben?
- Wie verändert sich eine Gerade, wenn ihre Steigung größer wird?
- Wird die Steigung einer Geraden beliebig groß, so nähert sich die Gerade einer Senkrechten an.

**Aufgabe 1 c**
- Die Monotonie wird mit der 1. Ableitung bestimmt (siehe Merkhilfe).
- Beachten Sie Ihre Überlegungen von Teilaufgabe 1 b.
- Der Definitionsbereich von f ist vorgegeben.
- Sie haben in Teilaufgabe 1 a das Verhalten an beiden Rändern des Definitionsbereichs bestimmt.

**Aufgabe 1 d**
- Sie kennen die Koordinaten von vier Punkten und die Steigung im Punkt (6|2).

**Aufgabe 1 e**
- Sie müssen nicht erläutern, warum f umkehrbar ist.
- Beim Aufstellen der Umkehrfunktion werden x und y vertauscht. Damit vertauschen sich auch Definitions- und Wertemenge.
- Haben Sie in der Funktionsgleichung x und y vertauscht, so müssen Sie nach y auflösen, um die Gleichung der Umkehrfunktion zu erhalten.

**Aufgabe 2 a**
- Um die Schnittstellen zu erhalten, müssen die beiden Funktionsterme gleichgesetzt werden.
- Es ergibt sich eine quadratische Gleichung.
- Die Lösungsformel für quadratische Gleichungen ist auf der Merkhilfe zu finden.
- Es ist nach den Schnittpunkten gefragt, also müssen auch die zugehörigen y-Werte bestimmt werden.

**Aufgabe 2 b**
- Der Extrempunkt einer Parabel wird Scheitel genannt.
- Bedingung für einen Extrempunkt an der Stelle $x_0$ ist $f'(x_0) = 0$.
- Da der Koeffizient vor $x^2$ in der Parabelgleichung negativ ist, ist die Parabel nach unten geöffnet. Der Scheitel ist also ein Hochpunkt.
- Beachten Sie beim Einzeichnen der Parabel sowohl den Scheitel als auch die beiden in Teilaufgabe 2 a errechneten Punkte.
- Zeichnen Sie auch die Winkelhalbierende ein.
- Da der Graph der Umkehrfunktion $f^{-1}$ von f ein Teil der Parabel ist, ist ein Teil der Spiegelung durch den Graphen von f bereits in der Zeichnung enthalten.

**Aufgabe 3 a**
- Markieren Sie die gesuchte Fläche in Ihrer Zeichnung.
- Die Fläche zwischen zwei Funktionen erhält man, indem man zwischen den Schnittstellen das Integral der „unteren" Funktion vom Integral der „oberen" Funktion subtrahiert.
- Der Zeichnung kann man entnehmen, welche Funktion im Integrationsbereich die „obere" bzw. die „untere" ist.
- Fläche $= \int_a^b (\text{obere Funktion} - \text{untere Funktion})\, dx$

- Das „Blatt" entstand durch Spiegelung an der Winkelhalbierenden $y = x$.
- Durch die Spiegelung wird die Fläche verdoppelt.
- Berücksichtigen Sie bei der Blattfläche den angegebenen Maßstab.

**Aufgabe 3 b**
- Bestimmen Sie die y-Koordinate des Punktes.
- Jede Tangente hat als Gerade die allgemeine Gleichung $y = mx + t$.
- Die Steigung m der Tangente ergibt sich mithilfe der 1. Ableitung (siehe Merkhilfe).
- Die Ableitung von $x^r$ finden Sie ebenfalls auf der Merkhilfe.
- Einsetzen von Steigung und Punktkoordinaten in die allgemeine Geradengleichung liefert den Achsenabschnitt t.
- Der Winkel zwischen den Blatträndern ist das Doppelte des Winkels zwischen der obigen Tangente und der Winkelhalbierenden $y = x$.
- Die Steigung der Tangente wurde soeben berechnet.
- Für die Steigung m jeder Geraden gilt $m = \tan\alpha$, wobei $\alpha$ der Winkel ist, den die Gerade mit der positiven x-Achse einschließt.

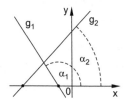

- Der Winkel zwischen Tangente und Winkelhalbierender ergibt sich als Differenz des Winkels(Tangente, x-Achse) und des Winkels(Winkelhalbierende, x-Achse).

**Aufgabe 3 c**
- Bedingung I fordert, dass die Funktionswerte an der Stelle 0 übereinstimmen.
- Bedingung I sichert somit, dass die beiden Funktionsgraphen „sich treffen".
- Bedingung II fordert, dass die Steigungen an der Stelle 0 übereinstimmen.
- Bedingung II sichert somit, dass die beiden Funktionsgraphen „ohne Knick" zusammentreffen.
- Bedingung III fordert, dass die Funktionswerte an der Stelle –2 übereinstimmen.
- Bedingung III sichert somit, dass die beiden Funktionsgraphen sich auch für $x = -2$ „treffen".
- Bedingung IV stellt nur eine Forderung für $k'(-2)$ auf.
- Welchen Wert hat $h'(-2)$?
- Vergleichen Sie $h'(-2)$ und $k'(-2)$.
- Welche Auswirkung hat es für den Winkel $\varepsilon$, wenn $k'(-2) < h'(-2)$?
- Vergleichen Sie das abgebildete Blatt mit dem herzförmigen Modell.

## Lösungen

1. $f(x) = 2 - \sqrt{12 - 2x}$ mit $\mathbb{D}_f = ]-\infty; 6[$

a) Schnittpunkt mit der x-Achse (y = 0):
$$2 - \sqrt{12 - 2x} = 0$$
$$\sqrt{12 - 2x} = 2$$
$$12 - 2x = 4$$
$$2x = 8$$
$$x = 4 \Rightarrow \text{Schnittpunkt } (4 \mid 0)$$

Schnittpunkt mit der y-Achse (x = 0):
$$f(0) = 2 - \sqrt{12 - 2 \cdot 0} = 2 - \sqrt{12} = 2 - 2\sqrt{3} \approx -1,46$$
$$\Rightarrow \text{Schnittpunkt } (0 \mid 2 - 2\sqrt{3})$$

Verhalten von f(x) für $x \to -\infty$:
$$\lim_{x \to -\infty} f(x) = \lim_{x \to -\infty} [2 - \sqrt{12 - 2x}] = "2 - \sqrt{12 - 2(-\infty)}" = "2 - \sqrt{+\infty}" = -\infty$$

$$f(6) = 2 - \sqrt{12 - 2 \cdot 6} = 2 - \sqrt{0} = 2$$

b) $f'(x) = -\dfrac{1}{2 \cdot \sqrt{12 - 2x}} \cdot (-2) = \dfrac{1}{\sqrt{12 - 2x}}$

Damit dieser Term definiert ist, muss gelten:
$$\sqrt{12 - 2x} > 0$$
$$12 - 2x > 0$$
$$12 > 2x$$
$$x < 6$$
$$\Rightarrow \mathbb{D}_{f'} = ]-\infty; 6[$$

Verhalten von f'(x) für $x \to 6$:
$$\lim_{x \to 6} f'(x) = \lim_{x \to 6} \frac{1}{\sqrt{12 - 2x}} = "\frac{1}{\sqrt{12 - 2 \cdot 6}}" = "\frac{1}{\sqrt{0}}" = \infty$$

Für $x \to 6$ wird die Steigung beliebig groß, d. h., die Tangente an $G_f$ wird beliebig steil (senkrecht).

c) Wegen $\sqrt{12 - 2x} > 0$ (siehe Teilaufgabe b) gilt:
$$f'(x) = \frac{1}{\sqrt{12 - 2x}} > 0$$

Der Graph von f ist also streng monoton steigend.

Aus $\lim\limits_{x \to -\infty} f(x) = -\infty$ und $f(6) = 2$ sowie der Monotonie folgt:

$W_f = ]-\infty; 2]$

d) $f(-2) = 2 - \sqrt{12 - 2 \cdot (-2)}$
$\phantom{f(-2)} = 2 - \sqrt{12 + 4}$
$\phantom{f(-2)} = 2 - \sqrt{16}$
$\phantom{f(-2)} = 2 - 4 = -2$

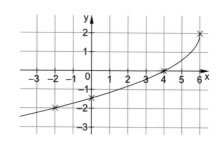

e) $\mathbb{D}_{f^{-1}} = \mathbb{W}_f = ]-\infty; 2]$

$f(x) = y = 2 - \sqrt{12 - 2x}$

Vertauschen von x und y liefert:

$x = 2 - \sqrt{12 - 2y}$

Auflösen nach y:

$x - 2 = -\sqrt{12 - 2y}$
$(x-2)^2 = (-\sqrt{12 - 2y})^2$
$x^2 - 4x + 4 = 12 - 2y$
$x^2 - 4x - 8 = -2y$

$y = -\frac{1}{2}x^2 + 2x + 4$

Umkehrfunktion:

$f^{-1}(x) = -\frac{1}{2}x^2 + 2x + 4 \quad \text{mit} \quad \mathbb{D}_{f^{-1}} = ]-\infty; 2]$

2. $h(x) = -\frac{1}{2}x^2 + 2x + 4 \quad \text{mit} \quad \mathbb{D}_h = \mathbb{R}$

a) $\qquad h(x) = w(x)$

$-\frac{1}{2}x^2 + 2x + 4 = x$

$-\frac{1}{2}x^2 + x + 4 = 0$

$x^2 - 2x - 8 = 0$

$$\Rightarrow \quad x_{1;2} = \frac{2 \pm \sqrt{(-2)^2 - 4 \cdot 1 \cdot (-8)}}{2} = \frac{2 \pm \sqrt{4+32}}{2} = \frac{2 \pm 6}{2}$$

$\Rightarrow \quad x_1 = 4 \quad \Rightarrow \quad (4|4)$
$\phantom{\Rightarrow \quad} x_2 = -2 \quad \Rightarrow \quad (-2|-2)$

b) Scheitelbestimmung:
$h'(x) = -x + 2$
$h'(x) = 0 \quad \Rightarrow \quad x = 2$
Scheitel: $(2|6)$

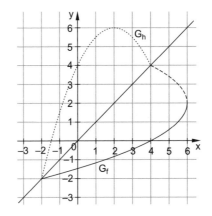

3. a) $A = \int\limits_{-2}^{4} (h(x) - w(x))\, dx = \int\limits_{-2}^{4} \left(-\frac{1}{2}x^2 + 2x + 4 - x\right) dx$

$= \int\limits_{-2}^{4} \left(-\frac{1}{2}x^2 + x + 4\right) dx = \left[-\frac{1}{6}x^3 + \frac{1}{2}x^2 + 4x\right]_{-2}^{4}$

$= -\frac{1}{6} \cdot 4^3 + \frac{1}{2} \cdot 4^2 + 4 \cdot 4 - \left(-\frac{1}{6}(-2)^3 + \frac{1}{2}(-2)^2 + 4(-2)\right) = 18$

Die Fläche des Blattes ist doppelt so groß: 36
Aufgrund des angegebenen Maßstabs ergibt sich die Blattgröße zu 36 cm².

b) $h(x) = -\frac{1}{2}x^2 + 2x + 4 \quad \Rightarrow \quad h(-2) = -2$

$h'(x) = -x + 2 \quad \Rightarrow \quad h'(-2) = 4$

Tangente:
$y = mx + t$
Wegen $m = h'(-2) = 4$ ergibt sich:
$y = 4x + t$
Einsetzen der Punktkoordinaten $(-2|-2)$ liefert:
$-2 = -8 + t \quad \Rightarrow \quad t = 6$

Für die Tangente folgt:
$y = 4x + 6$

Der Winkel zwischen den Blatträndern ist doppelt so groß wie der Winkel ε zwischen der obigen Tangente und der Winkelhalbierenden w.

Die Tangente bildet mit der Waagrechten den Winkel α, für den gilt:
$\tan \alpha = 4 \Rightarrow \alpha \approx 75{,}96°$

Die Winkelhalbierende w bildet mit der Waagrechten einen 45°-Winkel.

Der Winkel ε zwischen Tangente und Winkelhalbierender beträgt somit:
$\varepsilon = 75{,}96° - 45° = 30{,}96°$

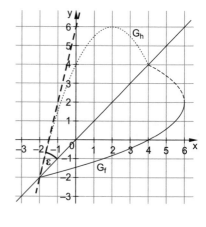

Der Winkel zwischen den Blatträndern hat an der Blattspitze somit eine Größe von:
$2 \cdot 30{,}96° = 61{,}92°$

c) Bedingung **I** und Bedingung **II** stellen sicher, dass für $x = 0$ die Graphen der beiden Funktionen k und h nahtlos und ohne Knick ineinander übergehen.

Bedingung **III** sichert die Blattspitze, nämlich das Zusammentreffen des oberen Blattrands (Funktion k) mit dem unteren Blattrand, da $h(-2) = w(-2) = f(-2)$ gilt (siehe Teilaufgaben 1 d und 2 a).

Bedingung **IV** fordert, dass $k'(-2) = 1{,}5 < h'(-2) = 4$ gilt, der Winkel zwischen dem oberen Blattrand und der Winkelhalbierenden an der Spitze also kleiner wird.

Vergleicht man die herzförmige Figur (Modell) mit dem „echten" Blatt, so sieht man, dass der „echte" obere Blattrand an der Spitze näher bei der Winkelhalbierenden verläuft als im Modell. Somit entspricht der Verlauf der Funktion k mehr der Form des „echten" Blattes als das Modell.

# Abitur Mathematik (Bayern): Abiturprüfung 2014
## Prüfungsteil B – Analysis Aufgabengruppe 2

Gegeben ist die Funktion f mit $f(x) = \frac{20x}{x^2 - 25}$ und maximalem Definitionsbereich $\mathbb{D}_f$. Die Abbildung zeigt einen Teil des Graphen $G_f$ von f.

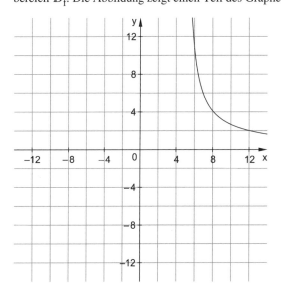

1. a) Zeigen Sie, dass $\mathbb{D}_f = \mathbb{R} \setminus \{-5; 5\}$ gilt und dass $G_f$ symmetrisch bezüglich des Koordinatenursprungs ist. Geben Sie die Nullstelle von f sowie die Gleichungen der drei Asymptoten von $G_f$ an. 5

   b) Weisen Sie nach, dass die Steigung von $G_f$ in jedem Punkt des Graphen negativ ist. Berechnen Sie die Größe des Winkels, unter dem $G_f$ die x-Achse schneidet. 4

   c) Skizzieren Sie in der Abbildung den darin fehlenden Teil von $G_f$ unter Berücksichtigung der bisherigen Ergebnisse. 3

   d) Die Funktion $f^*: x \mapsto f(x)$ mit Definitionsbereich $]5; +\infty[$ unterscheidet sich von der Funktion f nur hinsichtlich des Definitionsbereichs. Begründen Sie, dass die Funktion f nicht umkehrbar ist, die Funktion $f^*$ dagegen schon. Zeichnen Sie den Graphen der Umkehrfunktion von $f^*$ in die Abbildung ein. 4

e) Der Graph von f, die x-Achse sowie die Geraden mit den Gleichungen
x = 10 und x = s mit s > 10 schließen ein Flächenstück mit dem Inhalt A(s) ein. Bestimmen Sie A(s).

$$\left[\text{Ergebnis}: A(s) = 10 \cdot \ln \frac{s^2 - 25}{75}\right]$$  5

f) Ermitteln Sie s so, dass das Flächenstück aus Aufgabe 1 e den Inhalt 100 besitzt.  3

g) Bestimmen Sie das Verhalten von A(s) für $s \to +\infty$.  2

2. Ein Motorboot fährt mit konstanter Motorleistung auf einem Fluss eine Strecke der Länge 10 km zuerst flussabwärts und unmittelbar anschließend flussaufwärts zum Ausgangspunkt zurück. Mit der Eigengeschwindigkeit des Motorboots wird der Betrag der Geschwindigkeit bezeichnet, mit der sich das Boot bei dieser Motorleistung auf einem stehenden Gewässer bewegen würde. Im Folgenden soll modellhaft davon ausgegangen werden, dass die Eigengeschwindigkeit des Boots während der Fahrt konstant ist und das Wasser im Fluss mit der konstanten Geschwindigkeit 5 $\frac{km}{h}$ fließt. Die für das Wendemanöver erforderliche Zeit wird vernachlässigt.

Die Gesamtfahrtzeit in Stunden, die das Boot für Hinfahrt und Rückfahrt insgesamt benötigt, wird im Modell für x > 5 durch den Term $t(x) = \frac{10}{x+5} + \frac{10}{x-5}$ angegeben. Dabei ist x die Eigengeschwindigkeit des Boots in $\frac{km}{h}$.

a) Bestimmen Sie auf der Grundlage des Modells für eine Fahrt mit einer Eigengeschwindigkeit von 10 $\frac{km}{h}$ und für eine Fahrt mit einer Eigengeschwindigkeit von 20 $\frac{km}{h}$ jeweils die Gesamtfahrtzeit in Minuten.  2

b) Begründen Sie, dass der erste Summand des Terms t(x) die für die Hinfahrt, der zweite Summand die für die Rückfahrt erforderliche Zeit in Stunden angibt.  3

c) Begründen Sie im Sachzusammenhang, dass t(x) für 0 < x < 5 nicht als Gesamtfahrtzeit interpretiert werden kann.  2

d) Zeigen Sie, dass die Terme f(x) und t(x) äquivalent sind.  2

e) Beschreiben Sie, wie man mithilfe der Abbildung für eine Fahrt mit einer Gesamtfahrtzeit zwischen zwei und vierzehn Stunden die zugehörige Eigengeschwindigkeit des Boots näherungsweise ermitteln kann. Berechnen Sie auf der Grundlage des Modells die Eigengeschwindigkeit des Boots für eine Fahrt mit einer Gesamtfahrtzeit von vier Stunden.  5
——
40

## Tipps und Hinweise

### Aufgabe 1 a
- Um welche Art von Funktion handelt es sich?
- Was darf bei einem Bruch nie passieren?
- Division durch null ist nicht definiert.
- Für welche x-Werte hat der Nenner den Wert null?
- Bestimmen Sie f(–x) und vergleichen Sie mit dem gegebenen Funktionsterm.
- Ist der Graph einer Funktion punktsymmetrisch zum Ursprung, so gilt: f(–x) = –f(x)
- Ein Bruch hat den Wert null, wenn der Zähler null wird.
- Welche Arten von Asymptoten können bei einer gebrochen-rationalen Funktion vorkommen?
- Senkrechte Asymptoten sind stets durch Definitionslücken vorgegeben.
- Der Definitionsbereich ist gegeben.
- Vergleichen Sie Grad Zähler und Grad Nenner.
- Gilt Grad Zähler = Grad Nenner, so besitzt die Funktion eine waagrechte Asymptote y = a mit a ≠ 0.
- Gilt Grad Zähler < Grad Nenner, so besitzt die Funktion die x-Achse (y = 0) als waagrechte Asymptote.

### Aufgabe 1 b
- Die Steigung ergibt sich durch die 1. Ableitung.
- Beachten Sie die Quotientenregel (siehe Merkhilfe).
- Klammern Sie im Zähler aus.
- Der Winkel, unter dem $G_f$ die x-Achse schneidet, entspricht dem Winkel der Tangente im Schnittpunkt mit der x-Achse.

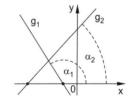

- Die Steigung der Tangente im Ursprung ergibt sich aus f'(0).
- Für die Steigung m jeder Geraden gilt m = tan α, wobei α der Winkel ist, den die Gerade mit der positiven x-Achse einschließt.

### Aufgabe 1 c
- Zeichnen Sie zunächst die beiden senkrechten Asymptoten und die Tangente im Ursprung (Winkel siehe Teilaufgabe 1 b) ein.
- Beachten Sie die Punktsymmetrie zum Ursprung.

## Aufgabe 1 d
- f(x) ist zwar in $\mathbb{D}_f$ streng monoton fallend, jedoch ist $\mathbb{D}_f$ in drei Intervalle unterteilt.
- Betrachten Sie den Graphen.
- Gibt es y-Werte, die von mehr als einem x-Wert angenommen werden?
- Gibt es waagrechte Geraden, die den Funktionsgraphen mehrmals schneiden?
- Der Graph der Umkehrfunktion ergibt sich durch Spiegelung des Graphen von f* an der Winkelhalbierenden y = x.

## Aufgabe 1 e
- Zeichnen Sie die beiden Senkrechten x = 10 und x = s > 10 ein und markieren Sie die gesuchte Fläche.
- Derartige Flächen berechnet man mithilfe eines bestimmten Integrals. Wie lautet dieses Integral hier?
- Um eine Stammfunktion von f(x) zu finden, beachte man den Zusammenhang von Zähler und Nenner von f(x).
- Der Zähler ist ein Vielfaches der Ableitung des Nenners.
- Ziehen Sie den Faktor 10 vor das Integral.
- Ist bei einem Bruch der Zähler die Ableitung des Nenners, so ergibt sich die Stammfunktion gemäß der Formel aus der Merkhilfe.
- Setzen Sie die obere und untere Integrationsgrenze ein.
- Um das angegebene Ergebnis zu erhalten, müssen die Rechenregeln für Logarithmen angewandt werden (siehe Merkhilfe).

## Aufgabe 1 f
- Setzen Sie A(s) = 100 und lösen Sie die Gleichung nach s auf.
- Beachten Sie: $\ln a = b \;\Rightarrow\; a = e^b$
- s muss die Bedingung s > 10 erfüllen.

## Aufgabe 1 g
- Gegen welchen Wert strebt das Argument (Term hinter ln), wenn s gegen $\infty$ strebt?
- Sie kennen die beiden Grenzwerte: $\lim\limits_{x \to 0} \ln x = -\infty$ und $\lim\limits_{x \to \infty} \ln x = \infty$

## Aufgabe 2 a
- x gibt die Eigengeschwindigkeit des Boots in $\frac{km}{h}$ an, t(x) die Gesamtfahrtzeit in h.
- Bestimmen Sie die Gesamtfahrtzeit für zwei vorgegebene Eigengeschwindigkeiten.

✓ Die Gesamtfahrtzeit soll nicht in Stunden, sondern in Minuten angegeben werden.

**Aufgabe 2 b**

✓ In welchem Zusammenhang stehen Zeit und Geschwindigkeit?

✓ Es gilt die Formel: Geschwindigkeit = $\frac{\text{Weg}}{\text{Zeit}}$ bzw. $v = \frac{s}{t}$

✓ Lösen Sie nach t auf.

✓ Die Strecke s ist im Text vor Teilaufgabe a angegeben.

✓ Wenn das Boot flussabwärts fährt, treibt auch die Fließgeschwindigkeit des Gewässers es voran.

✓ Fährt das Boot flussaufwärts, so muss es die Fließgeschwindigkeit des Gewässers überwinden.

**Aufgabe 2 c**

✓ Die Fließgeschwindigkeit des Gewässers beträgt 5 $\frac{km}{h}$. Die Eigengeschwindigkeit des Boots wäre also kleiner.

✓ Was geschieht mit dem Boot beim Flussaufwärtsfahren, wenn seine Eigengeschwindigkeit kleiner ist als die Fließgeschwindigkeit?

**Aufgabe 2 d**

✓ Verwandeln Sie t(x), indem Sie beide Terme gleichnamig machen.

✓ Gemeinsamer Nenner ist das Produkt aus beiden Nennern.

✓ Erweitern Sie die Brüche entsprechend und fassen Sie den Zähler zusammen.

**Aufgabe 2 e**

✓ Der Graph von t(x) mit x > 5 stimmt mit dem zu Beginn der gesamten Aufgabe gegebenen Graphen überein.

✓ Der Graph zeigt den Funktionswert 2 für x = 12 und den Funktionswert 14 für x ≈ 5,7.

✓ Für beliebige Funktionswerte 2 ≤ y ≤ 12 lassen sich die zugehörigen x-Werte ablesen, indem man von dem geforderten Funktionswert waagrecht zum Graphen und von dort senkrecht zur x-Achse geht.

✓ Für eine Gesamtfahrtzeit von 4 Stunden soll die Eigengeschwindigkeit berechnet werden.

✓ Setzen Sie t(x) = f(x) = 4 und lösen Sie die Gleichung.

✓ Der Bruch verschwindet, wenn man die Gleichung mit dem Nenner multipliziert.

✓ Die Lösungsformel für quadratische Gleichungen findet sich auf der Merkhilfe.

✓ Es ergeben sich zwei Lösungen, von denen jedoch nur eine Gültigkeit hat.

# Lösungen

1. $f(x) = \dfrac{20x}{x^2 - 25}$

a) **Definitionsbereich**
$x^2 - 25 = 0 \Leftrightarrow x^2 = 25 \Leftrightarrow x = \pm 5$
$\mathbb{D}_f = \mathbb{R} \setminus \{-5; 5\}$

**Symmetrie**

$$f(-x) = \frac{20(-x)}{(-x)^2 - 25} = \frac{-20x}{x^2 - 25} = -f(x)$$

$G_f$ ist punktsymmetrisch zum Ursprung.

**Nullstelle**
$20x = 0 \Leftrightarrow x = 0$
$G_f$ schneidet die x-Achse im Ursprung.

**Asymptoten**

$x = 5$ senkrechte Asymptote
$x = -5$ senkrechte Asymptote
$y = 0$ waagrechte Asymptote, da Grad Zähler < Grad Nenner

b) $f'(x) = \dfrac{20 \cdot (x^2 - 25) - 20x \cdot 2x}{(x^2 - 25)^2} = \dfrac{20x^2 - 500 - 40x^2}{(x^2 - 25)^2} = \dfrac{-20x^2 - 500}{(x^2 - 25)^2}$

$= \dfrac{-20 \cdot (x^2 + 25)}{(x^2 - 25)^2}$

Wegen $x^2 + 25 > 0$ und $(x^2 - 25)^2 > 0$ in $\mathbb{D}_f$ gilt:
$f'(x) < 0$ in $\mathbb{D}_f$

Also ist die Steigung von $G_f$ in jedem Punkt des Graphen negativ, $G_f$ fällt also streng monoton in $\mathbb{D}_f$.

Für den Schnittwinkel $\varepsilon$ gilt:

$$\tan \varepsilon = f'(0) = \frac{-20 \cdot (0^2 + 25)}{(0^2 - 25)^2} = \frac{-500}{625} = -0{,}8 \quad \Rightarrow \quad \varepsilon \approx -38{,}66°$$

*Bemerkung:* Die Tangente verläuft durch den Ursprung und bildet mit der x-Achse den Winkel $\varepsilon$. Der Graph muss also rechts vom Ursprung unterhalb und links vom Ursprung oberhalb der x-Achse liegen.

c)

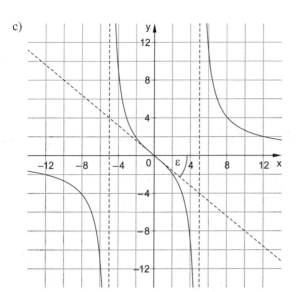

d) Wie der Graph von f zeigt, existieren Geraden y = a, die den Funktionsgraphen zweimal schneiden. Es gibt also Funktionswerte f(x), die von zwei verschiedenen x-Werten angenommen werden. Damit ist f nicht umkehrbar.

Beschränkt man sich auf das Intervall ]5; +∞[, so wird jeder Funktionswert nur genau einmal angenommen (streng monoton fallend im zusammenhängenden Intervall ]5; +∞[). Der Graph der Umkehrfunktion ergibt sich durch Spiegelung von f* an der Winkelhalbierenden y = x.

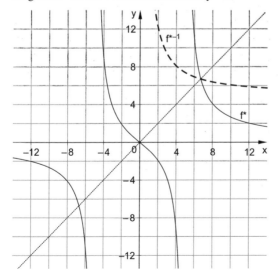

e) $A(s) = \int\limits_{10}^{s} f(x)\,dx = \int\limits_{10}^{s} \dfrac{20x}{x^2-25}\,dx$

$\phantom{A(s)} = \int\limits_{10}^{s} \dfrac{10\cdot 2x}{x^2-25}\,dx = 10\cdot \int\limits_{10}^{s} \dfrac{2x}{x^2-25}\,dx$

$\phantom{A(s)} = 10\cdot \left[\ln(x^2-25)\right]_{10}^{s}$

$\phantom{A(s)} = 10\cdot \left[\ln(s^2-25) - \ln(10^2-25)\right]$

$\phantom{A(s)} = 10\cdot \left[\ln(s^2-25) - \ln 75\right]$

$\phantom{A(s)} = 10\cdot \ln\dfrac{s^2-25}{75}$

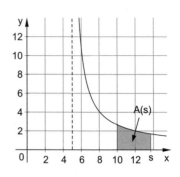

f) $10\cdot \ln\dfrac{s^2-25}{75} = 100$

$\ln\dfrac{s^2-25}{75} = 10$

$\dfrac{s^2-25}{75} = e^{10}$

$\Rightarrow\ s^2 = 75e^{10} + 25$

$\Rightarrow\ s = \pm\sqrt{75e^{10}+25}$

Wegen $s > 10$ gilt nur die Lösung $s = +\sqrt{75e^{10}+25}$.

g) $\lim\limits_{s\to +\infty} A(s) = \lim\limits_{s\to +\infty} 10\cdot \ln\dfrac{s^2-25}{75} = "10\cdot \ln\dfrac{\infty^2-25}{75}" = "10\cdot \ln\infty" = \infty$

2. $t(x) = \dfrac{10}{x+5} + \dfrac{10}{x-5}$ mit $\mathbb{D}_t = {]}5;\,+\infty[$

a) $t(10) = \dfrac{10}{10+5} + \dfrac{10}{10-5} = \dfrac{10}{15} + \dfrac{10}{5} = \dfrac{2}{3} + 2 = 2\dfrac{2}{3}$

Bei einer Eigengeschwindigkeit von $10\,\tfrac{\text{km}}{\text{h}}$ beträgt die Gesamtfahrtzeit:

$2\dfrac{2}{3}\,\text{h} = 120\,\text{min} + 40\,\text{min} = 160\,\text{min}$

$t(20) = \dfrac{10}{20+5} + \dfrac{10}{20-5} = \dfrac{10}{25} + \dfrac{10}{15} = 1\dfrac{1}{15}$

Bei einer Eigengeschwindigkeit von $20\frac{km}{h}$ beträgt die Gesamtfahrtzeit:

$1\frac{1}{15}$ h = 60 min + 4 min = 64 min

b) Aus der Formel

$$\text{Geschwindigkeit} = \frac{\text{Weg}}{\text{Zeit}} \Leftrightarrow v = \frac{s}{t}$$

ergibt sich:

$$\text{Zeit} = \frac{\text{Weg}}{\text{Geschwindigkeit}} \Leftrightarrow t = \frac{s}{v}$$

Die zurückzulegende Strecke beträgt sowohl bei Hin- als auch bei Rückfahrt 10 km:

$s = 10$

Bei der Hinfahrt (flussabwärts) kommt zur Eigengeschwindigkeit x des Boots in $\frac{km}{h}$ noch die Fließgeschwindigkeit $5\frac{km}{h}$ des Gewässers hinzu:

$v_{\text{Hinfahrt}} = x + 5$

Bei der Rückfahrt (flussaufwärts) muss das Boot gegen die Strömung fahren. Von der Eigengeschwindigkeit x des Boots muss die Fließgeschwindigkeit des Gewässers also abgezogen werden:

$v_{\text{Rückfahrt}} = x - 5$

Insgesamt erhält man:

$$t_{\text{gesamt}}(x) = t_{\text{Hinfahrt}}(x) + t_{\text{Rückfahrt}}(x) = \frac{s}{v_{\text{Hinfahrt}}} + \frac{s}{v_{\text{Rückfahrt}}} = \frac{10}{x+5} + \frac{10}{x-5}$$

c) Für $0 < x < 5$ wäre die Eigengeschwindigkeit des Boots kleiner als die Fließgeschwindigkeit des Gewässers. Das Boot könnte zwar flussabwärts, aber nicht flussaufwärts fahren, da es auch bei voller Motorleistung gegen den Strom noch mit einer Geschwindigkeit von $(5-x)\frac{km}{h}$ flussabwärts getrieben würde.

d) $t(x) = \frac{10}{x+5} + \frac{10}{x-5} = \frac{10(x-5)+10(x+5)}{(x+5)(x-5)} = \frac{10x-50+10x+50}{(x+5)(x-5)} = \frac{20x}{x^2-25}$

$= f(x)$

e) Die zu Beginn der Aufgabe gegebene Abbildung zeigt den Graphen der Funktion f im Intervall $]5; 14[$ und damit auch den Graphen von t(x) für $x > 5$.
Gemäß der Angabe von Teilaufgabe 2 steht x für die Eigengeschwindigkeit des Boots in $\frac{km}{h}$ und $t(x) = f(x)$ für die Gesamtfahrtzeit in h.

Liest man also den x-Wert ab, der zu einem bestimmten Funktionswert y (zwischen zwei und vierzehn) gehört, so gibt dieses x die Eigengeschwindigkeit an, die das Boot bei einer Gesamtfahrtzeit von y Stunden besitzt.

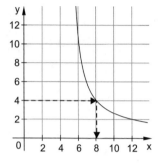

$$t(x) = f(x) = 4$$

$$\frac{20x}{x^2 - 25} = 4$$

$$20x = 4x^2 - 100$$

$$4x^2 - 20x - 100 = 0$$

$$\Rightarrow x_{1;2} = \frac{20 \pm \sqrt{(-20)^2 - 4 \cdot 4 \cdot (-100)}}{2 \cdot 4} = \frac{20 \pm \sqrt{2\,000}}{8}$$

$$\Rightarrow x_1 \approx 8{,}09 \quad \text{und} \quad x_2 \approx -3{,}09$$

Die Eigengeschwindigkeit des Boots muss ca. $8{,}09 \frac{km}{h}$ betragen, um eine Fahrzeit von 4 Stunden einzuhalten.

*Bemerkung:* Die Lösung $x_2$ liegt weder in $\mathbb{D}_f = ]5; \infty[$, noch ist sie im Sachzusammenhang von Bedeutung, da das stets vorwärts fahrende Boot keine negative Eigengeschwindigkeit besitzen kann.

# Abitur Mathematik (Bayern): Abiturprüfung 2014
## Prüfungsteil B – Stochastik Aufgabengruppe 1

BE

Im Rahmen der sogenannten JIM-Studie wurde in Deutschland im Jahr 2012 der Umgang von Jugendlichen im Alter von 12 bis 19 Jahren mit Information und Medien untersucht. In der folgenden Tabelle werden ausgewählte Ergebnisse dieser Studie anhand einer repräsentativen Auswahl von 200 Jugendlichen wiedergegeben, von denen 102 Jungen sind. Dabei werden für vier Geräteklassen jeweils die Anzahl der Mädchen und die Anzahl der Jungen unter den 200 ausgewählten Jugendlichen angegeben, die ein entsprechendes Gerät besitzen.

|  | Mädchen | Jungen |
|---|---|---|
| Smartphone | 42 | 52 |
| Computer | 77 | 87 |
| Fernsehgerät | 54 | 65 |
| feste Spielkonsole | 37 | 62 |

1. a) Bestimmen Sie die Wahrscheinlichkeit dafür, dass eine aus den 200 Jugendlichen zufällig ausgewählte Person weiblich ist und kein Fernsehgerät besitzt. 2

   b) Aus den 200 Jugendlichen wird eine Person zufällig ausgewählt, die ein Fernsehgerät besitzt. Ermitteln Sie die Wahrscheinlichkeit dafür, dass diese Person weiblich ist. 2

   c) Begründen Sie, dass die Ereignisse „Eine aus den 200 Jugendlichen zufällig ausgewählte Person besitzt ein Fernsehgerät." und „Eine aus den 200 Jugendlichen zufällig ausgewählte Person ist ein Mädchen." abhängig sind. 2

   d) Der Studie zufolge besitzen 55 % der Mädchen im Alter von 12 bis 19 Jahren ein Fernsehgerät.
   Geben Sie den Wert der Summe $\sum_{i=0}^{12} B(25; 0{,}55; i)$ in Prozent an.
   Begründen Sie, dass dieser Wert im Allgemeinen nicht die Wahrscheinlichkeit dafür angibt, dass von den 25 Schülerinnen einer Klasse der Jahrgangsstufe 9 weniger als die Hälfte ein Fernsehgerät besitzt. 3

2. Der JIM-Studie zufolge besitzen deutlich weniger als 90 % der Jugendlichen einen Computer. Daher wird an den Stadtrat einer Kleinstadt der Wunsch herangetragen, im örtlichen Jugendzentrum einen Arbeitsraum mit Computern einzurichten. Der Stadtrat möchte die dafür erforderlichen finanziellen Mittel nur dann bewilligen, wenn weniger als 90 % der Jugendlichen der Kleinstadt einen Computer besitzen.

a) Die Entscheidung über die Bewilligung der finanziellen Mittel soll mithilfe einer Befragung von 100 zufällig ausgewählten 12- bis 19-jährigen Jugendlichen der Kleinstadt getroffen werden. Die Wahrscheinlichkeit dafür, dass die finanziellen Mittel irrtümlich bewilligt werden, soll höchstens 5 % betragen. Bestimmen Sie die zugehörige Entscheidungsregel, bei der zugleich die Wahrscheinlichkeit dafür, dass die finanziellen Mittel irrtümlich nicht bewilligt werden, möglichst klein ist.  4

b) Bestimmen Sie die Wahrscheinlichkeit dafür, dass unter den 100 befragten Jugendlichen genau 85 einen Computer besitzen, wenn der Anteil derjenigen Jugendlichen, die einen Computer besitzen, unter den Jugendlichen der Kleinstadt ebenso groß ist wie unter den in der Tabelle erfassten Jugendlichen.  3

3. Es ist zu vermuten, dass unter den Jugendlichen, die ein Smartphone besitzen, der Anteil derjenigen, die eine feste Spielkonsole besitzen, größer ist als unter den Jugendlichen, die kein Smartphone besitzen. Bestimmen Sie für die in der Tabelle erfassten 200 Jugendlichen, wie groß die Anzahl derjenigen Personen, die sowohl ein Smartphone als auch eine feste Spielkonsole besitzen, mindestens sein muss, damit die Vermutung für die in der Tabelle erfassten Jugendlichen zutrifft.  4
                                                                                                                                                                                                                    ──
                                                                                                                                                                                                                    20

## Tipps und Hinweise

### Aufgabe 1 a
- Die Tabelle gibt nur an, wie viele der befragten Mädchen ein Fernsehgerät besitzen.
- Bestimmen Sie die Anzahl der Mädchen, die an der Befragung teilgenommen haben.
- Wie viele Mädchen haben kein Fernsehgerät?
- Eine Laplace-Wahrscheinlichkeit berechnet sich allgemein zu:
$$P(E) = \frac{\text{Anzahl der für E günstigen Möglichkeiten}}{\text{Anzahl aller Möglichkeiten}}$$

### Aufgabe 1 b
- Es handelt sich um eine bedingte Wahrscheinlichkeit.
- Grundmenge sind nicht alle Befragten, sondern nur die, die einen Fernseher besitzen.
- Wie viele Jugendliche besitzen insgesamt einen Fernseher? (Nenner!)
- Wie viele Mädchen besitzen einen Fernseher? (Zähler!)

### Aufgabe 1 c
*1. Möglichkeit*:
- Benutzen Sie die Formel von der Merkhilfe.
- Sie müssen dazu die Wahrscheinlichkeiten der beiden Ereignisse sowie die Wahrscheinlichkeit der Schnittmenge der beiden Ereignisse bestimmen.

*2. Möglichkeit:*
- Benutzen Sie das Ergebnis von Teilaufgabe 1 b.
- Vergleichen Sie mit dem Anteil der Mädchen unter allen Befragten.

### Aufgabe 1 d
- Achten Sie darauf, die kumulative Tabelle zu verwenden.
- Alle 25 Mädchen gehören einer 9. Klasse an.
- Welches Alter haben Schüler einer 9. Klasse?
- Vergleichen Sie mit der Altersangabe der Studie.

### Aufgabe 2 a
- Wann werden die Mittel bewilligt?
- Wann werden die Mittel nicht bewilligt?

- Die Mittel werden irrtümlich bewilligt, wenn nur wenige der Befragten einen Computer besitzen, die tatsächliche Wahrscheinlichkeit für den Besitz eines Rechners aber dennoch mindestens 90 % beträgt.

- Lösungsansatz: $P_{0,9}^{100}(X \leq k) \leq 0,05$ oder $\sum_{i=0}^{k} B(100; 0,9; i) \leq 0,05$

- Achten Sie darauf, die kumulative Tabelle zu verwenden.
- Wählen Sie das größtmögliche k.

**Aufgabe 2 b**

- Wie viele Computerbesitzer weist die Tabelle aus?
- Wie groß ist somit der Anteil der Computerbesitzer laut Tabelle?
- Die gesuchte Wahrscheinlichkeit (genau 85 Computerbesitzer) ist nicht tabellarisiert.
- Die entsprechende Formel finden Sie auf der Merkhilfe.

**Aufgabe 3**

- Bestimmen Sie die Anzahl der Jugendlichen mit Smartphone.
- Bestimmen Sie die Anzahl der Jugendlichen mit Spielkonsole.
- Formulieren Sie die Vermutung als Ungleichung.

*1. Möglichkeit*:

- Die Jugendlichen mit Spielkonsole bestehen aus solchen mit und solchen ohne Smartphone.
- Drücken Sie die Anzahl der Jugendlichen ohne Smartphone und mit Spielkonsole durch die Anzahl der Jugendlichen mit Smartphone und Spielkonsole aus.
- Setzen Sie alles in die Vermutung ein. Es entsteht eine Ungleichung für die Unbekannte x = Jugendliche mit Smartphone und Spielkonsole.
- Lösen Sie nach x auf.
- Die Anzahl der Jugendlichen muss durch eine natürliche Zahl angegeben werden.

*2. Möglichkeit*:

- Die Vermutung lässt sich auch anders erfüllen.
- Der Anteil der Jugendlichen, die beide Geräte besitzen, unter den Jugendlichen mit Smartphone muss größer sein als der Anteil der Spielkonsolenbesitzer unter allen.
- Lösen Sie die Ungleichung nach „Jugendliche mit Smartphone und Spielkonsole" auf.
- Die Anzahl der Jugendlichen muss durch eine natürliche Zahl angegeben werden.

**Lösungen**

1. Die Zahlen in der Tabelle geben die Antworten von 102 Jungen und 98 Mädchen wieder.

   a) Laut Tabelle besitzen 54 der 98 Mädchen ein Fernsehgerät, also besitzen $98 - 54 = 44$ Mädchen kein Fernsehgerät.

   $$P(\text{Mädchen} \cap \text{kein Fernsehgerät}) = \frac{44}{200} = 0,22 = 22\,\%$$

   b) Laut Tabelle besitzen insgesamt $54 + 65 = 119$ Jugendliche ein Fernsehgerät.

   $$P_{\text{Fernsehgerät}}(\text{Mädchen}) = \frac{\text{Anzahl der Mädchen mit Fernsehgerät}}{\text{Anzahl aller mit Fernsehgerät}}$$

   $$= \frac{54}{119} \approx 0,4538 = 45,38\,\%$$

   c) *1. Möglichkeit:* Formel auf der Merkhilfe

   $$P(\text{Fernsehgerät}) = \frac{119}{200} = 59,5\,\%$$

   $$P(\text{Mädchen}) = \frac{98}{200} = 49\,\%$$

   $$P(\text{Fernsehgerät} \cap \text{Mädchen}) = \frac{54}{200} = 27\,\%$$

   $$P(\text{Fernsehgerät}) \cdot P(\text{Mädchen}) = \frac{119}{200} \cdot \frac{98}{200} = 0,29155 \neq 0,27$$

   Somit sind die beiden Ereignisse „Fernsehgerät" und „Mädchen" stochastisch abhängig.

   *2. Möglichkeit:* Nutzen des Ergebnisses aus Teilaufgabe 1b

   $$P_{\text{Fernsehgerät}}(\text{Mädchen}) \approx 0,4538 = 45,38\,\% \neq P(\text{Mädchen}) = \frac{98}{200} = 49\,\%$$

   Der Anteil der Mädchen unter allen ist also größer als der Anteil der Mädchen unter den Besitzern eines Fernsehgeräts. Somit sind die beiden Ereignisse „Fernsehgerät" und „Mädchen" stochastisch abhängig.

   d) Nachschlagen in der Stochastiktabelle ergibt:

   $$\sum_{i=0}^{12} B(25;0,55;i) = 0,30632 = 30,632\,\%$$

   Die 25 Mädchen dieser 9. Klasse haben zum einen alle die gleiche Schulbildung und sind zum anderen alle nahezu gleich alt (14 bzw. 15 Jahre). Sie bilden also keine repräsentative Auswahl aller Mädchen im Alter von 12 bis 19 Jahren.

2.  a) Die Mittel werden bewilligt, wenn weniger als 90 % der Jugendlichen einen Computer besitzen. Die Mittel werden also nicht bewilligt, wenn mindestens 90 % der Jugendlichen einen Computer besitzen.
    Die Mittel werden irrtümlich bewilligt, wenn nur wenige (höchstens k) der befragten Jugendlichen angeben, einen Computer zu besitzen, obwohl mindestens 90 % der Jugendlichen insgesamt einen Computer besitzen. Diese Wahrscheinlichkeit soll höchstens 5 % betragen.

    $$P_{0,9}^{100}(X \leq k) \leq 0,05 \quad \text{oder} \quad \sum_{i=0}^{k} B(100; 0,9; i) \leq 0,05$$

    Nachschlagen in der Stochastiktabelle ergibt $k \leq 84$.

    Damit die Wahrscheinlichkeit, die Mittel irrtümlich nicht zu bewilligen, möglichst klein bleibt, wählt man das größtmögliche k, also k = 84.

    Die Mittel werden bewilligt, wenn höchstens 84 der befragten 100 Jugendlichen einen Computer besitzen. Die Mittel werden nicht bewilligt, wenn mehr als 84 der befragten Jugendlichen einen Computer besitzen.

    b) Aus der Tabelle ist zu entnehmen, dass 77 + 87 = 164 der insgesamt 200 Jugendlichen einen Computer besitzen.

    $$P(\text{Computer}) = \frac{164}{200} = 0,82 = 82\,\%$$

    Die gesuchte Wahrscheinlichkeit berechnet sich somit zu:

    $$P_{0,82}^{100}(X = 85) = B(100; 0,82; 85) = \binom{100}{85} \cdot 0,82^{85} \cdot (1-0,82)^{100-85}$$

    $$= \binom{100}{85} \cdot 0,82^{85} \cdot 0,18^{15} \approx 0,0807 = 8,07\,\%$$

3.  Laut Tabelle besitzen:
    42 + 52 = 94 Jugendliche ein Smartphone $\Rightarrow$ 106 kein Smartphone
    37 + 62 = 99 Jugendliche eine Spielkonsole $\Rightarrow$ 101 keine Spielkonsole

    Die Vermutung lautet:

    $$\frac{\text{Smartphone und Spielkonsole}}{\text{Smartphone}} > \frac{\overline{\text{Smartphone}} \text{ und Spielkonsole}}{\overline{\text{Smartphone}}}$$

*1. Möglichkeit:*
Da es insgesamt 99 Jugendliche mit Spielkonsole gibt, muss gelten:
$\overline{\text{Smartphone und Spielkonsole}} = 99 - \text{Smartphone und Spielkonsole}$
Eingesetzt in die Vermutung ergibt sich:
$$\frac{\text{Smartphone und Spielkonsole}}{94} > \frac{99 - \text{Smartphone und Spielkonsole}}{106}$$
Vereinfacht mit x = Smartphone und Spielkonsole folgt:
$$\frac{x}{94} > \frac{99-x}{106}$$
$$106x > 94 \cdot (99-x)$$
$$106x > 9\,306 - 94x$$
$$200x > 9\,306$$
$$x > 46{,}53$$

*2. Möglichkeit:*
Damit die Vermutung zutrifft, muss der Anteil der Spielkonsolenbesitzer unter den Jugendlichen mit Smartphone größer sein als der Anteil der Spielkonsolenbesitzer unter allen Jugendlichen, also:
$$\frac{\text{Smartphone und Spielkonsole}}{\text{Smartphone}} > \frac{\text{Spielkonsole}}{\text{alle Jugendlichen}}$$
$$\frac{\text{Smartphone und Spielkonsole}}{94} > \frac{99}{200}$$
$$\text{Smartphone und Spielkonsole} > \frac{99 \cdot 94}{200} = 46{,}53$$

Die Vermutung trifft also nur zu, falls von den 94 Jugendlichen mit Smartphone mindestens 47 auch eine feste Spielkonsole besitzen.

# Abitur Mathematik (Bayern): Abiturprüfung 2014
## Prüfungsteil B – Stochastik Aufgabengruppe 2

BE

1. In einem Supermarkt erhalten Kunden abhängig vom Wert ihres Einkaufs eine bestimmte Anzahl von Päckchen mit Tierbildern, die in ein Sammelalbum eingeklebt werden können. Jedes Päckchen enthält fünf Bilder. Im Sammelalbum sind Plätze für insgesamt 200 verschiedene Bilder vorgesehen. Die Bilder werden jeweils in großer Stückzahl mit der gleichen Häufigkeit produziert und auf die Päckchen zufällig verteilt, wobei sich die Bilder in einem Päckchen nicht unterscheiden müssen.

   a) Begründen Sie, dass der Term $\frac{200 \cdot 199 \cdot 198 \cdot 197 \cdot 196}{200^5}$ die Wahrscheinlichkeit dafür beschreibt, dass sich in einem Päckchen fünf verschiedene Tierbilder befinden. 
   
   2

   b) Einem Jungen fehlen in seinem Sammelalbum noch 15 Bilder. Er geht mit seiner Mutter zum Einkaufen und erhält anschließend zwei Päckchen mit Tierbildern. Bestimmen Sie die Wahrscheinlichkeit dafür, dass die beiden Päckchen nur Bilder enthalten, die der Junge bereits in seinem Sammelalbum hat.
   
   3

   Bei Kindern besonders beliebt sind die 3D-Bilder, auf denen die Tiere dreidimensional erscheinen. 20 der 200 für ein Sammelalbum vorgesehenen Bilder sind 3D-Bilder.

   c) Ermitteln Sie, wie viele Päckchen ein Kind mindestens benötigt, um mit einer Wahrscheinlichkeit von mehr als 99 % mindestens ein 3D-Bild zu erhalten.
   
   5

2. Um Geld für die Ausstattung des örtlichen Kindergartens einzunehmen, veranstaltet der Supermarkt ein Gewinnspiel. Die fünf Sektoren des dabei eingesetzten Glücksrads sind von 1 bis 5 durchnummeriert. Die Größe der Sektoren ist direkt proportional zum Zahlenwert der Nummern; beispielsweise ist der Sektor mit der Nummer 3 dreimal so groß wie der Sektor mit der Nummer 1. Nachdem der Spieler sechs Euro bezahlt hat, wird das Glücksrad einmal gedreht. Erzielt der Spieler eine der Nummern 1 bis 4, so wird ihm der zugehörige Zahlenwert als Betrag in Euro ausgezahlt, erzielt er die Nummer 5, so erhält er eine Eintrittskarte für einen Freizeitpark im Wert von fünfzehn Euro.

   a) Bestimmen Sie die Größe des Öffnungswinkels des Sektors mit der Nummer 1 sowie die Wahrscheinlichkeit dafür, dass ein Spieler bei einem Spiel eine Eintrittskarte gewinnt.
   [Teilergebnis: Größe des Öffnungswinkels: 24°]
   
   3

b) Berechnen Sie den Erwartungswert der Auszahlung pro Spiel, wenn der Gewinn einer Eintrittskarte mit einer Auszahlung von fünfzehn Euro gleichgesetzt wird. Interpretieren Sie das Ergebnis. 4

c) Der Supermarkt muss für jede Eintrittskarte nur zehn Euro an den Freizeitpark bezahlen. Damit ist bei der Spielaktion ein finanzieller Überschuss zu erwarten, der an den örtlichen Kindergarten gespendet werden soll. Ermitteln Sie den zu erwartenden Überschuss, wenn man davon ausgeht, dass das Spiel insgesamt 6 000-mal durchgeführt wird. 3

20

## Tipps und Hinweise

### Aufgabe 1 a

- Eine Laplace-Wahrscheinlichkeit berechnet sich allgemein zu:
$$P(E) = \frac{\text{Anzahl der für E günstigen Möglichkeiten}}{\text{Anzahl aller Möglichkeiten}}$$

- Für jedes Bild gibt es stets 200 Möglichkeiten. Wie viele verschiedene Möglichkeiten gibt es dann für das fünfmalige Ziehen eines beliebigen Bildes?

- Das Ereignis lautet „5 verschiedene Bilder".

- Ein Bild, das bereits gezogen wurde, darf nicht mehr erscheinen.

### Aufgabe 1 b

- Wie groß ist die Wahrscheinlichkeit, dass der Junge ein bestimmtes Bild bereits hat?

- Wie viele Bilder findet der Junge in den beiden Päckchen?

- Alle Bilder der beiden Päckchen sind bereits im Sammelalbum enthalten.

### Aufgabe 1 c

- Bestimmen Sie die Wahrscheinlichkeit für ein 3D-Bild.

- Wie viele Bilder benötigt man, um mit einer Wahrscheinlichkeit von mehr als 99 % darunter mindestens ein 3D-Bild zu finden?

- Formulieren Sie „mindestens ein 3D-Bild" über das Gegenereignis.

- Der Lösungsansatz lautet: $1 - 0{,}9^n > 0{,}99$

- Beim Auflösen der Ungleichung hilft Logarithmieren.

- Bedenken Sie, dass $\ln a < 0$ für $0 < a < 1$ gilt.

- n muss eine natürliche Zahl sein.

- Wie viele Päckchen benötigt man, um so viele Bilder zu erhalten?

### Aufgabe 2 a

- In wie viele Teile muss das Glücksrad zunächst geteilt werden, damit das Verhältnis $1 : 2 : 3 : 4 : 5$ verwirklicht werden kann?

- Der Sektor der Nummer 1 erhält einen solchen Teil.

- Der Sektor der Nummer 5 ist fünfmal größer als der Sektor der Nummer 1.

### Aufgabe 2 b

- Fertigen Sie eine Tabelle an, in der die Auszahlungen und die zugehörigen Wahrscheinlichkeiten ausgewiesen sind.

- Die Formel für den Erwartungswert finden Sie auf Ihrer Merkhilfe.
- Vergleichen Sie den Erwartungswert mit dem Einsatz.
- Der Einsatz ist mit 6 € niedriger als der Erwartungswert, der die durchschnittliche Auszahlung pro Spiel angibt.
- Wer macht bei jedem Spiel (durchschnittlich!) welchen Gewinn bzw. Verlust?

**Aufgabe 2 c**
- Wie ändert sich der Erwartungswert durch die Verbilligung der Eintrittskarte?
- Wie groß ist nun der durchschnittliche Überschuss bei jedem Spiel?
- Wie groß ist dann der erwartete Gesamtüberschuss bei 6 000 Spielen?

## Lösungen

1. a) Die Angabe besagt, dass die Bilder in großer Stückzahl produziert werden. Das bedeutet, dass jedes Päckchen völlig beliebig mit 5 der 200 Bilder bestückt werden kann, da für jedes einzelne Bild stets alle 200 Möglichkeiten bestehen. Auch besitzt jedes Bild laut Angabe die gleiche Wahrscheinlichkeit.
Die Laplace-Annahme ist somit erfüllt.
Daher gilt:
$$P = \frac{\text{Anzahl aller für das Ereignis günstigen Möglichkeiten}}{\text{Anzahl aller Möglichkeiten}}$$

Im gegebenen Term $\frac{200 \cdot 199 \cdot 198 \cdot 197 \cdot 196}{200^5}$ gibt der Nenner die Anzahl aller Möglichkeiten an, fünfmal hintereinander ein Bild zu wählen, wobei jedes Mal 200 verschiedene Bilder zur Verfügung stehen.
Der Zähler gibt die Anzahl der Möglichkeiten an, fünfmal hintereinander ein jeweils anderes Bild zu wählen. Beim ersten Ziehen gibt es 200 verschiedene Bilder, beim zweiten Ziehen nur noch 199, beim dritten Ziehen nur noch 198 usw.
Der Term gibt somit die Wahrscheinlichkeit an, beim fünfmaligen Ziehen (Füllung eines Päckchens) fünf verschiedene Bilder zu erhalten.

b) Der Junge erhält zwei Päckchen, also zehn Bilder. Da ihm noch 15 Bilder fehlen, hat er bereits $200 - 15 = 185$ Bilder in seinem Album.
$$P = \left(\frac{185}{200}\right)^{10} \approx 0{,}4586 = 45{,}86\,\%$$

c) Die Wahrscheinlichkeit für ein 3D-Bild beträgt $\frac{20}{200} = 0{,}1$.

P(mindestens ein 3D-Bild bei n Versuchen) > 99 %

$1 - P(\text{kein 3D-Bild bei n Versuchen}) > 0{,}99$

$1 - (1 - 0{,}1)^n > 0{,}99$

$0{,}9^n < 0{,}01$

$n \cdot \ln 0{,}9 < \ln 0{,}01$

$n > \dfrac{\ln 0{,}01}{\ln 0{,}9}$

$n > 43{,}7$

Das Kind benötigt mindestens 44 Bilder, also mindestens 9 Päckchen.

2. a) Die Größe der Sektoren verhält sich wie 1 : 2 : 3 : 4 : 5. Die 360° des Glücksrads müssen also zunächst in 1 + 2 + 3 + 4 + 5 = 15 Teile geteilt werden.
Für die Öffnungswinkel der einzelnen Zahlen ergibt sich:

| Zahl | 1 | 2 | 3 | 4 | 5 |
|---|---|---|---|---|---|
| Öffnungswinkel | 24° | 48° | 72° | 96° | 120° |

Somit: $P(5) = \frac{120°}{360°} = \frac{1}{3}$

b)

| Zahl | 1 | 2 | 3 | 4 | 5 |
|---|---|---|---|---|---|
| Auszahlung in € | 1 | 2 | 3 | 4 | 15 |
| Wahrscheinlichkeit | $\frac{24}{360} = \frac{1}{15}$ | $\frac{48}{360} = \frac{2}{15}$ | $\frac{72}{360} = \frac{1}{5}$ | $\frac{96}{360} = \frac{4}{15}$ | $\frac{120}{360} = \frac{1}{3}$ |

$E(\text{Auszahlung}) = 1 \cdot \frac{1}{15} + 2 \cdot \frac{2}{15} + 3 \cdot \frac{1}{5} + 4 \cdot \frac{4}{15} + 15 \cdot \frac{1}{3} = 7$

Da der Erwartungswert der Auszahlung mit 7 € höher ist als der Einsatz von 6 €,
- macht der Supermarkt bei jedem Spiel einen durchschnittlichen Verlust von 1 €.

*oder:*
- macht jeder Spieler bei jedem Spiel einen durchschnittlichen Gewinn von 1 €.

c) Man verändert die obige Tabelle entsprechend:

| Zahl | 1 | 2 | 3 | 4 | 5 |
|---|---|---|---|---|---|
| Auszahlung in € | 1 | 2 | 3 | 4 | 10 |
| Wahrscheinlichkeit | $\frac{24}{360} = \frac{1}{15}$ | $\frac{48}{360} = \frac{2}{15}$ | $\frac{72}{360} = \frac{1}{5}$ | $\frac{96}{360} = \frac{4}{15}$ | $\frac{120}{360} = \frac{1}{3}$ |

Erwartungswert:
$E(\text{Auszahlung}) = 1 \cdot \frac{1}{15} + 2 \cdot \frac{2}{15} + 3 \cdot \frac{1}{5} + 4 \cdot \frac{4}{15} + 10 \cdot \frac{1}{3} = 5\frac{1}{3}$

Da der Einsatz unverändert 6 € beträgt, können nun bei jedem Spiel durchschnittlich $\frac{2}{3}$ € als Überschuss erwirtschaftet werden.

Der erwartete Überschuss bei 6 000 Spielen beträgt $6\,000 \cdot \frac{2}{3}$ € = 4 000 €.

# Abitur Mathematik (Bayern): Abiturprüfung 2014
## Prüfungsteil B – Geometrie Aufgabengruppe 1

In einem kartesischen Koordinatensystem legen die Punkte $A(4|0|0)$, $B(0|4|0)$ und $C(0|0|4)$ das Dreieck ABC fest, das in der Ebene $E: x_1 + x_2 + x_3 = 4$ liegt.

a) Bestimmen Sie den Flächeninhalt des Dreiecks ABC.  **3**

Das Dreieck ABC stellt modellhaft einen Spiegel dar. Der Punkt $P(2|2|3)$ gibt im Modell die Position einer Lichtquelle an, von der ein Lichtstrahl ausgeht. Die Richtung dieses Lichtstrahls wird im Modell durch den Vektor $\vec{v} = \begin{pmatrix} -1 \\ -1 \\ -4 \end{pmatrix}$ beschrieben.

b) Geben Sie eine Gleichung der Geraden g an, entlang derer der Lichtstrahl im Modell verläuft. Bestimmen Sie die Koordinaten des Punkts R, in dem g die Ebene E schneidet, und begründen Sie, dass der Lichtstrahl auf dem dreieckigen Spiegel auftrifft.
[zur Kontrolle: $R(1,5|1,5|1)$]  **5**

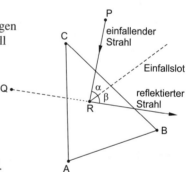

Der einfallende Lichtstrahl wird in demjenigen Punkt des Spiegels reflektiert, der im Modell durch den Punkt R dargestellt wird. Der reflektierte Lichtstrahl geht für einen Beobachter scheinbar von einer Lichtquelle aus, deren Position im Modell durch den Punkt $Q(0|0|1)$ beschrieben wird (vgl. Abbildung).

c) Zeigen Sie, dass die Punkte P und Q bezüglich der Ebene E symmetrisch sind.  **3**

Das Lot zur Ebene E im Punkt R wird als Einfallslot bezeichnet.

d) Die beiden Geraden, entlang derer der einfallende und der reflektierte Lichtstrahl im Modell verlaufen, liegen in einer Ebene F. Ermitteln Sie eine Gleichung von F in Normalenform. Weisen Sie nach, dass das Einfallslot ebenfalls in der Ebene F liegt.
[mögliches Teilergebnis: $F: x_1 - x_2 = 0$]  **5**

e) Zeigen Sie, dass die Größe des Winkels $\beta$ zwischen reflektiertem Lichtstrahl und Einfallslot mit der Größe des Winkels $\alpha$ zwischen einfallendem Lichtstrahl und Einfallslot übereinstimmt.  **4**

**20**

## Tipps und Hinweise

### Aufgabe a
- Für die Fläche eines Dreiecks findet sich eine Formel auf Ihrer Merkhilfe.
- Achten Sie darauf, dass beide Vektoren denselben Anfangspunkt besitzen.

### Aufgabe b
- Setzen Sie in die allgemeine Geradengleichung $\vec{X} = \vec{P} + \lambda \cdot \vec{v}$ ein.
- Um den Schnittpunkt einer Geraden mit einer Ebene zu bestimmen, setzt man die einzelnen Koordinaten der Geradengleichung in die Normalenform der Ebene ein.
- Es ergibt sich eine Gleichung für den Parameter der Geraden.
- Einsetzen des errechneten Parameterwerts in die Geradengleichung liefert die Koordinaten des Schnittpunkts.
- R liegt auf dem Spiegel, wenn man von A aus zu R gelangt, ohne den Vektor $\overrightarrow{AB}$ bzw. ohne den Vektor $\overrightarrow{AC}$ zu „überschreiten".
- Es muss gelten: $\overrightarrow{AR} = \mu \overrightarrow{AB} + \nu \overrightarrow{AC}$ mit $0 < \mu, \nu < 1$ und $\mu + \nu \leq 1$.
- Bestimmen Sie $\mu$ und $\nu$ und kontrollieren Sie, ob $0 < \mu, \nu < 1$ und $\mu + \nu \leq 1$ erfüllt ist.

### Aufgabe c
- P und Q sind symmetrisch bzgl. E, wenn P und Q Punkt und Spiegelpunkt bzgl. der Ebene E sind.
- Die Verbindung von Punkt und Spiegelpunkt steht auf der Spiegelebene senkrecht.
- Punkt und Spiegelpunkt besitzen von der Spiegelebene denselben Abstand.
- $\overrightarrow{PQ}$ steht auf E senkrecht, wenn $\overrightarrow{PQ}$ parallel zum Normalenvektor von E ist.
- Den Abstand eines Punktes P von einer Ebene E mit $n_1 x_1 + n_2 x_2 + n_3 x_3 + n_0 = 0$ erhält man durch $d(P; E) = \frac{|n_1 p_1 + n_2 p_2 + n_3 p_3 + n_0|}{|\vec{n}|}$.

### Aufgabe d
- Stellen Sie F zunächst in Parameterform auf (siehe Merkhilfe).
- Das Vektorprodukt der beiden Richtungsvektoren liefert den Normalenvektor von F.
- Setzen Sie den Normalenvektor und den Punkt R in die allgemeine Normalenform ein (siehe Merkhilfe).
- Berechnung des Skalarprodukts liefert die Koordinatendarstellung.

🖉 Eine Gerade gehört einer Ebene an, wenn ein Punkt der Geraden der Ebene angehört und der Richtungsvektor der Geraden sich durch die Richtungsvektoren der Ebene ausdrücken lässt oder wenn ein Punkt der Geraden der Ebene angehört und der Richtungsvektor der Geraden senkrecht auf dem Normalenvektor der Ebene steht.

🖉 Zeigen Sie, dass $\vec{u}_{\text{Einfallslot}} = k \cdot \vec{u}_{\text{einfallender Strahl}} + m \cdot \vec{u}_{\text{ausfallender Strahl}}$ gilt.

*oder:*

🖉 Zeigen Sie, dass $\vec{u}_{\text{Einfallslot}} \perp \vec{n}_F$ gilt.

**Aufgabe e**

🖉 Die Formel zur Berechnung eines Winkels zwischen zwei Vektoren finden Sie auf der Merkhilfe.

🖉 Achten Sie darauf, dass die beiden den Winkel einschließenden Vektoren denselben Anfangspunkt haben.

**Lösungen**

a) *vektoriell*: mithilfe der Formel auf der Merkhilfe

$$A_{\Delta ABC} = \frac{1}{2}|\overrightarrow{AB} \times \overrightarrow{AC}|$$

$$= \frac{1}{2}\left|\left[\begin{pmatrix}0\\4\\0\end{pmatrix}-\begin{pmatrix}4\\0\\0\end{pmatrix}\right] \times \left[\begin{pmatrix}0\\0\\4\end{pmatrix}-\begin{pmatrix}4\\0\\0\end{pmatrix}\right]\right| = \frac{1}{2}\left|\begin{pmatrix}-4\\4\\0\end{pmatrix} \times \begin{pmatrix}-4\\0\\4\end{pmatrix}\right| = \frac{1}{2}\left|\begin{pmatrix}16-0\\0+16\\0+16\end{pmatrix}\right|$$

$$= \frac{1}{2}\sqrt{16^2 + 16^2 + 16^2} = \frac{1}{2}\sqrt{3 \cdot 16^2} = \frac{1}{2} \cdot 16\sqrt{3} = 8\sqrt{3} \approx 13,86 \,[\text{FE}]$$

*elementargeometrisch*:
Die Koordinaten der Punkte A, B und C zeigen, dass es sich um ein gleichseitiges Dreieck handeln muss, da jeder Punkt auf einer anderen Koordinatenachse jeweils bei 4 liegt. Für die Fläche eines gleichseitigen Dreiecks gibt es ebenfalls eine Formel (die allerdings nicht auf der Merkhilfe zu finden ist!):

$$A_{\Delta ABC} = \frac{a^2}{4}\sqrt{3}, \text{ wobei a die Länge einer Dreiecksseite ist}$$

Mit

$$a = |\overrightarrow{AB}| = \left|\begin{pmatrix}0\\4\\0\end{pmatrix}-\begin{pmatrix}4\\0\\0\end{pmatrix}\right| = \left|\begin{pmatrix}-4\\4\\0\end{pmatrix}\right| = \sqrt{(-4)^2 + 4^2 + 0^2} = \sqrt{2 \cdot 16} = 4\sqrt{2}$$

ergibt sich:

$$A_{\Delta ABC} = \frac{(4\sqrt{2})^2}{4}\sqrt{3} = \frac{16 \cdot 2}{4}\sqrt{3} = 8\sqrt{3} \approx 13,86 \,[\text{FE}]$$

b) g: $\vec{X} = \vec{P} + \lambda \cdot \vec{v} = \begin{pmatrix}2\\2\\3\end{pmatrix} + \lambda \cdot \begin{pmatrix}-1\\-1\\-4\end{pmatrix}$ mit $\lambda \in \mathbb{R}$

$g \cap E$: $(2-\lambda) + (2-\lambda) + (3-4\lambda) = 4$
$\qquad\qquad\qquad 7 - 6\lambda = 4$
$\qquad\qquad\qquad -6\lambda = -3$
$\qquad\qquad\qquad \lambda = 0,5$

Eingesetzt in g liefert R(1,5 | 1,5 | 1).
R liegt genau dann auf dem Spiegel, wenn $\overrightarrow{AR} = \mu\overrightarrow{AB} + \nu\overrightarrow{AC}$ mit $0 < \mu, \nu < 1$ und $\mu + \nu \leq 1$ gilt.

$$\left[\begin{pmatrix}1,5\\1,5\\1\end{pmatrix}-\begin{pmatrix}4\\0\\0\end{pmatrix}\right] = \mu \cdot \left[\begin{pmatrix}0\\4\\0\end{pmatrix}-\begin{pmatrix}4\\0\\0\end{pmatrix}\right] + \nu \cdot \left[\begin{pmatrix}0\\0\\4\end{pmatrix}-\begin{pmatrix}4\\0\\0\end{pmatrix}\right]$$

$$\begin{pmatrix}-2,5\\1,5\\1\end{pmatrix} = \mu \cdot \begin{pmatrix}-4\\4\\0\end{pmatrix} + \nu \cdot \begin{pmatrix}-4\\0\\4\end{pmatrix}$$

$\Rightarrow\ -2{,}5 = -4\mu - 4\nu$

$1{,}5 = 4\mu \quad \Rightarrow\ \mu = \dfrac{3}{8} < 1$

$1 = 4\nu \quad \Rightarrow\ \nu = \dfrac{1}{4} < 1 \ \Rightarrow\ \mu + \nu = \dfrac{3}{8} + \dfrac{1}{4} = \dfrac{5}{8} < 1\ \checkmark$

Probe in der 1. Gleichung: $-4 \cdot \dfrac{3}{8} - 4 \cdot \dfrac{1}{4} = -\dfrac{3}{2} - 1 = -\dfrac{5}{2} = -2{,}5\ \checkmark$

R liegt auf dem Spiegel.

*Bemerkung:* Auch die Begründung, dass alle Koordinaten von R positiv sind, reicht aus, da die Strecken [AB], [AC] und [BC] in je einer Koordinatenebene liegen und so den Teil der Ebene E begrenzen, in dem $x_1 > 0$, $x_2 > 0$, $x_3 > 0$ gilt.

c) P und Q sind bzgl. E symmetrisch, wenn sie Punkt und Spiegelpunkt bzgl. der Ebene E sind. Der Vektor $\overrightarrow{PQ}$ muss also auf E senkrecht stehen und beide Punkte müssen denselben Abstand zu E haben.

$\overrightarrow{PQ} = \begin{pmatrix} 0 \\ 0 \\ 1 \end{pmatrix} - \begin{pmatrix} 2 \\ 2 \\ 3 \end{pmatrix} = \begin{pmatrix} -2 \\ -2 \\ -2 \end{pmatrix} = -2 \cdot \begin{pmatrix} 1 \\ 1 \\ 1 \end{pmatrix} = -2 \cdot \vec{n}_E$

Da $\overrightarrow{PQ}$ parallel zum Normalenvektor von E verläuft, steht $\overrightarrow{PQ}$ auf E senkrecht.

$d(P; E) = \dfrac{|2 + 2 + 3 - 4|}{\sqrt{1^2 + 1^2 + 1^2}} = \dfrac{3}{\sqrt{3}}$

$d(Q; E) = \dfrac{|0 + 0 + 1 - 4|}{\sqrt{1^2 + 1^2 + 1^2}} = \dfrac{|-3|}{\sqrt{3}} = \dfrac{3}{\sqrt{3}}$

Somit sind P und Q symmetrisch bzgl. E.

d) F: $\vec{X} = \vec{R} + \lambda \cdot \vec{u}_{\text{einfallender Strahl}} + \mu \cdot \vec{u}_{\text{ausfallender Strahl}}$ mit $\lambda, \mu \in \mathbb{R}$

$\vec{X} = \begin{pmatrix} 1{,}5 \\ 1{,}5 \\ 1 \end{pmatrix} + \lambda \cdot \begin{pmatrix} -1 \\ -1 \\ -4 \end{pmatrix} + \mu \cdot \overrightarrow{QR} = \begin{pmatrix} 1{,}5 \\ 1{,}5 \\ 1 \end{pmatrix} + \lambda \cdot \begin{pmatrix} -1 \\ -1 \\ -4 \end{pmatrix} + \mu \cdot \left[\begin{pmatrix} 1{,}5 \\ 1{,}5 \\ 1 \end{pmatrix} - \begin{pmatrix} 0 \\ 0 \\ 1 \end{pmatrix}\right]$

$= \begin{pmatrix} 1{,}5 \\ 1{,}5 \\ 1 \end{pmatrix} + \lambda \cdot \begin{pmatrix} -1 \\ -1 \\ -4 \end{pmatrix} + \mu \cdot \begin{pmatrix} 1{,}5 \\ 1{,}5 \\ 0 \end{pmatrix}$

$\vec{n}_F = \begin{pmatrix} -1 \\ -1 \\ -4 \end{pmatrix} \times \begin{pmatrix} 1{,}5 \\ 1{,}5 \\ 0 \end{pmatrix} = \begin{pmatrix} 0 + 6 \\ -6 - 0 \\ -1{,}5 + 1{,}5 \end{pmatrix} = \begin{pmatrix} 6 \\ -6 \\ 0 \end{pmatrix} = 6 \cdot \begin{pmatrix} 1 \\ -1 \\ 0 \end{pmatrix}$

F: $\begin{pmatrix} 1 \\ -1 \\ 0 \end{pmatrix} \circ \left[\vec{X} - \begin{pmatrix} 1{,}5 \\ 1{,}5 \\ 1 \end{pmatrix}\right] = 0$

$x_1 - x_2 - (1{,}5 - 1{,}5) = 0$

$x_1 - x_2 = 0$

**1. Möglichkeit:**
Da R der Ebene F angehört, genügt es zu zeigen, dass der Richtungsvektor des Einfallslots (= Normalenvektor von E) in einer Ebene mit den beiden Richtungsvektoren von F liegt.

$$\begin{pmatrix}1\\1\\1\end{pmatrix} = k \cdot \begin{pmatrix}-1\\-1\\-4\end{pmatrix} + m \cdot \begin{pmatrix}1,5\\1,5\\0\end{pmatrix}$$

$\Rightarrow \quad 1 = -k + 1,5m$

$\phantom{\Rightarrow \quad} 1 = -k + 1,5m \qquad\qquad 1 = \frac{1}{4} + \frac{3}{2}m \quad\Rightarrow\quad \frac{3}{4} = \frac{3}{2}m \quad\Rightarrow\quad m = \frac{1}{2}$

$\phantom{\Rightarrow \quad} 1 = -4k \qquad \Rightarrow\quad k = -\frac{1}{4}$

Da die 1. und die 2. Gleichung übereinstimmen, ist keine Probe erforderlich.

$$\begin{pmatrix}1\\1\\1\end{pmatrix} = -\frac{1}{4} \cdot \begin{pmatrix}-1\\-1\\-4\end{pmatrix} + \frac{1}{2} \cdot \begin{pmatrix}1,5\\1,5\\0\end{pmatrix}$$

Das Einfallslot liegt somit in F.

**2. Möglichkeit:**
Da R der Ebene F angehört, genügt es zu zeigen, dass der Richtungsvektor des Einfallslots (= Normalenvektor von E) auf dem Normalenvektor von F senkrecht steht.

$$\vec{n}_E \circ \vec{n}_F = \begin{pmatrix}1\\1\\1\end{pmatrix} \circ \begin{pmatrix}1\\-1\\0\end{pmatrix} = 1 - 1 + 0 = 0$$

Das Einfallslot liegt somit in F.

e) Gemäß der Formel auf der Merkhilfe gilt:

$$\cos\beta = \frac{\begin{pmatrix}1,5\\1,5\\0\end{pmatrix} \circ \begin{pmatrix}1\\1\\1\end{pmatrix}}{\sqrt{1,5^2 + 1,5^2 + 0^2} \cdot \sqrt{1^2 + 1^2 + 1^2}} = \frac{1,5 + 1,5 + 0}{\sqrt{4,5} \cdot \sqrt{3}} = \frac{3}{\sqrt{13,5}} \quad\Rightarrow\quad \beta \approx 35{,}26°$$

Bei der Berechnung des Winkels $\alpha$ muss darauf geachtet werden, dass man den Gegenvektor von $\vec{v}$ benutzt, damit die beiden den Winkel einschließenden Vektoren in einem Punkt (Punkt R) beginnen.

$$\cos\alpha = \frac{\begin{pmatrix}1\\1\\1\end{pmatrix} \circ \begin{pmatrix}1\\1\\4\end{pmatrix}}{\sqrt{1^2 + 1^2 + 1^2} \cdot \sqrt{1^2 + 1^2 + 4^2}} = \frac{1 + 1 + 4}{\sqrt{3} \cdot \sqrt{18}} = \frac{6}{\sqrt{54}} \quad\Rightarrow\quad \alpha \approx 35{,}26°$$

Somit gilt $\alpha = \beta$.

*Bemerkung:* Noch schöner ist es zu zeigen, dass $\cos\beta = \cos\alpha$ gilt:

$$\cos\beta = \frac{3}{\sqrt{13,5}} = \frac{3 \cdot 2}{\sqrt{13,5} \cdot 2} = \frac{6}{\sqrt{13,5} \cdot \sqrt{4}} = \frac{6}{\sqrt{54}} = \cos\alpha$$

# Abitur Mathematik (Bayern): Abiturprüfung 2014
## Prüfungsteil B – Geometrie Aufgabengruppe 2

BE

Die Abbildung zeigt modellhaft ein Einfamilienhaus, das auf einer horizontalen Fläche steht. Auf einer der beiden rechteckigen Dachflächen soll eine Dachgaube errichtet werden. Die Punkte A, B, C, D, O, P, Q und R sind die Eckpunkte eines Quaders. Das gerade dreiseitige Prisma LMNIJK stellt die Dachgaube dar, die Strecke [GH] den First des Dachs, d. h. die obere waagrechte Dachkante. Eine Längeneinheit im Koordinatensystem entspricht 1 m, d. h., das Haus ist 10 m lang.

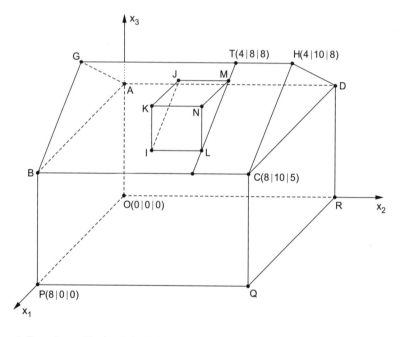

a) Berechnen Sie den Inhalt derjenigen Dachfläche, die im Modell durch das Rechteck BCHG dargestellt wird. 2

b) In der Stadt, in der das Einfamilienhaus steht, gilt für die Errichtung von Dachgauben eine Satzung, die jeder Bauherr einhalten muss. Diese Satzung lässt die Errichtung einer Dachgaube zu, wenn die Größe des Neigungswinkels der Dachfläche des jeweiligen Hausdachs gegen die Horizontale mindestens 35° beträgt. Zeigen Sie rechnerisch, dass für das betrachtete Einfamilienhaus die Errichtung einer Dachgaube zulässig ist. 3

Die Dachfläche, auf der die Dachgaube errichtet wird, liegt im Modell in der Ebene E: $3x_1 + 4x_3 - 44 = 0$.
Die Dachgaube soll so errichtet werden, dass sie von dem seitlichen Rand der Dachfläche, der im Modell durch die Strecke [HC] dargestellt wird, den Abstand 2 m und vom First des Dachs den Abstand 1 m hat. Zur Ermittlung der Koordinaten des Punkts M wird die durch den Punkt T(4|8|8) verlaufende Gerade

$t: \vec{X} = \begin{pmatrix} 4 \\ 8 \\ 8 \end{pmatrix} + \lambda \cdot \begin{pmatrix} 4 \\ 0 \\ -3 \end{pmatrix}$, $\lambda \in \mathbb{R}$ betrachtet.

c) Begründen Sie, dass t in der Ebene E verläuft und von der Geraden HC den Abstand 2 besitzt.    5

d) Auf der Geraden t wird nun der Punkt M so festgelegt, dass der Abstand der Dachgaube vom First 1 m beträgt. Bestimmen Sie die Koordinaten von M.
[Ergebnis: M(4,8|8|7,4)]    3

Die Punkte M und N liegen auf der Geraden m: $\vec{X} = \begin{pmatrix} 4,8 \\ 8 \\ 7,4 \end{pmatrix} + \mu \cdot \begin{pmatrix} 6 \\ 0 \\ -1 \end{pmatrix}$, $\mu \in \mathbb{R}$, die

im Modell die Neigung der Dachfläche der Gaube festlegt. Die zur $x_3$-Achse parallele Strecke [NL] stellt im Modell den sogenannten Gaubenstiel dar; dessen Länge soll 1,4 m betragen. Um die Koordinaten von N und L zu bestimmen, wird die Ebene F betrachtet, die durch Verschiebung von E um 1,4 in positive $x_3$-Richtung entsteht.

e) Begründen Sie, dass $3x_1 + 4x_3 - 49,6 = 0$ eine Gleichung von F ist.    3

f) Bestimmen Sie die Koordinaten von N und L.
[Teilergebnis: N(7,2|8|7)]    4
                                                                     20

## Tipps und Hinweise

**Aufgabe a**

- Die Koordinaten der Eckpunkte BCHG sind in der Abbildung angegeben oder lassen sich aus dieser ablesen.
- B liegt senkrecht über P und hat dieselbe $x_3$-Koordinate wie C. G hat dieselbe $x_1$- und $x_3$-Koordinate wie H und liegt in der $x_1$-$x_3$-Ebene.
- Die Fläche des Rechtecks kann vektoriell oder elementargeometrisch berechnet werden.
- Die Fläche eines Rechtecks ist doppelt so groß wie die Fläche des entsprechenden Dreiecks. Die Formel finden Sie auf der Merkhilfe.
- Achten Sie darauf, dass die beiden Vektoren denselben Anfangspunkt besitzen.
- Bestimmen Sie Länge und Breite des Rechtecks und berechnen Sie die Fläche mit der Formel Fläche = Länge · Breite.
- Die Länge bzw. Breite berechnen Sie mithilfe der Formel auf der Merkhilfe (Betrag eines Vektors).

**Aufgabe b**

- Die Neigung der Dachfläche lässt sich durch den Winkel zwischen zwei Vektoren berechnen (siehe Merkhilfe).
- Sie können wählen zwischen den Vektoren $\overrightarrow{BA}$ und $\overrightarrow{BG}$ oder $\overrightarrow{AB}$ und $\overrightarrow{AG}$ oder $\overrightarrow{CD}$ und $\overrightarrow{CH}$ oder $\overrightarrow{DC}$ und $\overrightarrow{DH}$.
- Vergleichen Sie den berechneten Winkel mit der zugelassenen Größe.

**Aufgabe c**

- Eine Gerade gehört einer Ebene an, wenn ein Punkt der Geraden der Ebene angehört und der Richtungsvektor der Geraden sich durch die Richtungsvektoren der Ebene ausdrücken lässt oder wenn ein Punkt der Geraden der Ebene angehört und der Richtungsvektor der Geraden senkrecht auf dem Normalenvektor der Ebene steht.
- Die Ebene E verläuft außer durch B, C, H und G noch durch einen weiteren eingezeichneten Punkt am Dachfirst.
- Der Geradenpunkt T gehört der Ebene E an.
- Zeigen Sie, dass $\vec{u}_t \parallel \overrightarrow{HC}$ gilt.

    *oder:*

- Zeigen Sie, dass $\vec{u}_t \perp \vec{n}_E$ gilt.
- Der Abstand der Geraden t und HC lässt sich als Entfernung zweier gegebener Punkte bestimmen.

✏ Eine Formel für die Länge eines Vektors finden Sie auf der Merkhilfe.

**Aufgabe d**

*1. Möglichkeit*:

✏ Sie setzen die Länge von $\overrightarrow{TM}$ gleich 1.

✏ Da M ∈ t gilt, erfüllen die Koordinaten von M die Geradengleichung von t.

✏ Es entsteht eine Gleichung für den Parameter λ, die zwei Lösungen hat.

✏ Nur eine dieser beiden Lösungen ist geometrisch sinnvoll.

*2. Möglichkeit*:

✏ Sie verwenden in der Geradengleichung statt des Richtungsvektors den entsprechenden Einheitsvektor, dann gibt der Parameter die Entfernung von T an.

**Aufgabe e**

✏ Sind zwei Ebenen parallel, so sind auch ihre Normalenvektoren parallel.

✏ Sie können für F denselben Normalenvektor wie für E verwenden.

✏ Der Punkt H liegt in E. Welche Koordinaten besitzt der um 1,4 nach oben verschobene Punkt H*, der der Ebene F angehört?

✏ Verwenden Sie für F die allgemeine Normalenform (siehe Merkhilfe) und setzen Sie den Normalenvektor und den Punkt H* ein.

**Aufgabe f**

✏ Der Punkt N gehört sowohl der Geraden m als auch der Ebene F an.

✏ N ergibt sich als Schnittpunkt von m und F.

✏ Um den Schnittpunkt einer Geraden mit einer Ebene zu bestimmen, setzt man die einzelnen Koordinaten der Geradengleichung in die Normalenform der Ebene ein.

✏ Es ergibt sich eine Gleichung für den Parameter der Geraden.

✏ Einsetzen des errechneten Parameterwerts in die Geradengleichung liefert die Koordinaten des Schnittpunkts.

✏ Der Punkt L soll senkrecht unter N liegen und die Länge der Strecke [NL] soll 1,4 m betragen.

✏ L hat dieselbe $x_1$- und $x_2$-Koordinate wie N; die $x_3$-Koordinate von L ist um 1,4 kleiner als die $x_3$-Koordinate von N.

**Lösungen**

a) Die Eckpunkte des Rechtecks BCHG haben gemäß Zeichnung die Koordinaten B(8|0|5), C(8|10|5), H(4|10|8) und G(4|0|8).

*vektoriell:*

$$A_{BCHG} = |\overrightarrow{BC} \times \overrightarrow{BG}|$$

$$= \left| \left[ \begin{pmatrix} 8 \\ 10 \\ 5 \end{pmatrix} - \begin{pmatrix} 8 \\ 0 \\ 5 \end{pmatrix} \right] \times \left[ \begin{pmatrix} 4 \\ 0 \\ 8 \end{pmatrix} - \begin{pmatrix} 8 \\ 0 \\ 5 \end{pmatrix} \right] \right| = \left| \begin{pmatrix} 0 \\ 10 \\ 0 \end{pmatrix} \times \begin{pmatrix} -4 \\ 0 \\ 3 \end{pmatrix} \right| = \left| \begin{pmatrix} 30-0 \\ 0-0 \\ 0+40 \end{pmatrix} \right|$$

$$= \sqrt{30^2 + 0^2 + 40^2} = 50$$

*elementargeometrisch:*

$$A_{BCHG} = |\overrightarrow{BC}| \cdot |\overrightarrow{BG}|$$

$$= \left| \begin{pmatrix} 8 \\ 10 \\ 5 \end{pmatrix} - \begin{pmatrix} 8 \\ 0 \\ 5 \end{pmatrix} \right| \cdot \left| \begin{pmatrix} 4 \\ 0 \\ 8 \end{pmatrix} - \begin{pmatrix} 8 \\ 0 \\ 5 \end{pmatrix} \right| = \left| \begin{pmatrix} 0 \\ 10 \\ 0 \end{pmatrix} \right| \cdot \left| \begin{pmatrix} -4 \\ 0 \\ 3 \end{pmatrix} \right|$$

$$= \sqrt{0^2 + 10^2 + 0^2} \cdot \sqrt{(-4)^2 + 0^2 + 3^2} = 10 \cdot 5 = 50$$

Aufgrund des angegebenen Maßstabs beträgt die Dachfläche 50 m².

b) Die Neigung der Dachfläche gegen die Horizontale entspricht dem Winkel ε zwischen $\overrightarrow{BA}$ und $\overrightarrow{BG}$.

$$\cos\varepsilon = \frac{\left[ \begin{pmatrix} 0 \\ 0 \\ 5 \end{pmatrix} - \begin{pmatrix} 8 \\ 0 \\ 5 \end{pmatrix} \right] \circ \left[ \begin{pmatrix} 4 \\ 0 \\ 8 \end{pmatrix} - \begin{pmatrix} 8 \\ 0 \\ 5 \end{pmatrix} \right]}{|\overrightarrow{BA}| \cdot |\overrightarrow{BG}|} = \frac{\begin{pmatrix} -8 \\ 0 \\ 0 \end{pmatrix} \circ \begin{pmatrix} -4 \\ 0 \\ 3 \end{pmatrix}}{\sqrt{(-8)^2 + 0^2 + 0^2} \cdot \sqrt{(-4)^2 + 0^2 + 3^2}}$$

$$= \frac{32 + 0 + 0}{\sqrt{64} \cdot \sqrt{25}} = \frac{32}{8 \cdot 5} = 0{,}8 \quad \Rightarrow \quad \varepsilon \approx 36{,}87°$$

Die Errichtung der Dachgaube ist zulässig, da der Neigungswinkel größer als 35° ist.

c) *1. Möglichkeit:*
Die Ebene E verläuft durch die Punkte B, C, H und G und auch durch T, da T ∈ [GH]. Ferner gilt:

$$\overrightarrow{HC} = \begin{pmatrix} 8 \\ 10 \\ 5 \end{pmatrix} - \begin{pmatrix} 4 \\ 10 \\ 8 \end{pmatrix} = \begin{pmatrix} 4 \\ 0 \\ -3 \end{pmatrix} = \vec{u}_t$$

Somit verläuft die Gerade t durch den Ebenenpunkt T und ist parallel zum Vektor $\overrightarrow{HC}$, der ebenfalls der Ebene angehört. Also gilt t ⊂ E.

*2. Möglichkeit:*
Die Ebene E verläuft durch die Punkte B, C, H und G und auch durch T, da T ∈ [GH]. Ferner gilt:
$$\vec{u}_t \circ \vec{n}_E = \begin{pmatrix} 4 \\ 0 \\ -3 \end{pmatrix} \circ \begin{pmatrix} 3 \\ 0 \\ 4 \end{pmatrix} = 12 + 0 - 12 = 0 \implies t \parallel E$$
Also gilt t ⊂ E.

Da BCHG laut Angabe ein Rechteck ist, steht die Gerade HC auf der Geraden HG und damit auch auf der Geraden HT senkrecht. Der Abstand der Geraden t von der Geraden HC ist damit gleich der Entfernung der Punkte H und T.

$$d(t; HC) = |\overrightarrow{HT}| = \left| \begin{pmatrix} 4 \\ 8 \\ 8 \end{pmatrix} - \begin{pmatrix} 4 \\ 10 \\ 8 \end{pmatrix} \right| = \left| \begin{pmatrix} 0 \\ -2 \\ 0 \end{pmatrix} \right| = \sqrt{0^2 + (-2)^2 + 0^2} = 2$$

*Bemerkung:* Dieser Abstand lässt sich auch unmittelbar aus den gegebenen Koordinaten ablesen.

d) So wie HC verläuft auch t senkrecht zum Dachfirst [GH].

*1. Möglichkeit:*
$|\overrightarrow{TM}| = 1$

Da M ∈ t, gilt für die Koordinaten von M(4 + 4λ | 8 | 8 − 3λ) und somit:

$$\left| \begin{pmatrix} 4+4\lambda \\ 8 \\ 8-3\lambda \end{pmatrix} - \begin{pmatrix} 4 \\ 8 \\ 8 \end{pmatrix} \right| = 1$$

$$\left| \begin{pmatrix} 4\lambda \\ 0 \\ -3\lambda \end{pmatrix} \right| = 1$$

$$\sqrt{(4\lambda)^2 + 0^2 + (-3\lambda)^2} = 1$$

$$\sqrt{25\lambda^2} = 1$$

$$5\lambda = \pm 1$$

$$\lambda = \pm \frac{1}{5} = \pm 0{,}2$$

Für M ergeben sich also rechnerisch die beiden Möglichkeiten:
$M_1(4{,}8 | 8 | 7{,}4)$ und $M_2(3{,}2 | 8 | 8{,}6)$
Da gemäß Abbildung für M jedoch $m_3 < 8$ gilt, kommt nur $M_1$ infrage:
$M(4{,}8 | 8 | 7{,}4)$

*2. Möglichkeit:*
Wegen t ∥ HC gilt:

$$\vec{M} = \vec{T} + 1 \cdot \overrightarrow{HC}^0$$

$$\vec{M} = \begin{pmatrix} 4 \\ 8 \\ 8 \end{pmatrix} + 1 \cdot \frac{1}{\sqrt{4^2 + 0^2 + (-3)^2}} \cdot \begin{pmatrix} 4 \\ 0 \\ -3 \end{pmatrix} = \begin{pmatrix} 4 \\ 8 \\ 8 \end{pmatrix} + 0,2 \cdot \begin{pmatrix} 4 \\ 0 \\ -3 \end{pmatrix} = \begin{pmatrix} 4,8 \\ 8 \\ 7,4 \end{pmatrix}$$

e) Da E und F parallel sein sollen, gilt $\vec{n}_F = \vec{n}_E$.

Liegt H(4|10|8) in der Ebene E, so liegt der Punkt H*(4|10|9,4) in der Ebene F. (Entsprechendes gilt ebenso für die Punkte B, C, T und G.)

Somit:
F: $3x_1 + 4x_3 + n_0 = 0$
Einsetzen der Koordinaten von H* ergibt:
$3 \cdot 4 + 4 \cdot 9,4 + n_0 = 0 \Rightarrow n_0 = -49,6$
F: $3x_1 + 4x_3 - 49,6 = 0$

*oder:*

F: $\begin{pmatrix} 3 \\ 0 \\ 4 \end{pmatrix} \circ \left[ \vec{X} - \begin{pmatrix} 4 \\ 10 \\ 9,4 \end{pmatrix} \right] = 0$

$3x_1 + 4x_3 - (3 \cdot 4 + 0 \cdot 10 + 4 \cdot 9,4) = 0$
$3x_1 + 4x_3 - 49,6 = 0$

f) Der Punkt N liegt sowohl in F als auch auf der Geraden m.

F ∩ m: $3 \cdot (4,8 + 6\mu) + 4 \cdot (7,4 - \mu) - 49,6 = 0$
$14,4 + 18\mu + 29,6 - 4\mu - 49,6 = 0$
$14\mu = 5,6$
$\mu = 0,4$

⇒ N(7,2|8|7)

Da L senkrecht unter N um 1,4 m tiefer liegt, gilt: L(7,2|8|5,6)

# Abitur Mathematik (Bayern): Abiturprüfung 2015
## Prüfungsteil A – Analysis

## Aufgabengruppe 1

BE

1. Gegeben ist die Funktion f: $x \mapsto (x^3 - 8) \cdot (2 + \ln x)$ mit maximalem Definitionsbereich $D$.

   a) Geben Sie $D$ an.  1

   b) Bestimmen Sie die Nullstellen von f.  2

2. Gegeben sind die in $\mathbb{R}$ definierten Funktionen f, g und h mit $f(x) = x^2 - x + 1$, $g(x) = x^3 - x + 1$ und $h(x) = x^4 + x^2 + 1$.

   a) Abbildung 1 zeigt den Graphen einer der drei Funktionen. Geben Sie an, um welche Funktion es sich handelt. Begründen Sie, dass der Graph die anderen beiden Funktionen nicht darstellt.  3

   b) Die erste Ableitungsfunktion von h ist h'. Bestimmen Sie den Wert von
   $$\int_0^1 h'(x)\,dx.$$  2

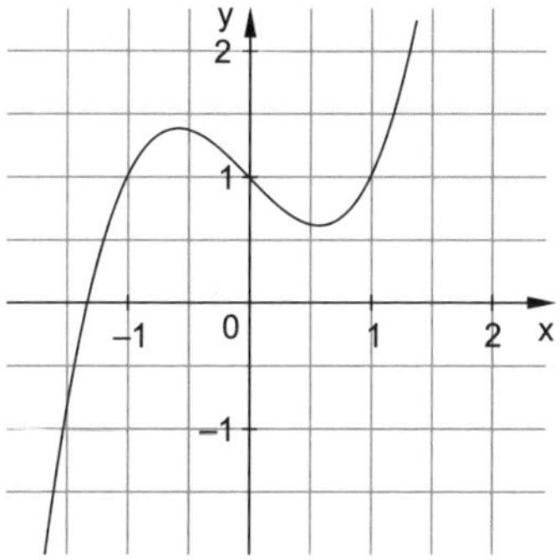

   Abb. 1

3. a) Geben Sie einen positiven Wert für den Parameter a an, sodass die in $\mathbb{R}$ definierte Funktion f: $x \mapsto \sin(ax)$ eine Nullstelle in $x = \frac{\pi}{6}$ hat.  1

   b) Ermitteln Sie den Wert des Parameters b, sodass die Funktion g: $x \mapsto \sqrt{x^2 - b}$ den maximalen Definitionsbereich $\mathbb{R}\setminus\,]-2; 2[$ besitzt.  2

   c) Erläutern Sie, dass die in $\mathbb{R}$ definierte Funktion h: $x \mapsto 4 - e^x$ den Wertebereich $]-\infty; 4[$ besitzt.  2

4. Abbildung 2 zeigt den Graphen einer in $\mathbb{R}$ definierten differenzierbaren Funktion g: $x \mapsto g(x)$. Mithilfe des Newton-Verfahrens soll ein Näherungswert für die Nullstelle a von g ermittelt werden. Begründen Sie, dass weder die x-Koordinate des Hochpunkts H noch die x-Koordinate des Tiefpunkts T als Startwert des Newton-Verfahrens gewählt werden kann.  2

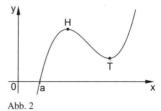

Abb. 2

5. Gegeben ist die Funktion f mit $f(x) = x^3 - 6x^2 + 11x - 6$ und $x \in \mathbb{R}$.

   a) Weisen Sie nach, dass der Wendepunkt des Graphen von f auf der Geraden mit der Gleichung $y = x - 2$ liegt.     3

   b) Der Graph von f wird verschoben. Der Punkt $(2|0)$ des Graphen der Funktion f besitzt nach der Verschiebung die Koordinaten $(3|2)$. Der verschobene Graph gehört zu einer Funktion h. Geben Sie eine Gleichung von h an.     2

       20

## Aufgabengruppe 2

BE

1. Gegeben ist die Funktion g: $x \mapsto \ln(2x + 3)$ mit maximaler Definitionsmenge $\mathbb{D}$ und Wertemenge $\mathbb{W}$. Der Graph von g wird mit $G_g$ bezeichnet.

   a) Geben Sie $\mathbb{D}$ und $\mathbb{W}$ an.     2

   b) Ermitteln Sie die Gleichung der Tangente an $G_g$ im Schnittpunkt von $G_g$ mit der x-Achse.     4

2. Gegeben ist die Funktion f mit $f(x) = x^3 - 6x^2 + 11x - 6$ und $x \in \mathbb{R}$.

   a) Weisen Sie nach, dass der Wendepunkt des Graphen von f auf der Geraden mit der Gleichung $y = x - 2$ liegt.     3

   b) Der Graph von f wird verschoben. Der Punkt $(2|0)$ des Graphen der Funktion f besitzt nach der Verschiebung die Koordinaten $(3|2)$. Der verschobene Graph gehört zu einer Funktion h. Geben Sie eine Gleichung von h an.     2

3. Geben Sie jeweils den Term einer Funktion an, die die angegebene(n) Eigenschaft(en) besitzt.

   a) Die Funktion g hat die maximale Definitionsmenge $]-\infty; 5]$.     2

   b) Die Funktion k hat in $x = 2$ eine Nullstelle und in $x = -3$ eine Polstelle ohne Vorzeichenwechsel. Der Graph von k hat die Gerade mit der Gleichung $y = 1$ als Asymptote.     3

4. Gegeben ist die Schar der in $\mathbb{R}$ definierten Funktionen $f_a: x \mapsto xe^{ax}$ mit $a \in \mathbb{R}\setminus\{0\}$. Ermitteln Sie, für welchen Wert von a die erste Ableitung von $f_a$ an der Stelle $x = 2$ den Wert 0 besitzt.     4

    20

# Tipps und Hinweise

## Aufgabengruppe 1

### Aufgabe 1 a
- Die gegebene Funktion ist das Produkt zweier Funktionen.
- Eine Teilfunktion ist eine rationale Funktion, die andere eine ln-Funktion.
- Hat eine rationale Funktion Einschränkungen des Definitionsbereichs?
- Besitzt eine ln-Funktion Einschränkungen bzgl. des Definitionsbereichs?

### Aufgabe 1 b
- Ein Produkt ist null, wenn einer der Faktoren null ist.
- Eine ln-Gleichung wird mithilfe der Umkehrfunktion $e^x$ gelöst.

### Aufgabe 2 a
- Die drei Funktionen sind rationale Funktionen von unterschiedlichem Grad.
- Wie nennt man den Graphen einer rationalen Funktion 2. Grades?
- Handelt es sich bei dem gegebenen Graphen um eine Parabel?
- Besitzt die Funktion g(x) Symmetrie zum KOSY?
- Wie verhält sich g(x) für $x \to \pm\infty$?
- Besitzt die Funktion h(x) Symmetrie zum KOSY?
- Wie verhält sich h(x) für $x \to \pm\infty$?

### Aufgabe 2 b
- Wie berechnet sich ein bestimmtes Integral?
- $\int_a^b f(x)\,dx = [F(x)]_a^b$, wobei F(x) eine Stammfunktion von f(x) ist.
- Welcher Zusammenhang besteht zwischen F(x) und f(x)?
- Die Ableitung der Stammfunktion ergibt die ursprüngliche Funktion: $F'(x) = f(x)$
- Hier soll gemäß Angabe gelten: $f(x) = h'(x)$
- Stammfunktion von h'(x) ist h(x).

### Aufgabe 3 a
- Wo besitzt die Funktion $f_1(x) = \sin(1 \cdot x) = \sin(x)$ Nullstellen?
- Wie beeinflusst die Veränderung von a den Graphen von $f_a(x) = \sin(ax)$?

- Eine Änderung der Periode verändert auch die Nullstellen.
- Wegen $\sin(\pi) = 0$ lässt sich $\sin(ax) = 0$ lösen durch $ax = \pi$.
- Da sich eine Nullstelle in $x = \frac{\pi}{6}$ befinden soll, muss gelten $a \cdot \frac{\pi}{6} = \pi$.
- Entsprechendes kann z. B. auch mit der Ausgangsgleichung $\sin(2\pi) = 0$ erfolgen.

**Aufgabe 3 b**
- Welche Einschränkung muss bei einer Wurzelfunktion gemacht werden?
- Eine Wurzel ist nur definiert, wenn unter der Wurzel nichts Negatives steht.
- Der gegebene Definitionsbereich besagt, dass x keine Werte aus dem Intervall $]-2; 2[$ annehmen darf.
- Welche Werte ergeben sich für $x^2$, falls $x \in ]-2; 2[$?
- Welches Vorzeichen besitzt der Term $x^2 - 4$, falls $x \in ]-2; 2[$?
- Welches Vorzeichen besitzt der Term $x^2 - 4$, falls $x \in \mathbb{D} = \mathbb{R} \setminus ]-2; 2[$?

**Aufgabe 3 c**
- Geben Sie an, wie sich der Graph von $h(x) = 4 - e^x$ aus dem Graphen von $f(x) = e^x$ entwickeln lässt.
- Geben Sie bei jedem Schritt auch den Wertebereich an.

**Aufgabe 4**
- Formel für das Newton-Verfahren: $x_{n+1} = x_n - \frac{f(x_n)}{f'(x_n)}$
- Wie lautet die Formel für $n = 0$?
- Welchen Wert hat $f'(x_0)$, wenn als Startwert $x_0$ die x-Koordinate des Hoch- oder Tiefpunkts gewählt wird?
- Setzen Sie diesen Wert von $f'(x_0)$ in die Formel ein.
- Warum lässt sich $x_1$ nicht angeben?
- Division durch 0 ist nicht definiert.

  *oder:*
- Auf welcher Berechnung beruht das Newton-Verfahren?
- Beim Newton-Verfahren wird zunächst ein Kurvenpunkt in der Nähe der vermuteten Nullstelle festgelegt und die Tangente an die Kurve in diesem Punkt ermittelt.
- Der Schnittpunkt der Tangente mit der x-Achse ergibt den nächsten Näherungswert.
- Wie verläuft die Tangente im Hoch- bzw. Tiefpunkt?
- Lässt sich ein Schnittpunkt der Tangente im Hoch- bzw. Tiefpunkt mit der x-Achse angeben?

**Aufgabe 5 a**
- Welche Eigenschaften besitzt ein Wendepunkt?
- Bilden Sie die 1., 2. und 3. Ableitung von f(x).
- Für den Wendepunkt muss gelten: $f''(x)=0$ und $f'''(x) \neq 0$
- Bestimmen Sie x- und y-Koordinate des Wendepunkts.
- Ein Punkt liegt auf einer Geraden, wenn er die Geradengleichung erfüllt.

**Aufgabe 5 b**
- Durch welche Verschiebungen in x- bzw. y-Richtung wandert der Punkt (2|0) in den Punkt (3|2)?
- Es gibt zwei mögliche Verschiebungen:
  - Verschiebung in x-Richtung um a nach rechts bzw. nach links:
    Aus f(x) wird f(x − a) bzw. f(x + a).
  - Verschiebung in y-Richtung um b nach oben bzw. nach unten:
    Aus f(x) wird f(x) + b bzw. f(x) − b.

## Aufgabengruppe 2

**Aufgabe 1 a**
- Das Argument von ln x muss positiv sein.
- Wie verhält sich die Funktion an den Rändern des Definitionsbereichs? Daraus ergibt sich die Wertemenge.

*oder:*

- Geben Sie an, wie sich der Graph von $g(x) = \ln(2x+3)$ aus dem Graphen von $f(x) = \ln x$ entwickeln lässt.
- Geben Sie bei jedem Schritt auch die Wertemenge an.

**Aufgabe 1 b**
- Bestimmen Sie die Nullstelle (Schnitt mit der x-Achse).
- Jede Tangente hat als Gerade die Gleichung $y = mx + t$.
- Die Steigung der Tangente ergibt sich mithilfe der 1. Ableitung $g'(x)$.
- Die gesuchte Steigung erhält man durch Einsetzen der Nullstelle in $g'(x)$.
- Die Tangente verläuft durch den Punkt (−1|0).

**Aufgabe 2**
- siehe Analysis – Aufgabengruppe 1, Aufgabe 5

## Aufgabe 3 a

- Die Definitionsmenge ist ein halboffenes Intervall.
- Unter den „Grundfunktionen" ganzrational, gebrochenrational, $\sin x$, $\cos x$, $\sqrt{x}$, $e^x$ und $\ln x$ besitzt nur $\sqrt{x}$ ein halboffenes Intervall (nämlich $[0; +\infty[ = \mathbb{R}^+)$ als Definitionsmenge.
- Für welche Wurzelfunktion gilt: $\mathbb{D} = \mathbb{R}^- = \,]-\infty; 0]$?
- Durch eine Verschiebung des Graphen in x-Richtung lässt sich die Definitionsmenge $]-\infty; 5]$ erzielen.

## Aufgabe 3 b

- k muss eine gebrochenrationale Funktion sein.
- Polstellen sind Nullstellen des Nenners.
- Eine Polstelle ohne Vorzeichenwechsel ist eine doppelte, vierfache, sechsfache ... Nullstelle des Nenners.
- $y = 1$ ist eine Parallele zur x-Achse.
- Wie müssen sich Grad Zähler und Grad Nenner zueinander verhalten, damit eine waagrechte Asymptote parallel zur x-Achse auftritt?
- Was muss für die Koeffizienten bei den höchsten x-Potenzen in Zähler und Nenner gelten, damit die waagrechte Asymptote die Gleichung $y = 1$ hat?

## Aufgabe 4

- Bestimmen Sie die 1. Ableitung $f_a'(x)$.
- Beachten Sie die Produktregel:
  $f(x) = u(x) \cdot v(x) \;\Rightarrow\; f'(x) = u'(x) \cdot v(x) + u(x) \cdot v'(x)$
- Bei der Ableitung des Faktors $e^{ax}$ aufs Nachdifferenzieren (Kettenregel) achten.
- Die Gleichung $f_a'(2) = 0$ lösen.
- Ein Produkt ist null, wenn einer der Faktoren null ist.
- Jede Potenz von e ist stets positiv.

# Lösungen

## Aufgabengruppe 1

1. a) $\mathbb{D} = \mathbb{R}^+$, da nur $\ln x$ eine Einschränkung erfordert.

   b) $f(x) = 0 \Rightarrow (x^3 - 8) \cdot (2 + \ln x) = 0$
   
   $\Rightarrow x^3 - 8 = 0$ oder $2 + \ln x = 0$
   
   $\quad\quad x^3 = 8 \quad\quad\quad\quad \ln x = -2$
   
   $\quad\quad x = 2 \quad\quad\quad\quad\quad x = e^{-2}$

2. a) Der Graph zeigt die Funktion g(x).
   
   Der Graph von f(x) ist eine Parabel und kann somit nicht der gezeigte Graph sein.
   
   Der Graph von h(x) verläuft für $x \to \pm\infty$ nach $+\infty$ (der Exponent der größten Potenz von x ist gerade) und kann somit nicht der gezeigte Graph sein.
   
   *oder:*
   
   Der Graph von h(x) ist symmetrisch zur y-Achse, da nur geradzahlige Potenzen von x vorhanden sind, und kann somit nicht der gezeigte Graph sein.

   b) Um das Integral auszurechnen, benötigt man eine Stammfunktion von h'(x). Dies ist die gegebene Funktion h(x).
   
   $$\int_0^1 h'(x)\,dx = [h(x)]_0^1 = (1^4 + 1^2 + 1) - (0^4 + 0^2 + 1) = 3 - 1 = 2$$

3. a) $f_a(x) = \sin(ax)$ mit $\mathbb{D} = \mathbb{R}$ und $a \in \mathbb{R}^+$
   
   Für $a = 6; 12; 18; \ldots$ besitzt $f_a(x) = \sin(ax)$ die Nullstelle $x = \frac{\pi}{6}$.
   
   *Begründung* (nicht verlangt!):
   
   $f_1(x) = \sin(1 \cdot x) = \sin(x)$ besitzt die Nullstellen $0; \pm\pi; \pm 2\pi; \pm 3\pi; \ldots$ und die Periode $2\pi$. Die Veränderung von a bewirkt eine Veränderung der Periodenlänge und damit verschieben sich die Nullstellen.
   
   $a = 6$: Statt der Nullstelle $\pi$ ergibt sich die Nullstelle $x = \frac{\pi}{6}$,
   
   $\quad\quad$ da $\sin\left(6 \cdot \frac{\pi}{6}\right) = \sin(\pi) = 0$.
   
   $a = 12$: Statt der Nullstelle $2\pi$ ergibt sich die Nullstelle $x = \frac{\pi}{6}$,
   
   $\quad\quad$ da $\sin\left(12 \cdot \frac{\pi}{6}\right) = \sin(2\pi) = 0$.
   
   $a = 18$: Statt der Nullstelle $3\pi$ ergibt sich die Nullstelle $x = \frac{\pi}{6}$,
   
   $\quad\quad$ da $\sin\left(18 \cdot \frac{\pi}{6}\right) = \sin(3\pi) = 0$.
   
   usw.

b) $b = 4$

*Begründung* (nicht verlangt!):
Für $x \in\ ]-2;\ 2[$ gilt $x^2 < 4$. Somit ist der Term $x^2 - 4$ im Intervall $]-2;\ 2[$ stets negativ und daher ist $g(x) = \sqrt{x^2 - 4}$ in $]-2;\ 2[$ nicht definiert.

c) Der Graph von h(x) entsteht aus dem Graphen von $f(x) = e^x$ mit $\mathbb{W} = \mathbb{R}^+$
- durch Spiegelung an der x-Achse, ergibt:
  $g(x) = -e^x$ mit $\mathbb{W} = \mathbb{R}^- =\ ]-\infty;\ 0[$
- und anschließende Verschiebung um 4 in positive y-Richtung, ergibt:
  $h(x) = -e^x + 4 = 4 - e^x$ mit $\mathbb{W} =\ ]-\infty;\ 4[$

4. Für das Newton-Verfahren gibt es die Iterationsformel:
$$x_{n+1} = x_n - \frac{f(x_n)}{f'(x_n)}$$

Im ersten Schritt ($n = 0$) mit dem Startwert $x_0$ folgt also:
$$x_1 = x_0 - \frac{f(x_0)}{f'(x_0)}$$

Wählt man als Startwert die x-Koordinate von Hoch- oder Tiefpunkt, so ergibt sich im Nenner des Bruches $f'(x_0) = 0$. Der Bruch ist somit nicht definiert und es kann daher auch kein Wert für $x_1$ angegeben werden.

*oder:*

Im Newton-Verfahren wird an die Kurve eine Tangente in einem nahe der Nullstelle befindlichen Kurvenpunkt P gelegt und der Schnittpunkt dieser Tangente mit der x-Achse berechnet. Die Tangente in einem Hoch- oder Tiefpunkt verläuft jedoch waagrecht und besitzt somit keinen Schnittpunkt mit der x-Achse.

5. $f(x) = x^3 - 6x^2 + 11x - 6$
$f'(x) = 3x^2 - 12x + 11$
$f''(x) = 6x - 12$
$f'''(x) = 6 \neq 0$

a) $f''(x) = 0 \implies 6x - 12 = 0 \implies x = 2$
$f(2) = 2^3 - 6 \cdot 2^2 + 11 \cdot 2 - 6 = 8 - 24 + 22 - 6 = 0$
Der Wendepunkt $W(2|0)$ erfüllt die Geradengleichung $y = x - 2$, da $0 = 2 - 2$ gilt. Somit liegt W auf der Geraden.

b) Wegen $3 - 2 = 1$ und $2 - 0 = 2$ wird der Graph von f um 1 in positive x-Richtung und um 2 in positive y-Richtung verschoben. Damit ergibt sich:
$h(x) = f(x - 1) + 2 = (x - 1)^3 - 6 \cdot (x - 1)^2 + 11 \cdot (x - 1) - 4$

**Aufgabengruppe 2**

1. a) $2x+3>0 \Rightarrow 2x>-3 \Rightarrow x>-1{,}5 \Rightarrow \mathbb{D}=\,]-1{,}5;\,+\infty[$

   Wegen
   $$\lim_{x \to -1{,}5^+} \ln(2x+3) = "\ln(0^+)" = -\infty \quad \text{und} \quad \lim_{x \to +\infty} \ln(2x+3) = "\ln(+\infty)" = +\infty$$
   gilt $\mathbb{W}=\mathbb{R}$.

   *oder:*

   Der Graph von $g(x)=\ln(2x+3)$ ergibt sich aus dem Graphen von $f(x)=\ln x$ durch Stauchung in x-Richtung und Verschiebung in x-Richtung. $g(x)$ und $f(x)$ besitzen also dieselbe Wertemenge. Somit gilt $\mathbb{W}=\mathbb{R}$.

   b) Schnittpunkt mit der x-Achse:
   $g(x)=0 \Rightarrow \ln(2x+3)=0 \Rightarrow 2x+3=1 \Rightarrow x=-1$
   Steigung der Tangente:
   $$g'(x)=\frac{1}{2x+3}\cdot 2 = \frac{2}{2x+3}$$
   $$g'(-1)=\frac{2}{2\cdot(-1)+3}=2$$
   Die Tangente $y=mx+t$ hat die Steigung $m=2$ und verläuft durch $(-1\,|\,0)$:
   $0=2\cdot(-1)+t \Rightarrow t=2$
   Also: $y=2x+2$

2. siehe Analysis Aufgabengruppe 1, Aufgabe 5

3. a) $g(x)=\sqrt{-x+5}$ mit $\mathbb{D}=\,]-\infty;\,5]$

   b) $k(x)=\dfrac{(x-2)^2}{(x+3)^2}$

   *Bemerkung:* Da die Polstelle ohne Vorzeichenwechsel sein soll, muss im Nenner das Quadrat (oder auch ein Exponent 4 oder 6 oder …) stehen. Um die waagrechte Asymptote $y=1$ zu erzielen, müssen Zähler und Nenner vom selben Grad sein und die Koeffizienten bei der höchsten x-Potenz in Zähler und Nenner übereinstimmen.

4. $f_a(x)=xe^{ax}$ mit $\mathbb{D}=\mathbb{R}$ und $a\in\mathbb{R}\setminus\{0\}$
   $f_a'(x) = 1\cdot e^{ax} + xe^{ax}\cdot a = e^{ax}\cdot(1+ax)$
   $f_a'(2) = e^{2a}\cdot(1+2a)$
   $f_a'(2)=0 \Rightarrow e^{2a}\cdot(1+2a)=0 \Rightarrow 1+2a=0 \Rightarrow a=-0{,}5$

# Abitur Mathematik (Bayern): Abiturprüfung 2015
## Prüfungsteil A – Stochastik

### Aufgabengruppe 1

1. Bei der Wintersportart Biathlon wird bei jeder Schießeinlage auf fünf Scheiben geschossen. Ein Biathlet tritt bei einem Einzelrennen zu einer Schießeinlage an, bei der er auf jede Scheibe einen Schuss abgibt. Diese Schießeinlage wird modellhaft durch eine Bernoulli-Kette mit der Länge 5 und der Trefferwahrscheinlichkeit p beschrieben.

   a) Geben Sie für die folgenden Ereignisse A und B jeweils einen Term an, der die Wahrscheinlichkeit des Ereignisses in Abhängigkeit von p beschreibt.
   A: „Der Biathlet trifft bei genau vier Schüssen."
   B: „Der Biathlet trifft nur bei den ersten beiden Schüssen."

   b) Erläutern Sie anhand eines Beispiels, dass die modellhafte Beschreibung der Schießeinlage durch eine Bernoulli-Kette unter Umständen der Realität nicht gerecht wird.

2. Ein Moderator lädt zu seiner Talkshow drei Politiker, eine Journalistin und zwei Mitglieder einer Bürgerinitiative ein. Für die Diskussionsrunde ist eine halbkreisförmige Sitzordnung vorgesehen, bei der nach den Personen unterschieden wird und der Moderator den mittleren Platz einnimmt.

   a) Geben Sie einen Term an, mit dem die Anzahl der möglichen Sitzordnungen berechnet werden kann, wenn keine weiteren Einschränkungen berücksichtigt werden.

   b) Der Sender hat festgelegt, dass unmittelbar neben dem Moderator auf einer Seite die Journalistin und auf der anderen Seite einer der Politiker sitzen soll. Berechnen Sie unter Berücksichtigung dieser weiteren Einschränkung die Anzahl der möglichen Sitzordnungen.

### Aufgabengruppe 2

1. In einer Urne befinden sich vier rote und sechs blaue Kugeln. Aus dieser wird achtmal eine Kugel zufällig gezogen, die Farbe notiert und die Kugel anschließend wieder zurückgelegt.

   a) Geben Sie einen Term an, mit dem die Wahrscheinlichkeit des Ereignisses „Es werden gleich viele rote und blaue Kugeln gezogen." berechnet werden kann.

b) Beschreiben Sie im Sachzusammenhang jeweils ein Ereignis, dessen Wahrscheinlichkeit durch den angegebenen Term berechnet werden kann.

α) $1-\left(\dfrac{3}{5}\right)^8$

β) $\left(\dfrac{3}{5}\right)^8 + 8 \cdot \dfrac{2}{5} \cdot \left(\dfrac{3}{5}\right)^7$   3

2. Für ein Zufallsexperiment wird eine Zufallsgröße X festgelegt, welche die drei Werte −2, 1 und 2 annehmen kann. In der Abbildung ist die Wahrscheinlichkeitsverteilung von X dargestellt.

a) Ermitteln Sie mithilfe der Abbildung den Erwartungswert der Zufallsgröße X.

b) Das Zufallsexperiment wird zweimal durchgeführt. Dabei wird jeweils der Wert der Zufallsgröße X notiert. Bestimmen Sie die Wahrscheinlichkeit dafür, dass die Summe dieser beiden Werte negativ ist.

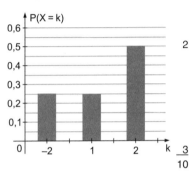

2

$\dfrac{3}{10}$

# Tipps und Hinweise

## Aufgabengruppe 1

### Aufgabe 1 a
- Es liegt ein „Ziehen mit Zurücklegen" vor.
- Die Wahrscheinlichkeit, beim Ziehen von n Kugeln genau k Kugeln mit der Trefferwahrscheinlichkeit p zu erhalten, berechnet sich zu:

$$P(X = k) = \binom{n}{k} \cdot p^k \cdot (1-p)^{n-k}$$

- Bestimmen Sie die Größen n und k.
- Setzen Sie sie in die Formel ein.
- Ereignis B legt die Plätze für Treffer und Fehlschüsse fest.
- Achten Sie darauf, dass auch hier 5 Schüsse abgegeben werden.

### Aufgabe 1 b
- Das Modell geht davon aus, dass die Trefferwahrscheinlichkeit p konstant bleibt.
- Ein Treffer unterstützt das Selbstbewusstsein, ein Fehlschuss kann Verunsicherung mit sich bringen.

### Aufgabe 2 a
- Der Moderator hat einen festen Platz.
- Die insgesamt 6 Gäste haben 6 Plätze zur Verfügung.
- Wenn sich der erste Gast einen Platz ausgesucht hat, bleiben für den zweiten Gast nur noch 5 Plätze frei. Hat auch der zweite Gast sich gesetzt, hat der dritte noch die Wahl unter 4 Plätzen, usw.

### Aufgabe 2 b
- Wie viele Plätze stehen der Journalistin zur Wahl?
- Nun ist noch ein Platz direkt neben dem Moderator frei. Hier soll ein Politiker sitzen.
- Wie viele Politiker kommen dafür infrage?
- Die nun noch verbleibenden Gäste verteilen sich – entsprechend Teilaufgabe a – auf die verbliebenen Plätze.

# Aufgabengruppe 2

### Aufgabe 1 a
- Die Laplace-Wahrscheinlichkeit für eine rote Kugel berechnet sich zu:
$$P(\text{rot}) = \frac{\text{Anzahl der roten Kugeln}}{\text{Anzahl aller Kugeln}}$$
- Beim „Ziehen mit Zurücklegen" berechnet sich die Wahrscheinlichkeit, beim Ziehen von n Kugeln genau k Kugeln mit der Trefferwahrscheinlichkeit p zu erhalten, nach der Formel:
$$P(X = k) = \binom{n}{k} \cdot p^k \cdot (1-p)^{n-k}$$
- Wie viele Kugeln werden insgesamt gezogen?
- Wie viele rote Kugeln müssen gezogen werden, damit von beiden Farben gleich viele Kugeln vorhanden sind?
- Setzen Sie in die Formel ein.

### Aufgabe 1 b
- $\left(\frac{3}{5}\right)^8$ ist die Wahrscheinlichkeit, dass 8 blaue Kugeln gezogen werden, da $\frac{3}{5} = \frac{6}{10}$.
- $1 - \left(\frac{3}{5}\right)^8$ ist die Gegenwahrscheinlichkeit dazu.
- Welche Wahrscheinlichkeit wird durch $8 \cdot \frac{2}{5} \cdot \left(\frac{3}{5}\right)^7$ berechnet?
- $8 \cdot \frac{2}{5} \cdot \left(\frac{3}{5}\right)^7 = \binom{8}{1} \cdot \left(\frac{2}{5}\right)^1 \cdot \left(\frac{3}{5}\right)^7$
- Die Summe verdeutlicht, dass es sich um zwei Ergebnisse handelt, die zu einem Ereignis zusammengefasst werden.

### Aufgabe 2 a
- Geben Sie für jeden Wert der Zufallsgröße X die zugehörige Wahrscheinlichkeit an.
- Der Erwartungswert berechnet sich nach der Formel:
$$E(X) = \sum_{i=1}^{n} x_i \cdot p_i = x_1 \cdot p_1 + x_2 \cdot p_2 + x_3 \cdot p_3 + \ldots + x_n \cdot p_n$$

### Aufgabe 2 b
- Listen Sie alle möglichen Summen auf.
- Markieren Sie sich die Summen mit negativem Wert.
- Addieren Sie die Wahrscheinlichkeiten aller Summen mit negativem Wert.

# Lösungen

## Aufgabengruppe 1

1. a) $P(A) = \binom{5}{4} \cdot p^4 \cdot (1-p)^1$

   $P(B) = p^2 \cdot (1-p)^3$

   *Bemerkung:* Bei Ereignis A werden 5 Schüsse abgefeuert. „Genau 4 Treffer" bedeutet, dass es sich um 4 Treffer (mit der Wahrscheinlichkeit p) und einen Fehlschuss (mit der Wahrscheinlichkeit 1−p) handelt. Die Wahrscheinlichkeit dafür beträgt $p^4 \cdot (1-p)$. Da der Fehlschuss nicht als letzter Schuss abgegeben werden muss, kommt noch der Faktor $\binom{5}{4} = \binom{5}{1}$ dazu, da aus den 5 möglichen Plätzen 4 für die Treffer bzw. 1 für den Fehlschuss ausgewählt werden müssen.

   b) Die Trefferwahrscheinlichkeit p bleibt unter Umständen nicht konstant, sondern sinkt eventuell für die folgenden Schüsse, wenn der Biathlet bei einem Schuss nicht trifft.

2. a) $6 \cdot 5 \cdot 4 \cdot 3 \cdot 2 \cdot 1 = 6!$

   b) $2 \cdot 3 \cdot 4 \cdot 3 \cdot 2 \cdot 1 = 2 \cdot 3 \cdot 4! = 144$

## Aufgabengruppe 2

1. a) $P(\text{rot}) = \dfrac{4}{10} = \dfrac{2}{5} = 0{,}4$

   $P(\text{blau}) = \dfrac{6}{10} = \dfrac{3}{5} = 0{,}6$

   $P(\text{4 rote, 4 blaue}) = P(\text{genau 4 rote}) = \binom{8}{4} \cdot 0{,}4^4 \cdot 0{,}6^4$

   *Bemerkung:* Es werden 8 Kugeln gezogen. „Gleich viele rote und blaue Kugeln" bedeutet, dass 4 rote (mit der Wahrscheinlichkeit 0,4) und vier blaue Kugeln (mit der Wahrscheinlichkeit 0,6) gezogen werden. Die Wahrscheinlichkeit dafür beträgt $0{,}4^4 \cdot 0{,}6^4$. Da nicht zuerst die roten und dann erst die blauen Kugeln gezogen werden müssen, kommt noch der Faktor $\binom{8}{4}$ dazu, da aus den 8 möglichen Plätzen 4 für die roten bzw. blauen Kugeln ausgewählt werden müssen.

   b) α) Mögliche Ereignisse:
   - „Es werden nicht 8 blaue Kugeln gezogen."
   - „Nicht alle gezogenen Kugeln sind blau."
   - „Es wird mindestens 1 rote Kugel gezogen."

β) Mögliche Ereignisse:
- „Es werden 8 blaue Kugeln oder 7 blaue und 1 rote Kugel gezogen."
- „Es werden mindestens 7 blaue Kugeln gezogen."
- „Es wird höchstens 1 rote Kugel gezogen."

2. Aus der Abbildung liest man ab:
   $P(-2) = 0{,}25$
   $P(1) = 0{,}25$
   $P(2) = 0{,}5$

   a) $E(X) = -2 \cdot 0{,}25 + 1 \cdot 0{,}25 + 2 \cdot 0{,}5 = 0{,}75$

   b) Mögliche Ergebnisse:

   | | | |
   |---|---|---|
   | **−2 + (−2) = −4** | **−2 + 1 = −1** | −2 + 2 = 0 |
   | **1 + (−2) = −1** | 1 + 1 = 2 | 1 + 2 = 3 |
   | 2 + (−2) = 0 | 2 + 1 = 3 | 2 + 2 = 4 |

   $P(\text{negativ}) = P((-2\,|\,-2);\ (-2\,|\,1);\ (1\,|\,-2))$
   $\phantom{P(\text{negativ})} = 0{,}25 \cdot 0{,}25 + 0{,}25 \cdot 0{,}25 + 0{,}25 \cdot 0{,}25$
   $\phantom{P(\text{negativ})} = \dfrac{1}{4} \cdot \dfrac{1}{4} + \dfrac{1}{4} \cdot \dfrac{1}{4} + \dfrac{1}{4} \cdot \dfrac{1}{4}$
   $\phantom{P(\text{negativ})} = \dfrac{3}{16}$

## Abitur Mathematik (Bayern): Abiturprüfung 2015
## Prüfungsteil A – Geometrie

### Aufgabengruppe 1

BE

1. Die Gerade g verläuft durch die Punkte A(0|1|2) und B(2|5|6).

   a) Zeigen Sie, dass die Punkte A und B den Abstand 6 haben.
      Die Punkte C und D liegen auf g und haben von A jeweils den Abstand 12.
      Bestimmen Sie die Koordinaten von C und D.   3

   b) Die Punkte A, B und E(1|2|5) sollen mit einem weiteren Punkt die Eckpunkte eines Parallelogramms bilden. Für die Lage des vierten Eckpunkts gibt es mehrere Möglichkeiten.
      Geben Sie für zwei dieser Möglichkeiten die Koordinaten des vierten Eckpunkts an.   2

2. Betrachtet wird die Pyramide ABCDS mit A(0|0|0), B(4|4|2), C(8|0|2), D(4|−4|0) und S(1|1|−4). Die Grundfläche ABCD ist ein Parallelogramm.

   a) Weisen Sie nach, dass das Parallelogramm ABCD ein Rechteck ist.   2

   b) Die Kante [AS] steht senkrecht auf der Grundfläche ABCD. Der Flächeninhalt der Grundfläche beträgt $24\sqrt{2}$.
      Ermitteln Sie das Volumen der Pyramide.   3
      
      10

### Aufgabengruppe 2

BE

1. Die Gerade g verläuft durch die Punkte A(0|1|2) und B(2|5|6).

   a) Zeigen Sie, dass die Punkte A und B den Abstand 6 haben.
      Die Punkte C und D liegen auf g und haben von A jeweils den Abstand 12.
      Bestimmen Sie die Koordinaten von C und D.   3

   b) Die Punkte A, B und E(1|2|5) sollen mit einem weiteren Punkt die Eckpunkte eines Parallelogramms bilden. Für die Lage des vierten Eckpunkts gibt es mehrere Möglichkeiten.
      Geben Sie für zwei dieser Möglichkeiten die Koordinaten des vierten Eckpunkts an.   2

2. Die Abbildung zeigt die Pyramide ABCDS mit quadratischer Grundfläche ABCD. Der Pyramide ist eine Stufenpyramide einbeschrieben, die aus Würfeln mit der Kantenlänge 1 besteht.

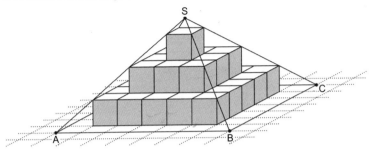

a) Geben Sie das Volumen der Stufenpyramide und die Höhe der Pyramide ABCDS an.  2

b) Bestimmen Sie unter Verwendung eines geeignet gewählten kartesischen Koordinatensystems eine Gleichung für die Gerade, die durch die Punkte B und S verläuft.
Zeichnen Sie das gewählte Koordinatensystem in die Abbildung ein.  3

10

## Tipps und Hinweise

### Aufgabengruppe 1

#### Aufgabe 1 a
- Gesucht ist die Länge der Strecke [AB] bzw. des Vektors $\overrightarrow{AB}$.
- Die Länge des Vektors $\vec{a} = \begin{pmatrix} a_1 \\ a_2 \\ a_3 \end{pmatrix}$ ergibt sich aus $|\vec{a}| = \sqrt{a_1^2 + a_2^2 + a_3^2}$.
- Fertigen Sie eine Skizze an, die die Lage der Punkte A, B, C und D verdeutlicht.
- C und D sollen von A doppelt so weit entfernt sein wie B.

#### Aufgabe 1 b
- Zeichnen Sie sich ein Dreieck ABE auf.
- Ergänzen Sie das Dreieck auf zwei Arten zum Parallelogramm.
- Jede der drei Dreiecksseiten kann im Parallelogramm zur Diagonalen werden.
- Im Parallelogramm sind gegenüberliegende Seiten parallel und gleich lang, werden also durch denselben Vektor dargestellt.

#### Aufgabe 2 a
- Ein Rechteck ist ein spezielles Parallelogramm.
- Welche zusätzliche Eigenschaft besitzt ein Rechteck?
- Das Skalarprodukt zweier Vektoren, die einen rechten Winkel einschließen, ist null.
- Berechnung des Skalarprodukts: $\vec{a} \circ \vec{b} = \begin{pmatrix} a_1 \\ a_2 \\ a_3 \end{pmatrix} \circ \begin{pmatrix} b_1 \\ b_2 \\ b_3 \end{pmatrix} = a_1 b_1 + a_2 b_2 + a_3 b_3$

#### Aufgabe 2 b
- S ist die Spitze der Pyramide.
- Die Pyramidenhöhe steht auf der Grundfläche senkrecht.
- Die Länge der Strecke [AS] bzw. des Vektors $\overrightarrow{AS}$ gibt die Pyramidenhöhe an.
- Die Länge des Vektors $\vec{a} = \begin{pmatrix} a_1 \\ a_2 \\ a_3 \end{pmatrix}$ ergibt sich aus $|\vec{a}| = \sqrt{a_1^2 + a_2^2 + a_3^2}$.
- Elementargeometrisch gilt für das Pyramidenvolumen:
$V_{\text{Pyramide}} = \frac{1}{3} \cdot \text{Grundfläche} \cdot \text{Höhe}$
*oder:*
- Vektoriell kann auch $V_{\text{Pyramide}} = \frac{1}{3} \cdot \overrightarrow{AB} \circ (\overrightarrow{AD} \times \overrightarrow{AS})$ berechnet werden.

## Aufgabengruppe 2

### Aufgabe 1
- siehe Geometrie – Aufgabengruppe 1, Aufgabe 1

### Aufgabe 2 a
- Aus wie vielen Würfeln besteht die unterste/mittlere/oberste „Schicht" der Stufenpyramide?
- Jeder Würfel besitzt die Kantenlänge 1. Wie ergibt sich daraus das Würfelvolumen?
- Denken Sie sich auf den obersten Würfel noch einen weiteren Würfel mit der Kantenlänge 1 gestellt.
- Welche Lage besitzt S in diesem zusätzlichen Würfel?
- Welchen Abstand besitzt der Mittelpunkt eines Würfels von allen Seitenflächen?

*oder:*

- Für die Bestimmung der Höhe der Pyramide können Sie sich auch einen Querschnitt durch die Punkte A, C und S anfertigen und die Hälfte dieses gleichschenkligen Dreiecks betrachten.
- Zeichnen Sie auch die Stufenpyramide ein.
- Bestimmen Sie die Länge der Katheten der Dreiecke, die im Querschnitt zwischen Pyramide und Stufenpyramide liegen.
- Die unteren drei Dreiecke sind kongruent (gleich).
- Welche Länge besitzt die waagrechte Kathete des obersten, kleineren Dreiecks?
- Wenn die eine Kathete nur halb so lang ist wie bei den anderen Dreiecken, kann auch die zweite Kathete nur halb so lang sein.

### Aufgabe 2 b
- Für den Ursprung des Koordinatensystems wählen Sie den Punkt A (oder B).
- Die $x_3$-Achse steht auf der Grundfläche senkrecht, die $x_1$- und die $x_2$-Achse verlaufen entlang den unteren Kanten der Pyramide.
- Bestimmen Sie die Koordinaten von B und S in dem von Ihnen gewählten KOSY.
- Die Gleichung einer Geraden durch die Punkte P und Q lautet:
$\vec{X} = \vec{P} + \lambda \cdot \overrightarrow{PQ}$ mit $\lambda \in \mathbb{R}$

# Lösungen

## Aufgabengruppe 1

1. a) $|\vec{AB}| = \left|\begin{pmatrix}2\\5\\6\end{pmatrix} - \begin{pmatrix}0\\1\\2\end{pmatrix}\right| = \left|\begin{pmatrix}2\\4\\4\end{pmatrix}\right| = \sqrt{2^2+4^2+4^2} = \sqrt{4+16+16} = \sqrt{36} = 6$

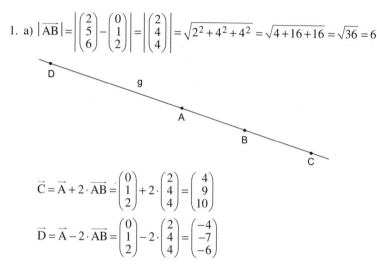

$\vec{C} = \vec{A} + 2\cdot\vec{AB} = \begin{pmatrix}0\\1\\2\end{pmatrix} + 2\cdot\begin{pmatrix}2\\4\\4\end{pmatrix} = \begin{pmatrix}4\\9\\10\end{pmatrix}$

$\vec{D} = \vec{A} - 2\cdot\vec{AB} = \begin{pmatrix}0\\1\\2\end{pmatrix} - 2\cdot\begin{pmatrix}2\\4\\4\end{pmatrix} = \begin{pmatrix}-4\\-7\\-6\end{pmatrix}$

*Bemerkung:* Die Bezeichnungen C und D können auch genau umgekehrt gewählt werden.

b) *Bemerkung:* Es sind nur zwei Möglichkeiten verlangt, dennoch werden hier alle drei angeführt.

(1) $\vec{P_1} = \vec{A} + \vec{BE} = \begin{pmatrix}0\\1\\2\end{pmatrix} + \left[\begin{pmatrix}1\\2\\5\end{pmatrix} - \begin{pmatrix}2\\5\\6\end{pmatrix}\right] = \begin{pmatrix}-1\\-2\\1\end{pmatrix}$

(2) $\vec{P_2} = \vec{A} + \vec{EB} = \begin{pmatrix}0\\1\\2\end{pmatrix} + \left[\begin{pmatrix}2\\5\\6\end{pmatrix} - \begin{pmatrix}1\\2\\5\end{pmatrix}\right] = \begin{pmatrix}1\\4\\3\end{pmatrix}$

(3) $\vec{P_3} = \vec{B} + \vec{AE} = \begin{pmatrix}2\\5\\6\end{pmatrix} + \left[\begin{pmatrix}1\\2\\5\end{pmatrix} - \begin{pmatrix}0\\1\\2\end{pmatrix}\right] = \begin{pmatrix}3\\6\\9\end{pmatrix}$

2. a) Das Parallelogramm ABCD ist ein Rechteck, wenn es (mindestens) einen rechten Winkel besitzt. ABCD ist rechtwinklig bei A, wenn $\vec{AB}$ auf $\vec{AD}$ senkrecht steht, das Skalarprodukt der beiden Vektoren also null ist.

$$\vec{AB} \circ \vec{AD} = \left(\begin{pmatrix}4\\4\\2\end{pmatrix} - \begin{pmatrix}0\\0\\0\end{pmatrix}\right) \circ \left(\begin{pmatrix}4\\-4\\0\end{pmatrix} - \begin{pmatrix}0\\0\\0\end{pmatrix}\right) = \begin{pmatrix}4\\4\\2\end{pmatrix} \circ \begin{pmatrix}4\\-4\\0\end{pmatrix} = 16 - 16 + 0 = 0$$

b) Die Länge der Kante [AS] entspricht der Pyramidenhöhe.

$$|\vec{AS}| = \left|\begin{pmatrix}1\\1\\-4\end{pmatrix} - \begin{pmatrix}0\\0\\0\end{pmatrix}\right| = \left|\begin{pmatrix}1\\1\\-4\end{pmatrix}\right| = \sqrt{1^2 + 1^2 + (-4)^2} = \sqrt{1+1+16} = \sqrt{18} = 3\sqrt{2}$$

$$V_{Pyramide} = \frac{1}{3} \cdot \text{Grundfläche} \cdot \text{Höhe} = \frac{1}{3} \cdot 24\sqrt{2} \cdot 3\sqrt{2} = 48$$

*oder:* ohne Nutzung der Angabe Grundfläche = $24\sqrt{2}$

$$V = \frac{1}{3} \cdot \vec{AB} \circ (\vec{AD} \times \vec{AS}) = \frac{1}{3} \cdot \left|\begin{pmatrix}4\\4\\2\end{pmatrix} \circ \left[\begin{pmatrix}4\\-4\\0\end{pmatrix} \times \begin{pmatrix}1\\1\\-4\end{pmatrix}\right]\right| = \frac{1}{3} \cdot \left|\begin{pmatrix}4\\4\\2\end{pmatrix} \circ \begin{pmatrix}16-0\\0+16\\4+4\end{pmatrix}\right|$$

$$= \frac{1}{3} \cdot \left|\begin{pmatrix}4\\4\\2\end{pmatrix} \circ \begin{pmatrix}16\\16\\8\end{pmatrix}\right| = \frac{1}{3} \cdot (64 + 64 + 16) = 48$$

**Aufgabengruppe 2**

1. siehe Geometrie – Aufgabengruppe 1, Aufgabe 1

2. a) Die Stufenpyramide besteht aus $5^2 + 3^2 + 1 = 35$ Würfeln der Kantenlänge 1 und des Volumens $1^3 = 1$. Somit beträgt das Volumen der Stufenpyramide 35 [VE].

   Denkt man sich noch einen weiteren Würfel mit der Kantenlänge 1 aufgesetzt, so bildet S die Mitte dieses Würfels, also gilt $\overline{HS} = 0{,}5$. Die Pyramide ist somit $1 + 1 + 1 + 0{,}5 = 3{,}5$ hoch.

   *oder:*

   M sei der Fußpunkt der Pyramidenhöhe auf der Grundfläche, H der Fußpunkt der Pyramidenhöhe auf dem obersten Würfel.
   Die Stufenpyramide bildet mit dem Dreieck AMS drei rechtwinklige Dreiecke mit den Kathetenlängen 1 und $\sqrt{2}$ (Diagonale im Quadrat) sowie ganz oben ein rechtwinkliges Dreieck, dessen eine Kathete nur noch die halbe Diagonalenlänge des Quadrats misst. Daher kann auch die andere Kathete nur halb so lang sein, also 0,5.
   Die Pyramide ist somit
   $1 + 1 + 1 + 0{,}5 = 3{,}5$ hoch.

b)

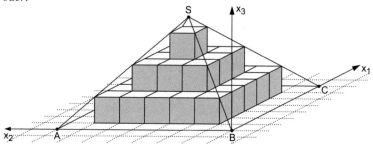

In diesem Koordinatensystem lauten die Koordinaten der Geradenpunkte B(7|0|0) und S(3,5|3,5|3,5).

Für die Gerade ergibt sich damit:

g: $\vec{X} = \vec{B} + \lambda \cdot \vec{BS}$

$= \begin{pmatrix} 7 \\ 0 \\ 0 \end{pmatrix} + \lambda \cdot \left( \begin{pmatrix} 3,5 \\ 3,5 \\ 3,5 \end{pmatrix} - \begin{pmatrix} 7 \\ 0 \\ 0 \end{pmatrix} \right) = \begin{pmatrix} 7 \\ 0 \\ 0 \end{pmatrix} + \lambda \cdot \begin{pmatrix} -3,5 \\ 3,5 \\ 3,5 \end{pmatrix} = \begin{pmatrix} 7 \\ 0 \\ 0 \end{pmatrix} + \lambda' \cdot \begin{pmatrix} -1 \\ 1 \\ 1 \end{pmatrix}$ mit $\lambda' \in \mathbb{R}$

*oder:*

In diesem Koordinatensystem lauten die Koordinaten der Geradenpunkte B(0|0|0) und S(3,5|3,5|3,5).

Für die Gerade ergibt sich damit

g: $\vec{X} = \vec{B} + \lambda \cdot \vec{BS}$

$= \begin{pmatrix} 0 \\ 0 \\ 0 \end{pmatrix} + \lambda \cdot \left( \begin{pmatrix} 3,5 \\ 3,5 \\ 3,5 \end{pmatrix} - \begin{pmatrix} 0 \\ 0 \\ 0 \end{pmatrix} \right) = \begin{pmatrix} 0 \\ 0 \\ 0 \end{pmatrix} + \lambda \cdot \begin{pmatrix} 3,5 \\ 3,5 \\ 3,5 \end{pmatrix} = \begin{pmatrix} 0 \\ 0 \\ 0 \end{pmatrix} + \lambda' \cdot \begin{pmatrix} 1 \\ 1 \\ 1 \end{pmatrix}$ mit $\lambda' \in \mathbb{R}$

# Abitur Mathematik (Bayern): Abiturprüfung 2015
## Prüfungsteil B – Analysis Aufgabengruppe 1

BE

1. Gegeben ist die Funktion f mit $f(x) = \frac{1}{x+1} - \frac{1}{x+3}$ und Definitionsbereich $\mathbb{D}_f = \mathbb{R} \setminus \{-3; -1\}$. Der Graph von f wird mit $G_f$ bezeichnet.

a) Zeigen Sie, dass f(x) zu jedem der drei folgenden Terme äquivalent ist:
$$\frac{2}{(x+1)(x+3)} \; ; \; \frac{2}{x^2+4x+3} \; ; \; \frac{1}{0,5 \cdot (x+2)^2 - 0,5}$$
4

b) Begründen Sie, dass die x-Achse horizontale Asymptote von $G_f$ ist, und geben Sie die Gleichungen der vertikalen Asymptoten von $G_f$ an. Bestimmen Sie die Koordinaten des Schnittpunkts von $G_f$ mit der y-Achse.
3

Abbildung 1 zeigt den Graphen der in $\mathbb{R}$ definierten Funktion
p: $x \mapsto 0,5 \cdot (x+2)^2 - 0,5$, die die Nullstellen $x = -3$ und $x = -1$ hat.
Für $x \in \mathbb{D}_f$ gilt $f(x) = \frac{1}{p(x)}$.

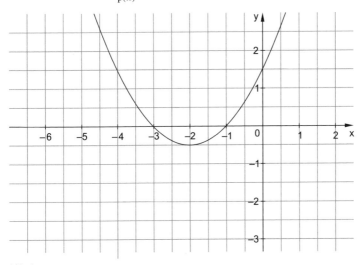

Abb. 1

c) Gemäß der Quotientenregel gilt für die Ableitungen f' und p' die Beziehung
$f'(x) = -\frac{p'(x)}{(p(x))^2}$ für $x \in \mathbb{D}_f$.
Zeigen Sie unter Verwendung dieser Beziehung und ohne Berechnung von f'(x) und p'(x), dass x = –2 einzige Nullstelle von f' ist und dass $G_f$ in ]–3; –2[ streng monoton steigend sowie in ]–2; –1[ streng monoton fallend ist. Geben Sie Lage und Art des Extrempunkts von $G_f$ an.
5

2015-23

d) Berechnen Sie f(−5) und f(−1,5) und skizzieren Sie $G_f$ unter Berücksichtigung der bisherigen Ergebnisse in Abbildung 1.   4

2. Gegeben ist die Funktion h: $x \mapsto \dfrac{3}{e^{x+1}-1}$ mit Definitionsbereich $\mathbb{D}_h = \,]-1;\,+\infty[$.
Abbildung 2 zeigt den Graphen $G_h$ von h.

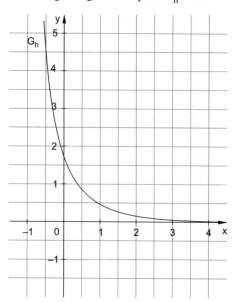

Abb. 2

a) Begründen Sie anhand des Funktionsterms, dass $\lim\limits_{x \to +\infty} h(x) = 0$ gilt.
Zeigen Sie rechnerisch für $x \in \mathbb{D}_h$, dass für die Ableitung h' von h gilt: h'(x) < 0.   4

Gegeben ist ferner die in $\mathbb{D}_h$ definierte Integralfunktion $H_0$: $x \mapsto \int\limits_0^x h(t)\,dt$.

b) Begründen Sie ohne weitere Rechnung, dass folgende Aussagen wahr sind:
α) Der Graph von $H_0$ ist streng monoton steigend.
β) Der Graph von $H_0$ ist rechtsgekrümmt.   4

c) Geben Sie die Nullstelle von $H_0$ an und bestimmen Sie näherungsweise mithilfe von Abbildung 2 die Funktionswerte $H_0(-0,5)$ sowie $H_0(3)$. Skizzieren Sie in Abbildung 2 den Graphen von $H_0$ im Bereich $-0,5 \leq x \leq 3$.   6

3. In einem Labor wird ein Verfahren zur Reinigung von mit Schadstoffen kontaminiertem Wasser getestet. Die Funktion h aus Aufgabe 2 beschreibt für $x \geq 0$ modellhaft die zeitliche Entwicklung des momentanen Schadstoffabbaus in einer bestimmten Wassermenge. Dabei bezeichnet h(x) die momentane Schadstoffabbaurate in Gramm pro Minute und x die seit Beginn des Reinigungsvorgangs vergangene Zeit in Minuten.

a) Bestimmen Sie auf der Grundlage des Modells den Zeitpunkt x, zu dem die momentane Schadstoffabbaurate auf 0,01 Gramm pro Minute zurückgegangen ist.　3

Die in $\mathbb{R} \setminus \{-3; -1\}$ definierte Funktion k: $x \mapsto 3 \cdot \left(\frac{1}{x+1} - \frac{1}{x+3}\right) - 0{,}2$ stellt im Bereich $-0{,}5 \leq x \leq 2$ eine gute Näherung für die Funktion h dar.

b) Beschreiben Sie, wie der Graph der Funktion k aus dem Graphen der Funktion f aus Aufgabe 1 hervorgeht.　2

c) Berechnen Sie einen Näherungswert für $\int_0^1 h(x)\, dx$, indem Sie den Zusammenhang $\int_0^1 h(x)\, dx \approx \int_0^1 k(x)\, dx$ verwenden.

Geben Sie die Bedeutung dieses Werts im Sachzusammenhang an.　5
　　　　　　　　　　　　　　　　　　　　　　　　　　　　　　　　　　　　　$\overline{40}$

## Tipps und Hinweise

### Aufgabe 1 a
- Damit Brüche addiert oder subtrahiert werden können, müssen sie den gleichen Nenner haben.
- Gemeinsamer Nenner ist das Produkt der beiden Nenner.
- Erweitern Sie beide Brüche auf den gemeinsamen Nenner und subtrahieren Sie dann die Zähler.
- Multiplizieren Sie die Klammern im Nenner aus.
- Klammern Sie 2 im Nenner aus und kürzen Sie.
- Bringen Sie den Nenner durch quadratische Ergänzung in „Scheitelform".

### Aufgabe 1 b
- Eine horizontale Asymptote ergibt sich für $x \to \pm\infty$.
- Bei einer gebrochenrationalen Funktion ist die x-Achse nur dann waagrechte Asymptote, wenn Grad Zähler < Grad Nenner.
- Vertikale Asymptoten erhält man für Nullstellen des Nenners, die keine Nullstellen des Zählers sind.
- Für alle Punkte auf der y-Achse gilt $x=0$.

### Aufgabe 1 c
- Ein Bruch hat den Wert null, wenn der Zähler den Wert null hat.
- Eine 1. Ableitung hat dort den Wert null, wo eine waagrechte Tangente vorhanden ist.
- Für welches x besitzt die Parabel eine waagrechte Tangente? Begründen Sie diesen Wert.
- Zeigen Sie, dass es nur einen x-Wert gibt, für den die Parabel eine waagrechte Tangente besitzt.
- Welches Monotonieverhalten besitzt die Parabel in $]-3; -2[$?
- Was gilt dann für $p'(x)$?
- Welches Vorzeichen besitzt somit $f'(x)$ in $]-3; -2[$?
- Geben Sie das Monotonieverhalten von $f(x)$ in $]-3; -2[$ an.
- Gehen Sie analog für das Intervall $]-2; -1[$ vor.
- Berechnen Sie die y-Koordinate des Extrempunkts.
- Bestimmen Sie aufgrund der Monotonie seine Art.

## Aufgabe 1 d
- Zeichnen Sie die Asymptoten ein.
- Tragen Sie den Extrempunkt und die beiden berechneten Punkte ein.
- Da die Parabel symmetrisch zu x = −2 ist, muss auch der Graph von f(x) symmetrisch zu x = −2 sein.

## Aufgabe 2 a
- Beachten Sie, dass $\lim\limits_{x \to +\infty} e^x = +\infty$ gilt.
- Wird der Nenner eines Bruches mit festem Zähler immer größer, so strebt der Wert des Bruches gegen null.
- Benutzen Sie die Quotientenregel (siehe Merkhilfe).
- Bestimmen Sie das Vorzeichen von Zähler und Nenner.

## Aufgabe 2 b
- Die Monotonie ergibt sich aus der 1. Ableitung (siehe Merkhilfe).
- Es gilt: $H_0'(x) = h(x)$
- Beachten Sie Abbildung 2 und den in Teilaufgabe a berechneten Limeswert, um eine Aussage über das Vorzeichen von h(x) zu machen.
- Das Krümmungsverhalten ergibt sich aus der 2. Ableitung (siehe Merkhilfe).
- Es gilt: $H_0''(x) = h'(x)$
- Das Vorzeichen von h'(x) kennen Sie aus Teilaufgabe a.

## Aufgabe 2 c
- Ein Integral, bei dem obere Grenze = untere Grenze gilt, hat den Wert null.
- Veranschaulichen Sie die gesuchten Werte in Abbildung 2 durch Flächen.
- Abzählen der Kästchen liefert einen Näherungswert.
- Beachten Sie, dass aufgrund des Maßstabs in Abbildung 2 je vier Kästchen eine Flächeneinheit darstellen.
- Tragen Sie die drei berechneten Punkte in Abbildung 2 ein und verbinden Sie sie.
- Achten Sie auf das angegebene Intervall [−0,5; 3].

## Aufgabe 3 a
- Gesucht ist der x-Wert, für den h(x) den Wert 0,01 annimmt.
- Lösen Sie die Gleichung mithilfe der ln-Funktion.

## Aufgabe 3 b

✓ Mögliche Veränderungen sind:

| | |
|---|---|
| f(x) + a | Verschiebung um a in y-Richtung |
| f(x + a) | Verschiebung um –a in x-Richtung |
| a · f(x) | Dehnung/Stauchung in y-Richtung |
| f(a · x) | Dehnung/Stauchung in x-Richtung |

✓ Zwei der obigen Veränderungen treten auf.

## Aufgabe 3 c

✓ Beachten Sie die Integrale $\int \frac{1}{x} dx = \ln |x| + C$ und $\int x^r dx = \frac{1}{r+1} \cdot x^{r+1} + C$, hier mit $r = 0$ (siehe Merkhilfe).

✓ h(x) gibt die momentane Schadstoffabbaurate in Gramm pro Minute an.

✓ h(x) drückt aus, wie sich die Schadstoffmenge mit der Zeit verändert.

✓ Die Integralfunktion $\int_0^x h(t) \, dt$ gibt die Schadstoffmenge an, die vom Zeitpunkt 0 bis zum Zeitpunkt x abgebaut wurde.

✓ $\int_0^1 h(x) \, dx$ gibt die Schadstoffmenge an, die vom Zeitpunkt 0 bis zum Zeitpunkt 1 abgebaut wurde.

**Lösungen**

1. $f(x) = \dfrac{1}{x+1} - \dfrac{1}{x+3}$ mit $\mathbb{D}_f = \mathbb{R}\setminus\{-3;-1\}$

a) $f(x) = \dfrac{1}{x+1} - \dfrac{1}{x+3} = \dfrac{(x+3)-(x+1)}{(x+1)(x+3)} = \dfrac{x+3-x-1}{(x+1)(x+3)} = \dfrac{2}{(x+1)(x+3)}$

$= \dfrac{2}{x^2+3x+x+3} = \dfrac{2}{x^2+4x+3}$

$= \dfrac{2}{2\cdot(0{,}5x^2+2x+1{,}5)} = \dfrac{1}{0{,}5x^2+2x+1{,}5}$

$= \dfrac{1}{0{,}5\cdot(x^2+4x+\mathbf{4})+1{,}5-\mathbf{0{,}5\cdot 4}} = \dfrac{1}{0{,}5\cdot(x+2)^2-0{,}5}$

b) Asymptoten:
   horizontal: $y=0$, denn für $f(x) = \dfrac{2}{(x+1)(x+3)}$ gilt: Grad Zähler < Grad Nenner
   vertikal: $x=-1$
   $\phantom{vertikal:\ }x=-3$
   Schnittpunkt mit y-Achse:
   $f(0) = \dfrac{2}{(0+1)(0+3)} = \dfrac{2}{3} \;\Rightarrow\; S\left(0\,\Big|\,\dfrac{2}{3}\right)$

c) Für die Nullstelle von f'(x) muss gelten:
   $f'(x) = 0 \;\Rightarrow\; -\dfrac{p'(x)}{[p(x)]^2} = 0 \;\Rightarrow\; p'(x) = 0$
   Die nach oben geöffnete Parabel besitzt aufgrund ihrer Symmetrie ihren Scheitel in der Mitte der beiden Nullstellen, also für $x = -2$.
   Da eine Parabel nur einen einzigen Extrempunkt (hier Tiefpunkt) besitzt, gibt es auch nur einen einzigen Punkt mit einer waagrechten Tangente. Somit:
   $p'(x) = 0 \;\Rightarrow\; x = -2$
   Also ist $x = -2$ einzige Nullstelle von f'(x).
   In $]-3;-2[$ ist p(x) streng monoton fallend, es gilt also $p'(x) < 0$. Somit ist
   $f'(x) = -\dfrac{p'(x)}{[p(x)]^2} > 0$ und f(x) ist in $]-3;-2[$ streng monoton steigend.

   *oder:*

   In $]-3;-2[$ ist p(x) streng monoton fallend, die Funktionswerte werden also stets kleiner. Der Wert eines Bruches mit Zähler 1, dessen Nenner immer kleiner wird, wird immer größer. Somit steigen die Funktionswerte von
   $f(x) = \dfrac{1}{p(x)}$ in $]-3;-2[$ stetig an, f(x) ist in $]-3;-2[$ streng monoton steigend.

In ]–2; –1[ ist p(x) streng monoton steigend, es gilt also p'(x) > 0. Somit ist $f'(x) = -\frac{p'(x)}{[p(x)]^2} < 0$ und f(x) in ]–2; –1[ streng monoton fallend.

*oder:*

In ]–2; –1[ ist p(x) streng monoton steigend, die Funktionswerte werden also stets größer. Der Wert eines Bruches mit Zähler 1, dessen Nenner immer größer wird, wird immer kleiner.
Somit nehmen die Funktionswerte von $f(x) = \frac{1}{p(x)}$ in ]–2; –1[ stetig ab, f(x) ist in ]–2; –1[ streng monoton fallend.

Art und Lage des Extrempunkts:
$$f(-2) = \frac{2}{(-2+1)(-2+3)} = \frac{2}{-1} = -2$$

Aufgrund der Monotonie besitzt f(x) in (–2|–2) einen Hochpunkt.

d) $f(-5) = \frac{2}{(-5+1)(-5+3)} = \frac{2}{8} = 0{,}25$

$f(-1{,}5) = \frac{2}{(-1{,}5+1)(-1{,}5+3)} = \frac{2}{-0{,}75} = -\frac{8}{3} \approx -2{,}7$

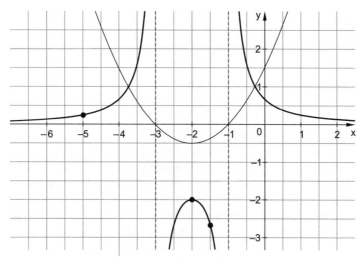

2. $h(x) = \frac{3}{e^{x+1}-1}$ mit $\mathbb{D}_h = ]-1; +\infty[$

a) $\lim\limits_{x \to +\infty} h(x) = \lim\limits_{x \to +\infty} \frac{3}{e^{x+1}-1} = \text{"}\frac{3}{e^{+\infty}-1}\text{"} = \text{"}\frac{3}{+\infty}\text{"} = 0$

$$h'(x) = \frac{0\cdot(e^{x+1}-1)-3\cdot e^{x+1}}{(e^{x+1}-1)^2} = \frac{\overbrace{-3}^{<0}\cdot\overbrace{e^{x+1}}^{>0}}{\underbrace{(e^{x+1}-1)^2}_{>0}} < 0$$

b) $H_0(x) = \int_0^x h(t)\,dt$ mit $\mathbb{D}_{H_0} = \mathbb{D}_h = \,]-1;+\infty[$

α) Es gilt $H_0'(x) = h(x)$. Aus Abbildung 2 und $\lim\limits_{x\to+\infty} h(x) = 0$ (siehe Teilaufgabe a) ergibt sich $h(x) > 0$.
Somit ist die 1. Ableitung von $H_0(x)$ stets positiv und daher ist der Graph von $H_0$ streng monoton steigend.

β) Da $H_0''(x) = h'(x)$ und $h'(x) < 0$ (siehe Teilaufgabe a), ist die 2. Ableitung von $H_0(x)$ stets negativ und daher der Graph von $H_0$ rechtsgekrümmt.

c) Nullstelle von $H_0$ ist $x = 0$ (obere Grenze = untere Grenze).

*Anmerkung:* Da der Graph von $H_0$ streng monoton steigt, ist dies die einzige Nullstelle.

Die Näherungswerte ergeben sich durch Abzählen der eingeschlossenen Kästchen:

$H_0(-0,5) \approx -1,4$    negativ aufgrund der Integrationsrichtung

$H_0(3) \approx 1,3$

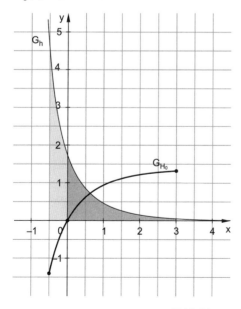

3. a) $h(x) = 0{,}01 \Rightarrow \dfrac{3}{e^{x+1}-1} = 0{,}01$

$\qquad 3 = 0{,}01 \cdot e^{x+1} - 0{,}01$

$\qquad 3{,}01 = 0{,}01 \cdot e^{x+1}$

$\qquad e^{x+1} = 301$

$\qquad x+1 = \ln 301$

$\qquad x = \ln 301 - 1 \approx 4{,}7$

Nach ca. 4,7 Minuten beträgt die Schadstoffabbaurate nur noch 0,01 Gramm pro Minute.

b) Der Graph von k entsteht aus dem Graphen von f durch Dehnung mit dem Faktor 3 in y-Richtung und Verschiebung um −0,2 in y-Richtung.

c) $\displaystyle\int_0^1 h(x)\,dx \approx \int_0^1 k(x)\,dx = \int_0^1 \left(3 \cdot \left(\dfrac{1}{x+1} - \dfrac{1}{x+3}\right) - 0{,}2\right) dx$

$\qquad = [3 \cdot (\ln|x+1| - \ln|x+3|) - 0{,}2x]_0^1$

$\qquad = (3 \cdot (\ln 2 - \ln 4) - 0{,}2) - (3 \cdot (\ln 1 - \ln 3) - 0)$

$\qquad = 3\ln 2 - 3\ln 4 - 0{,}2 + 3\ln 3 \approx 1{,}02$

In der ersten Minute werden ca. 1,02 Gramm der Schadstoffe abgebaut.

# Abitur Mathematik (Bayern): Abiturprüfung 2015
## Prüfungsteil B – Analysis Aufgabengruppe 2

BE

1. Der Graph $G_f$ einer in $\mathbb{R}$ definierten Funktion f: $x \mapsto ax^4 + bx^3$ mit $a, b \in \mathbb{R}$ besitzt im Punkt $O(0|0)$ einen Wendepunkt mit waagrechter Tangente.

   a) $W(1|-1)$ ist ein weiterer Wendepunkt von $G_f$. Bestimmen Sie mithilfe dieser Information die Werte von a und b.
   [Ergebnis: $a = 1$, $b = -2$]    4

   b) Bestimmen Sie Lage und Art des Extrempunkts von $G_f$.    4

   Die Gerade g schneidet $G_f$ in den Punkten W und $(2|0)$.

   c) Zeichnen Sie unter Berücksichtigung der bisherigen Ergebnisse $G_f$ sowie die Gerade g in ein Koordinatensystem ein. Geben Sie die Gleichung der Geraden g an.    4

   d) $G_f$ und die x-Achse schließen im IV. Quadranten ein Flächenstück ein, das durch die Gerade g in zwei Teilflächen zerlegt wird. Berechnen Sie das Verhältnis der Flächeninhalte dieser beiden Teilflächen.    6

2. Gegeben ist die Schar der in $\mathbb{R}$ definierten Funktionen $f_n$: $x \mapsto x^4 - 2x^n$ mit $n \in \mathbb{N}$ sowie die in $\mathbb{R}$ definierte Funktion $f_0$: $x \mapsto x^4 - 2$.

   a) Die Abbildungen 1 bis 4 zeigen die Graphen der Funktionen $f_0$, $f_1$, $f_2$ bzw. $f_4$. Ordnen Sie jeder dieser Funktionen den passenden Graphen zu und begründen Sie drei Ihrer Zuordnungen durch Aussagen zur Symmetrie, zu den Schnittpunkten mit den Koordinatenachsen oder dem Verhalten an den Grenzen des Definitionsbereichs des jeweiligen Graphen.

   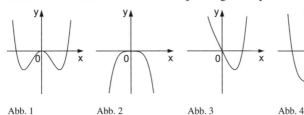

   Abb. 1      Abb. 2      Abb. 3      Abb. 4    4

   b) Betrachtet werden nun die Funktionen $f_n$ mit $n > 4$. Geben Sie in Abhängigkeit von n das Verhalten dieser Funktionen für $x \to +\infty$ und für $x \to -\infty$ an.    3

3. In der Lungenfunktionsdiagnostik spielt der Begriff der Atemstromstärke eine wichtige Rolle. Im Folgenden wird die Atemstromstärke als die momentane Änderungsrate des Luftvolumens in der Lunge betrachtet, d. h. insbesondere, dass der Wert der Atemstromstärke beim Einatmen positiv ist. Für eine ruhende Testperson mit normalem Atemrhythmus wird die Atemstromstärke in Abhängigkeit von der Zeit modellhaft durch die Funktion g: $t \mapsto -\frac{\pi}{8}\sin\left(\frac{\pi}{2}t\right)$ mit Definitionsmenge $\mathbb{R}_0^+$ beschrieben. Dabei ist t die seit Beobachtungsbeginn vergangene Zeit in Sekunden und g(t) die Atemstromstärke in Litern pro Sekunde. Abbildung 5 zeigt den durch die Funktion g beschriebenen zeitlichen Verlauf der Atemstromstärke.

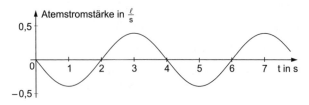

Abb. 5

a) Berechnen Sie g(1,5) und interpretieren Sie das Vorzeichen dieses Werts im Sachzusammenhang. 2

b) Beim Atmen ändert sich das Luftvolumen in der Lunge. Geben Sie auf der Grundlage des Modells einen Zeitpunkt an, zu dem das Luftvolumen in der Lunge der Testperson minimal ist, und machen Sie Ihre Antwort mithilfe von Abbildung 5 plausibel. 2

c) Berechnen Sie $\int_2^4 g(t)\,dt$ und deuten Sie den Wert des Integrals im Sachzusammenhang.
[Teilergebnis: Wert des Integrals: 0,5] 4

d) Zu Beginn eines Ausatemvorgangs befinden sich 3,5 Liter Luft in der Lunge der Testperson. Skizzieren Sie auf der Grundlage des Modells unter Berücksichtigung des Ergebnisses aus Aufgabe 3c in einem Koordinatensystem für $0 \leq t \leq 8$ den Graphen einer Funktion, die den zeitlichen Verlauf des Luftvolumens in der Lunge der Testperson beschreibt. 3

Die Testperson benötigt für einen vollständigen Atemzyklus 4 Sekunden. Die Anzahl der Atemzyklen pro Minute wird als Atemfrequenz bezeichnet.

e) Geben Sie zunächst die Atemfrequenz der Testperson an.
Die Atemstromstärke eines jüngeren Menschen, dessen Atemfrequenz um 20 % höher ist als die der bisher betrachteten Testperson, soll durch eine Sinusfunktion der Form h: $t \mapsto a \cdot \sin(b \cdot t)$ mit $t \geq 0$ und $b > 0$ beschrieben werden. Ermitteln Sie den Wert von b. 4

40

## Tipps und Hinweise

### Aufgabe 1 a
- Zur Bestimmung der beiden Koeffizienten a und b benötigen Sie zwei Gleichungen.
- W liegt als Wendepunkt auf dem Graphen.
- Im Wendepunkt wechselt die Krümmung, also muss dort f"(x) = 0 gelten.
- Lösen Sie das Gleichungssystem aus zwei Gleichungen mit zwei Unbekannten.

### Aufgabe 1 b
- Welche Bedingungen gelten für einen Extrempunkt (siehe Merkhilfe)?
- Lösen Sie die Gleichung f'(x) = 0.
- Die Art eines Extrempunkts können Sie entweder mithilfe der 2. Ableitung oder mithilfe des Monotonieverhaltens bestimmen.
- Aus $f'(x_0) = 0$ und $f''(x_0) < 0$ folgt: An der Stelle $x_0$ befindet sich ein Hochpunkt.
- Aus $f'(x_0) = 0$ und $f''(x_0) > 0$ folgt: An der Stelle $x_0$ befindet sich ein Tiefpunkt.
- Aus $f'(x_0) = 0$ und $f''(x_0) = 0$ folgt: An der Stelle $x_0$ befindet sich ein Wendepunkt mit waagrechter Tangente, falls $f'''(x_0) \neq 0$ gilt.
- Wechselt das Vorzeichen von f'(x) vom Positiven (f steigt) zum Negativen (f fällt), so liegt ein Hochpunkt vor.
- Wechselt das Vorzeichen von f'(x) vom Negativen (f fällt) zum Positiven (f steigt), so liegt ein Tiefpunkt vor.
- Da nach dem Extrempunkt gefragt ist, müssen Sie auch den zugehörigen y-Wert bestimmen.

### Aufgabe 1 c
- Beachten Sie, dass der Graph durch den Ursprung (Wendepunkt mit waagrechter Tangente), den Wendepunkt W, den Tiefpunkt und auch durch den Schnittpunkt S(2|0) mit der Geraden verläuft.
- Jede Gerade hat die allgemeine Gleichung y = mx + t.
- Einsetzen der beiden Geradenpunkte W und S liefert die Koeffizienten m und t.

### Aufgabe 1 d
- Berechnen Sie zunächst die gesamte vom Graphen von f(x) und der x-Achse eingeschlossene Fläche.
- Achten Sie darauf, dass die Fläche unterhalb der x-Achse liegt.
- Die linke Teilfläche ergibt sich aus einem Integralwert plus einer Dreiecksfläche.

- Die rechte Teilfläche ergibt sich aus einem Integralwert minus dieser Dreiecksfläche.
- Berechnen Sie eine dieser Teilflächen.
- Die zweite Teilfläche ergibt sich durch Subtraktion von der Gesamtfläche.
- Sind zwei Flächen gleich groß, so verhalten sie sich wie 1:1.

**Aufgabe 2 a**
- Schreiben Sie die vier Funktionen $f_0$, $f_1$, $f_2$ und $f_4$ explizit auf.
- Wie lässt sich der Graph von $f_0$ beschreiben?
- Der Graph von $f_0$ entsteht durch Verschiebung des Graphen von $g(x) = x^4$.
- Sie können auch die Nullstellen von $f_0$ bestimmen.
- Ordnen Sie nun die entsprechende Abbildung zu.
- Bestimmen Sie die Nullstellen von $f_1$. Ordnen Sie wieder zu.
- Bestimmen Sie die Nullstellen oder die Symmetrie von $f_2$.
- Welche Abbildung entspricht dieser Forderung?
- Wie lässt sich der Graph von $f_4$ beschreiben?
- Der Graph von $f_4$ entsteht durch Spiegelung des Graphen von $g(x) = x^4$.
- Welches Vorzeichen besitzen die Funktionswerte von $f_4$?
- Welche Abbildung entspricht dieser Forderung?

**Aufgabe 2 b**
- Der Limeswert für $x \to \pm\infty$ wird bei einer ganzrationalen Funktion von der höchsten x-Potenz bestimmt.
- Wie lautet die höchste x-Potenz?
- Bilden Sie zunächst den Limes für $x \to +\infty$.
- Für alle n gilt: $(+\infty)^n = +\infty$
- Für welche n gilt $(-\infty)^n = -\infty$ bzw. $(-\infty)^n = +\infty$?

**Aufgabe 3 a**
- Der berechnete Wert ist negativ.
- g(x) ist ein Modell für die Atemstromstärke in Abhängigkeit von der Zeit.
- In der Angabe steht: „der Wert der Atemstromstärke ist beim Einatmen positiv"

## Aufgabe 3 b
- Beim Einatmen wird das Luftvolumen in der Lunge größer, beim Ausatmen kleiner.
- Am Ende des Ausatmens ist das Luftvolumen am kleinsten.
- Das Einatmen ist durch positive Funktionswerte, das Ausatmen durch negative Funktionswerte zu erkennen.

## Aufgabe 3 c
- $\int \sin x \, dx = -\cos x + C$ (siehe Merkhilfe)
- Beachten Sie die Formel $\int f(ax+b) \, dx = \frac{1}{a} F(ax+b) + C$ (siehe Merkhilfe).
- Einsetzen der oberen und unteren Grenze (siehe Merkhilfe) liefert den gesuchten Wert.
- g(t) gibt modellhaft die momentane Änderungsrate des Luftvolumens an.
- Eine Stammfunktion von g(t) beschreibt damit das Luftvolumen.
- Im Intervall ]2; 4[ liegt g(t) oberhalb der t-Achse (Einatmen), der gesuchte Integralwert ist ebenfalls positiv.
- Das Luftvolumen vergrößert sich um den berechneten Wert.

## Aufgabe 3 d
- g(t) ist eine periodische Funktion. Der bei Teilaufgabe c berechnete Wert gibt somit an, um wie viele Liter sich das Luftvolumen bei jedem Einatmen vergrößert.
- Um wie viele Liter verändert sich das Luftvolumen bei jedem Ausatmen?
- Für welche t beginnt jeweils ein Ausatemvorgang?
- Zu Beginn jedes Ausatemvorgangs hat die Testperson 3,5 Liter Luft in der Lunge.
- Für welche t beginnt jeweils ein Einatemvorgang?
- Wie viele Liter Luft befinden sich zu Beginn jedes Einatemvorgangs in der Lunge?
- Listen Sie geeignete Punkte (Zeitpunkt|Luftmenge in der Lunge) auf.
- Tragen Sie diese Werte in ein KOSY ein und verbinden Sie die Punkte zum Graphen einer periodischen Funktion.

## Aufgabe 3 e
- Wie viele Atemzyklen (Perioden von g(t)) hat die Testperson in 1 Minute?
- Berechnen Sie die Atemfrequenz einer jüngeren Testperson.
- $20\,\% = \frac{20}{100} = 0{,}2$

- Berechnen Sie die Zeitspanne, die der Jüngere für einen Atemzyklus benötigt.
- Die Zeitspanne eines Atemzyklus des Jüngeren gibt die Periode der Funktion h an.
- Betrachten Sie den ersten Atemzyklus beider Testpersonen.
- Es muss gelten $\sin\left(b \cdot \frac{10}{3}\right) = \sin\left(\frac{\pi}{2} \cdot 4\right)$.
- Bestimmen Sie aus dieser Gleichung b.

## Lösungen

1. $f(x) = ax^4 + bx^3$ mit $D = \mathbb{R}$ und $a, b \in \mathbb{R}$

   a) Aus „W(1|−1) ist Wendepunkt" ergeben sich die beiden Gleichungen:
   $f(1) = -1$
   $f''(1) = 0$

   Es gilt $f'(x) = 4ax^3 + 3bx^2$ und $f''(x) = 12ax^2 + 6bx$ und somit:

   I  $f(1) = a \cdot 1^4 + b \cdot 1^3 = -1 \quad \Rightarrow \quad a + b = -1 \quad \Rightarrow \quad b = -1 - a$
   II $f''(1) = 12a \cdot 1^2 + 6b \cdot 1 = 0 \quad \Rightarrow \quad 12a + 6b = 0 \quad \Rightarrow \quad b = -2a$

   II in I: $-2a = -1 - a \Rightarrow -a = -1 \Rightarrow a = 1$ und $b = -2$

   Also: $f(x) = x^4 - 2x^3$

   *Anmerkung:*
   $f'''(x) = 24ax + 6b = 24x - 12$
   $f'''(1) = 24 \cdot 1 - 12 \neq 0$ ✓ (hinreichende Eigenschaft für Wendepunkt erfüllt)

   b) $f'(x) = 0 \Rightarrow 4x^3 - 6x^2 = 0$
   $\qquad\qquad\qquad x^2(4x - 6) = 0$
   $\qquad\qquad\qquad x_1 = 0 \quad \text{oder} \quad 4x - 6 = 0$
   $\qquad\qquad\qquad\qquad\qquad\qquad\qquad x_2 = 1{,}5$

   $f(0) = 0$
   $f(1{,}5) = 1{,}5^4 - 2 \cdot 1{,}5^3 = -1{,}6875$

   **Bestimmung der Art des Extremwerts über 2. Ableitung**
   $f''(0) = 12 \cdot 0^2 - 12 \cdot 0 = 0$
   $f'''(0) = 24 \cdot 0 - 12 \neq 0$ ✓
   $f''(1{,}5) = 12 \cdot 1{,}5^2 - 12 \cdot 1{,}5 = 9 > 0$

   **Bestimmung der Art des Extremwerts über Monotonieverhalten**
   $f'(x) = 4x^3 - 6x^2 = x^2(4x - 6)$

   $f'(x) > 0 \Rightarrow 4x - 6 > 0$
   $\qquad\qquad\qquad x > 1{,}5 \quad \Rightarrow \quad f(x)$ steigt für $x > 1{,}5$

   $f'(x) < 0 \Rightarrow 4x - 6 < 0$
   $\qquad\qquad\qquad x < 1{,}5 \quad \Rightarrow \quad f(x)$ fällt für $x < 1{,}5$

   $f(x)$ besitzt in $(0|0)$ einen Wendepunkt mit waagrechter Tangente (siehe Angabe) und in $(1{,}5|-1{,}6875)$ einen Tiefpunkt.

c) Gerade g:
y = mx + t

Wegen W ∈ g ergibt sich:
$-1 = m + t \Rightarrow t = -1 - m$

Wegen $(2\,|\,0) \in g$ ergibt sich:
$0 = 2m + t \Rightarrow t = -2m$

Gleichsetzen ergibt:
$-1 - m = -2m \Rightarrow m = 1$
$\Rightarrow t = -2$
$\Rightarrow g: y = x - 2$

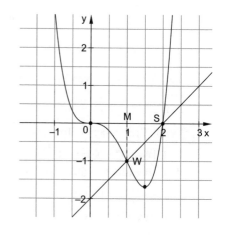

d) Gesamtfläche:

$$A = \left| \int_0^2 f(x)\,dx \right| = \left| \int_0^2 (x^4 - 2x^3)\,dx \right| = \left| \left[ \frac{1}{5}x^5 - \frac{2}{4}x^4 \right]_0^2 \right| = \left| \frac{1}{5} \cdot 2^5 - \frac{1}{2} \cdot 2^4 \right| = 1{,}6$$

Die Teilfläche $A_1$ besteht aus der Fläche, die der Graph zwischen 0 und 1 mit der x-Achse einschließt, plus dem rechtwinkligen Dreieck MWS (siehe Abbildung in Teilaufgabe c).

$$A_1 = \left| \int_0^1 (x^4 - 2x^3)\,dx \right| + \frac{1}{2} \cdot 1 \cdot 1 = \left| \left[ \frac{1}{5}x^5 - \frac{2}{4}x^4 \right]_0^1 \right| + \frac{1}{2} = |-0{,}3| + 0{,}5 = 0{,}8$$

Die Teilfläche $A_2$ besteht aus der Fläche, die der Graph zwischen 1 und 2 mit der x-Achse einschließt, minus dem rechtwinkligen Dreieck MWS.

$$A_2 = \left| \int_1^2 (x^4 - 2x^3)\,dx \right| - \frac{1}{2} \cdot 1 \cdot 1 = \left| \left[ \frac{1}{5}x^5 - \frac{2}{4}x^4 \right]_1^2 \right| - 0{,}5$$

$$= |-1{,}6 - (-0{,}3)| - 0{,}5 = |-1{,}3| - 0{,}5 = 0{,}8$$

Die beiden Teilflächen sind gleich groß, ihr Teilverhältnis ist 1 : 1.

*Anmerkung:* Es genügt, eine der beiden Teilflächen auszurechnen, da sich die andere Fläche durch Subtraktion der ausgerechneten Fläche von der Gesamtfläche A ergibt.

2. $f_0(x) = x^4 - 2$; $f_1(x) = x^4 - 2x$; $f_2(x) = x^4 - 2x^2$; $f_4(x) = x^4 - 2x^4 = -x^4$

a) **1. Möglichkeit: Vom Funktionsterm auf den Graphen schließen**

$f_0(x) = x^4 - 2$
Der Graph ist symmetrisch zur y-Achse und geht durch Verschiebung um 2 in negative y-Richtung aus dem Graphen von $g(x) = x^4$ hervor (*oder*: besitzt die beiden Nullstellen $x = \pm\sqrt[4]{2}$).
$\Rightarrow$ Abb. 4

$f_1(x) = x^4 - 2x = x(x^3 - 2)$
Der Graph besitzt die beiden Nullstellen $x = 0$ und $x = \sqrt[3]{2}$.
$\Rightarrow$ Abb. 3

$f_2(x) = x^4 - 2x^2 = x^2(x^2 - 2)$
Der Graph besitzt die doppelte Nullstelle $x = 0$ und die beiden einfachen Nullstellen $x = \pm\sqrt{2}$, insgesamt also drei Nullstellen (*oder*: Der Graph enthält nur geradzahlige x-Potenzen und verläuft daher durch den Ursprung und symmetrisch zur y-Achse).
$\Rightarrow$ Abb. 1

$f_4(x) = x^4 - 2x^4 = -x^4$
Der Graph geht durch Spiegelung an der x-Achse aus dem Graphen von $g(x) = x^4$ hervor (*oder*: ist für alle $x \neq 0$ negativ, daher gilt $\lim\limits_{x \to \pm\infty} f_4(x) = -\infty$).
$\Rightarrow$ Abb. 2

**2. Möglichkeit: Vom Graphen auf den Funktionsterm schließen**

Abb. 1 zeigt den Graphen von $f_2$, da
- der gezeigte Graph durch den Ursprung verläuft und symmetrisch zur y-Achse ist und in $f_2(x)$ nur geradzahlige x-Potenzen enthalten sind,
- *oder* da $f_2(x) = x^4 - 2x^2 = x^2(x^2 - 2)$ die doppelte Nullstelle $x = 0$ und die beiden einfachen Nullstellen $x = \pm\sqrt{2}$, insgesamt also drei Nullstellen aufweist.

Abb. 2 zeigt den Graphen von $f_4$, da der gezeigte Graph durch Spiegelung an der x-Achse aus dem Graphen von $g(x) = x^4$ hervorgeht, nur er also für alle $x \neq 0$ und somit auch für $x \to \pm\infty$ negative Funktionswerte aufweist.

Abb. 3 zeigt den Graphen von $f_1$, da $f_1(x) = x^4 - 2x = x(x^3 - 2)$ nur die beiden Nullstellen $x = 0$ und $x = \sqrt[3]{2}$ besitzt.

Abb. 4 zeigt den Graphen von $f_0$, da
- nur $f_0(0) \neq 0$,
- *oder* da der gezeigte Graph durch Verschiebung um 2 in negative y-Richtung aus dem Graphen von $g(x) = x^4$ hervorgeht.

*Anmerkung*: Es sind nur drei Begründungen verlangt.

b) $f_n(x) = x^4 - 2x^n = -2x^n + x^4$ mit $n > 4$

*Bemerkung:* Das Verhalten im Unendlichen wird durch den Term mit der höchsten x-Potenz bestimmt. Da $n > 4$, muss nur der Term $-2x^n$ betrachtet werden.

Für alle $n > 4$ gilt:
$$\lim_{x \to +\infty} f_n(x) = \lim_{x \to +\infty} -2x^n = -2 \cdot (+\infty)^n = -2 \cdot (+\infty) = -\infty$$

Für alle ungeradzahligen $n > 4$ gilt:
$$\lim_{x \to -\infty} f_n(x) = \lim_{x \to -\infty} -2x^n = -2 \cdot (-\infty)^n = -2 \cdot (-\infty) = +\infty$$

Für alle geradzahligen $n > 4$ gilt:
$$\lim_{x \to -\infty} f_n(x) = \lim_{x \to -\infty} -2x^n = -2 \cdot (-\infty)^n = -2 \cdot (+\infty) = -\infty$$

3. $g(t) = -\dfrac{\pi}{8} \sin\left(\dfrac{\pi}{2} \cdot t\right)$ mit $\mathbb{D} = \mathbb{R}_0^+$

a) $g(1,5) = -\dfrac{\pi}{8} \sin\left(\dfrac{\pi}{2} \cdot 1,5\right) \approx -0,278$

Der negative Funktionswert zeigt, dass die Testperson gerade ausatmet.

b) Nach 2 bzw. 6 Sekunden ist das Ausatmen gerade beendet (Wechsel von negativ $\hat{=}$ ausatmen zu positiv $\hat{=}$ einatmen), daher ist das Luftvolumen zu diesem Zeitpunkt minimal.

c) $\displaystyle\int_2^4 -\dfrac{\pi}{8}\sin\left(\dfrac{\pi}{2}\cdot t\right) dt = \left[\dfrac{\pi}{8}\cdot\dfrac{1}{\frac{\pi}{2}}\cos\left(\dfrac{\pi}{2}\cdot t\right)\right]_2^4 = \left(\dfrac{1}{4}\cos\left(\dfrac{\pi}{2}\cdot 4\right)\right) - \left(\dfrac{1}{4}\cos\left(\dfrac{\pi}{2}\cdot 2\right)\right)$

$= \left(\dfrac{1}{4}\cos(2\pi)\right) - \left(\dfrac{1}{4}\cos(\pi)\right) = \dfrac{1}{4}\cdot 1 - \dfrac{1}{4}\cdot(-1) = \dfrac{1}{2}$

Während des Einatmens zwischen der 2. und der 4. Sekunde vergrößert sich das Luftvolumen in der Lunge um einen halben Liter.

d) Der Graph der Funktion g(t) schließt während des Einatmens ebenso wie während des Ausatmens gleich große Flächen ein, die einmal oberhalb und einmal unterhalb der t-Achse liegen. Während des Einatmens wird das Volumen um 0,5 $\ell$ größer, während des Ausatmens um eben diese 0,5 $\ell$ kleiner.

Zu Beginn eines Ausatemvorgangs (also für $t = 0; 4; 8; \ldots$) beträgt das Luftvolumen 3,5 $\ell$. Zu Beginn des Einatemvorgangs (also für $t = 2; 6; 10; \ldots$) beträgt das Luftvolumen nur noch 3,5 $\ell$ – 0,5 $\ell$ = 3,0 $\ell$.

Die gesuchte periodische Funktion muss somit durch die Punkte (0|3,5); (2|3); (4|3,5); (6|3); (8|3,5); (10|3) usw. verlaufen.

*Bemerkung:* Es ist hier nur eine Skizze durch diese Punkte und keine Angabe des Funktionsterms verlangt.

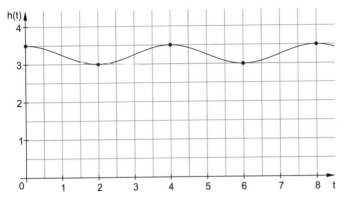

e) 1 min : 4 s = 60 s : 4 s = 15
Die Atemfrequenz der Testperson beträgt 15 pro Minute.
Die Atemfrequenz der jüngeren Testperson beträgt 15 + 0,2 · 15 = 18 pro Minute.
Für die Funktion $h(t) = a \cdot \sin(b \cdot t)$ muss die Periode daher 60 s : 18 = $\frac{10}{3}$ s betragen.

Betrachtet man den ersten Atemzyklus von h(t) und g(t), so muss gelten:

$$\sin\left(b \cdot \frac{10}{3}\right) = \sin\left(\frac{\pi}{2} \cdot 4\right)$$

$$b \cdot \frac{10}{3} = \frac{\pi}{2} \cdot 4$$

$$b = \frac{\pi}{2} \cdot 4 \cdot \frac{3}{10}$$

$$b = 0,6\pi$$

# Abitur Mathematik (Bayern): Abiturprüfung 2015
## Prüfungsteil B – Stochastik Aufgabengruppe 1

BE

1. Der Marketingchef einer Handelskette plant eine Werbeaktion, bei der ein Kunde die Höhe des Rabatts bei seinem Einkauf durch zweimaliges Drehen an einem Glücksrad selbst bestimmen kann. Das Glücksrad hat zwei Sektoren, die mit den Zahlen 5 bzw. 2 beschriftet sind (vgl. Abbildung).

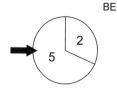

Der Rabatt in Prozent errechnet sich als Produkt der beiden Zahlen, die der Kunde bei zweimaligem Drehen am Glücksrad erzielt.

Die Zufallsgröße X beschreibt die Höhe dieses Rabatts in Prozent, kann also die Werte 4, 10 oder 25 annehmen. Die Zahl 5 wird beim Drehen des Glücksrads mit der Wahrscheinlichkeit p erzielt.

Vereinfachend soll davon ausgegangen werden, dass jeder Kunde genau einen Einkauf tätigt und auch tatsächlich am Glücksrad dreht.

a) Ermitteln Sie mithilfe eines Baumdiagramms die Wahrscheinlichkeit dafür, dass ein Kunde bei seinem Einkauf einen Rabatt von 10 % erhält.
   [Ergebnis: $2p - 2p^2$]   3

b) Zeigen Sie, dass für den Erwartungswert E(X) der Zufallsgröße X gilt:
   $E(X) = 9p^2 + 12p + 4$   3

c) Die Geschäftsführung will im Mittel für einen Einkauf einen Rabatt von 16 % gewähren. Berechnen Sie für diese Vorgabe den Wert der Wahrscheinlichkeit p.   3

d) Die Wahrscheinlichkeit, dass ein Kunde bei seinem Einkauf den niedrigsten Rabatt erhält, beträgt $\frac{1}{9}$. Bestimmen Sie, wie viele Kunden mindestens an dem Glücksrad drehen müssen, damit mit einer Wahrscheinlichkeit von mehr als 99 % mindestens einer der Kunden den niedrigsten Rabatt erhält.   4

2. Eine der Filialen der Handelskette befindet sich in einem Einkaufszentrum, das zu Werbezwecken die Erstellung einer Smartphone-App in Auftrag geben will. Diese App soll die Kunden beim Betreten des Einkaufszentrums über aktuelle Angebote und Rabattaktionen der beteiligten Geschäfte informieren. Da dies mit Kosten verbunden ist, will der Finanzchef der Handelskette einer Beteiligung an der App nur zustimmen, wenn mindestens 15 % der Kunden der Filiale bereit sind, diese App zu nutzen. Der Marketingchef warnt jedoch davor, auf eine Beteiligung an der App zu verzichten, da dies zu einem Imageverlust führen könnte.

Um zu einer Entscheidung zu gelangen, will die Geschäftsführung der Handelskette eine der beiden folgenden Nullhypothesen auf der Basis einer Befragung von 200 Kunden auf einem Signifikanzniveau von 10 % testen:
I  „Weniger als 15 % der Kunden sind bereit, die App zu nutzen."
II  „Mindestens 15 % der Kunden sind bereit, die App zu nutzen."

a) Nach Abwägung der möglichen Folgen, die der Finanzchef und der Marketingchef aufgezeigt haben, wählt die Geschäftsführung für den Test die Nullhypothese II. Bestimmen Sie die zugehörige Entscheidungsregel.   4

b) Entscheiden Sie, ob bei der Abwägung, die zur Wahl der Nullhypothese II führte, die Befürchtung eines Imageverlusts oder die Kostenfrage als schwerwiegender erachtet wurde. Erläutern Sie Ihre Entscheidung.   3

20

# Tipps und Hinweise

## Aufgabe 1 a
- Fertigen Sie für das zweimalige Drehen ein Baumdiagramm an. In jeder Stufe gibt es die Ergebnisse 5 und 2.
- Welche Wahrscheinlichkeit (in Abhängigkeit von p) hat das Ergebnis 2?
- „Rabatt 10 %" kann auf zwei Arten erzielt werden.
- Formen Sie die Summe aus zwei Produkten algebraisch um.

## Aufgabe 1 b
- Bestimmen Sie P(4) und P(25).
- Die Formel für den Erwartungswert finden Sie auf Ihrer Merkhilfe.
- Formen Sie algebraisch um.
- Denken Sie an die binomischen Formeln.

## Aufgabe 1 c
- Das „Mittel" entspricht dem Erwartungswert.
- Lösen Sie die quadratische Gleichung $E(X) = 16$ nach p auf.
- Die Lösungsformel für quadratische Gleichungen finden Sie auf Ihrer Merkhilfe.

## Aufgabe 1 d
- Formulieren Sie „mindestens ein Kunde mit niedrigstem Rabatt" über das Gegenereignis.
- Der Lösungsansatz lautet: $1 - \left(\frac{8}{9}\right)^n > 0{,}99$
- Beim Auflösen der Ungleichung hilft Logarithmieren.
- Bedenken Sie, dass $\ln a < 0$ für $0 < a < 1$ gilt.
- n muss eine natürliche Zahl sein.

## Aufgabe 2 a
- Die gewählte Nullhypothese lautet $p_0 \geq 0{,}15$.
- Stimmt man für $p_0 \geq 0{,}15$, wenn möglichst viele oder wenn möglichst wenige der 200 Kunden bereit sind, die App zu nutzen?
- Die Wahrscheinlichkeit, gegen $p_0$ zu sein, obwohl $p_0 = 0{,}15$ gilt, soll höchstens 10 % betragen.

- Lösungsansatz: $P^{200}_{0,15}(X \leq k) \leq 0,1$ oder $\sum_{i=0}^{k} B(200; 0,15; i) \leq 0,1$
- Achten Sie darauf, die kumulative Tabelle zu verwenden.
- Wählen Sie das größtmögliche k.

**Aufgabe 2 b**

- „Nullhypothese irrtümlich ablehnen" bedeutet: man ist gegen $p_0$, obwohl $p_0$ richtig ist.
- „Nullhypothese irrtümlich ablehnen" bedeutet hier: Man beteiligt sich nicht an der Erstellung der App, obwohl mindestens 15 % der Kunden bereit sind, die App zu nutzen.
- Die Wahrscheinlichkeit dafür soll mit höchstens 10 % möglichst gering sein.
- Sich irrtümlich nicht zu beteiligen, ist die Befürchtung des Marketingchefs.

# Lösungen

1. Gegeben: $P(5) = p$
   $P(2) = 1 - p$

a)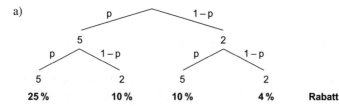

25 %　　　10 %　　　10 %　　　4 %　　　Rabatt

Da sich der Rabatt in Prozent als Produkt der beiden Zahlen errechnet, kommen nur die Ergebnisse (5; 2) und (2; 5) infrage:

$P(10\ \%\ \text{Rabatt}) = P(5; 2) + P(2; 5)$
$= p \cdot (1-p) + (1-p) \cdot p$
$= p - p^2 + p - p^2$
$= 2p - 2p^2$

b) Die Wahrscheinlichkeiten für die anderen beiden Ergebnisse „4" und „25" sind:

$P(4) = (1-p) \cdot (1-p) = (1-p)^2$
$P(25) = p \cdot p = p^2$

Der Erwartungswert von X ergibt sich somit zu:

$E(X) = 4 \cdot P(4) + 10 \cdot P(10) + 25 \cdot P(25)$
$= 4 \cdot (1-p)^2 + 10 \cdot (2p - 2p^2) + 25 \cdot p^2$
$= 4 \cdot (1 - 2p + p^2) + 20p - 20p^2 + 25p^2$
$= 4 - 8p + 4p^2 + 20p - 20p^2 + 25p^2$
$= 9p^2 + 12p + 4$

c) „Im Mittel" bedeutet, dass der Erwartungswert gleich 16 sein muss:

$9p^2 + 12p + 4 = 16$
$9p^2 + 12p - 12 = 0$
$3p^2 + 4p - 4 = 0$

$\Rightarrow p_{1;2} = \dfrac{-4 \pm \sqrt{4^2 - 4 \cdot 3 \cdot (-4)}}{2 \cdot 3} = \dfrac{-4 \pm \sqrt{64}}{6} = \dfrac{-4 \pm 8}{6}$

$\Rightarrow p_1 = \dfrac{2}{3}$ (oder $p_2 = -2$)

d) P(mindestens ein Kunde mit niedrigstem Rabatt) > 99 %

1 − P(kein Kunde mit niedrigstem Rabatt) > 0,99

$$1 - \binom{n}{0} \cdot \left(\frac{1}{9}\right)^0 \cdot \left(\frac{8}{9}\right)^n > 0{,}99$$

$$1 - \left(\frac{8}{9}\right)^n > 0{,}99$$

$$\left(\frac{8}{9}\right)^n < 0{,}01$$

$$n \cdot \ln \frac{8}{9} < \ln 0{,}01$$

$$n > \frac{\ln 0{,}01}{\ln \frac{8}{9}}$$

$$n > 39{,}1$$

Es müssen mindestens 40 Kunden am Glücksrad drehen.

2. a) $H_0: p_0 \geq 0{,}15$

|  | gegen $p_0$ bei 0 bis k Kunden, die bereit sind, die App zu nutzen ⇒ keine Beteiligung | für $p_0$ bei k+1 bis 200 Kunden, die bereit sind, die App zu nutzen ⇒ Beteiligung |
|---|---|---|
| $p_0 \geq 0{,}15$ | ≤ 0,1 | |

$P^{200}_{0,15}(X \leq k) \leq 0{,}1$

*oder in anderer Schreibweise:* $\sum_{i=0}^{k} B(200; 0{,}15; i) \leq 0{,}1$

Nachschlagen in der Stochastiktabelle ergibt:
k = 23

Man entscheidet sich gegen die Nullhypothese II, wenn höchstens 23 Kunden bereit sind, die App zu nutzen.

b) Wählt man die Nullhypothese II, so wird die Wahrscheinlichkeit, sich irrtümlich nicht zu beteiligen, auf 10 % begrenzt. Die Wahrscheinlichkeit einer irrtümlichen Nichtbeteiligung ist also gering. Vor einer Nichtbeteiligung warnt der Marketingchef. Seine Befürchtung eines Imageverlustes wurde also als schwerwiegender betrachtet.

# Abitur Mathematik (Bayern): Abiturprüfung 2015
## Prüfungsteil B – Stochastik Aufgabengruppe 2

BE

1. Die beiden Diagramme zeigen für die Bevölkerungsgruppe der über 14-Jährigen in Deutschland Daten zur Altersstruktur und zum Besitz von Mobiltelefonen.

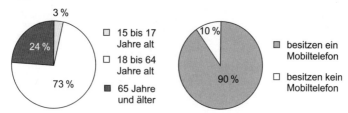

Aus den über 14-Jährigen in Deutschland wird eine Person zufällig ausgewählt. Betrachtet werden folgende Ereignisse:

M: „Die Person besitzt ein Mobiltelefon."
S: „Die Person ist 65 Jahre oder älter."
E: „Mindestens eines der Ereignisse M und S tritt ein."

a) Geben Sie an, welche zwei der folgenden Mengen I bis VI jeweils das Ereignis E beschreiben.

I  $M \cap S$            II  $M \cup S$

III  $\overline{M \cup S}$            IV  $(M \cap \overline{S}) \cup (\overline{M} \cap S) \cup (\overline{M} \cap \overline{S})$

V  $(M \cap S) \cup (M \cap \overline{S}) \cup (\overline{M} \cap S)$      VI  $\overline{M \cap S}$

2

b) Entscheiden Sie anhand geeigneter Terme und auf der Grundlage der vorliegenden Daten, welche der beiden folgenden Wahrscheinlichkeiten größer ist. Begründen Sie Ihre Entscheidung.

$p_1$ ist die Wahrscheinlichkeit dafür, dass die ausgewählte Person ein Mobiltelefon besitzt, wenn bekannt ist, dass sie 65 Jahre oder älter ist.

$p_2$ ist die Wahrscheinlichkeit dafür, dass die ausgewählte Person 65 Jahre oder älter ist, wenn bekannt ist, dass sie ein Mobiltelefon besitzt.

3

c) Erstellen Sie zu dem beschriebenen Sachverhalt für den Fall, dass das Ereignis E mit einer Wahrscheinlichkeit von 98 % eintritt, eine vollständig ausgefüllte Vierfeldertafel. Bestimmen Sie für diesen Fall die Wahrscheinlichkeit $P_S(M)$.

5

2. Zwei Drittel der Senioren in Deutschland besitzen ein Mobiltelefon. Bei einer Talkshow zum Thema „Chancen und Risiken der digitalen Welt" sitzen 30 Senioren im Publikum.

   a) Bestimmen Sie die Wahrscheinlichkeit dafür, dass unter 30 zufällig ausgewählten Senioren in Deutschland mindestens 17 und höchstens 23 ein Mobiltelefon besitzen. 3

   b) Von den 30 Senioren im Publikum besitzen 24 ein Mobiltelefon. Im Verlauf der Sendung werden drei der Senioren aus dem Publikum zufällig ausgewählt und nach ihrer Meinung befragt. Bestimmen Sie die Wahrscheinlichkeit dafür, dass genau zwei dieser drei Senioren ein Mobiltelefon besitzen. 3

3. Eine Handelskette hat noch zahlreiche Smartphones des Modells Y3 auf Lager, als der Hersteller das Nachfolgemodell Y4 auf den Markt bringt. Der Einkaufspreis für das neue Y4 beträgt 300 €, während die Handelskette für das Vorgängermodell Y3 im Einkauf nur 250 € bezahlen musste. Um die Lagerbestände noch zu verkaufen, bietet die Handelskette ab dem Verkaufsstart des Y4 die Smartphones des Typs Y3 für je 199 € an.

   Aufgrund früherer Erfahrungen geht die Handelskette davon aus, dass von den verkauften Smartphones der Modelle Y3 und Y4 trotz des Preisnachlasses nur 26 % vom Typ Y3 sein werden. Berechnen Sie unter dieser Voraussetzung, zu welchem Preis die Handelskette das Y4 anbieten muss, damit sie voraussichtlich pro verkauftem Smartphone der Modelle Y3 und Y4 im Mittel 97 € mehr erhält, als sie beim Einkauf dafür zahlen musste. 4
   
   ---
   20

## Tipps und Hinweise

**Aufgabe 1 a**

- Die drei verwendeten Zeichen bedeuten:
  $A \cap B$   A und zugleich B treten ein
  $A \cup B$   A oder B oder beide treten ein (einschließendes „oder")
  $\overline{A}$   A tritt nicht ein

- Zerlegen Sie „mindestens eines der Ereignisse M und S tritt ein".

- Schreiben Sie diese Zerlegung in Mengenschreibweise.

- Achten Sie darauf, dass das Ereignis E durch zwei der sechs gegebenen Mengen beschrieben wird.

**Aufgabe 1 b**

- Es handelt sich um bedingte Wahrscheinlichkeiten.

- Geben Sie beide Wahrscheinlichkeiten gemäß der Formel auf der Merkhilfe an.

- Beachten Sie: $A \cap B = B \cap A$

- $p_1$ und $p_2$ werden durch zwei Brüche mit gleichem Zähler dargestellt.

- Die Größen der beiden Nenner lassen sich aus den Grafiken entnehmen.

- Besitzen zwei Brüche den gleichen Zähler, so hat der Bruch mit größerem Nenner den kleineren Wert.

**Aufgabe 1 c**

- Aus den Grafiken sind P(S) und P(M) abzulesen.

- Gefordert ist $P(E) = 0{,}98$.

- Schließen Sie aus der Wahrscheinlichkeit von P(E) auf die Wahrscheinlichkeit von $P(\overline{E})$.

- Formen Sie $P(\overline{E})$ so um, dass Sie die Wahrscheinlichkeit einer Schnittmenge erhalten.

- Sie haben für die Vierfeldertafel nun die Wahrscheinlichkeiten P(S), P(M) und $P(\overline{M} \cap \overline{S})$ zur Verfügung.

- Vervollständigen Sie die Vierfeldertafel durch entsprechende Addition und Subtraktion.

- Berechnen Sie die bedingte Wahrscheinlichkeit mithilfe der Formel auf der Merkhilfe (siehe auch Teilaufgabe b).

**Aufgabe 2 a**
- Da es in Deutschland im Vergleich zu den 30 ausgewählten Senioren sehr viele Senioren gibt, kann ein „Ziehen mit Zurücklegen" verwendet werden.
- Es handelt sich um eine Bernoulli-Kette der Länge 30 mit der Trefferwahrscheinlichkeit $\frac{2}{3}$.
- Die kumulative Stochastiktabelle summiert immer von null an.
- Um die Stochastiktabelle nutzen zu können, müssen Sie „mindestens 17 und höchstens 23" umformulieren.
- „Mindestens 17 und höchstens 23" lässt sich schreiben als „höchstens 23" ohne „höchstens 16".

**Aufgabe 2 b**
- Es handelt sich um ein „Ziehen ohne Zurücklegen".
- Aus den 30 Senioren, von denen 24 ein Mobiltelefon besitzen, werden 3 Senioren ausgewählt. Zwei dieser drei Senioren sollen ein Mobiltelefon besitzen.

**Aufgabe 3**
- Listen Sie für beide Modelle (soweit bekannt) den jeweiligen Einkaufspreis, den Verkaufspreis, die Handelsspanne (Differenz zwischen Verkaufs- und Einkaufspreis) und den Anteil an den Verkaufszahlen auf.
- Was bedeutet „im Mittel 97 € mehr als der Einkaufspreis"?
- Der Erwartungswert der Handelsspanne soll 97 € betragen.
- Die Formel für den Erwartungswert finden Sie auf Ihrer Merkhilfe.
- Berechnen Sie daraus die Spanne für Y4.
- Geben Sie den Verkaufspreis von Y4 an.

## Lösungen

1. a) E: „Mindestens eines der Ereignisse M und S tritt ein" ist eine mögliche Verbalisierung der Vereinigungsmenge $M \cup S$ (in Worten „M oder S").
   Das Ereignis E umfasst die drei Ereignisse „nur M tritt ein" ($M \cap \overline{S}$), „nur S tritt ein" ($\overline{M} \cap S$) und „sowohl M als auch S treten ein" ($M \cap S$).
   Somit wird E beschrieben durch II und V.

   b) *Bemerkung:* Gesucht sind jeweils bedingte Wahrscheinlichkeiten. Die Bedingung für $p_1$ ist, dass die Person 65 Jahre oder älter ist, also Ereignis S. Die Bedingung für $p_2$ ist, dass die Person ein Mobiltelefon besitzt, also Ereignis M.
   Mit $P(S) = 0{,}24$ (siehe Grafik 1) und $P(M) = 0{,}9$ (siehe Grafik 2) folgt:

   $$p_1 = P_S(M) = \frac{P(M \cap S)}{P(S)} = \frac{P(M \cap S)}{0{,}24}$$

   $$p_2 = P_M(S) = \frac{P(S \cap M)}{P(M)} = \frac{P(S \cap M)}{0{,}9}$$

   Da die beiden Zähler gleich sind, $p_2$ aber den größeren Nenner besitzt, gilt: $p_1 > p_2$

   c) Aus den Grafiken abzulesen sind:
   $P(S) = 0{,}24$
   $P(M) = 0{,}9$
   Aus $P(E) = P(M \cup S) = 0{,}98$ folgt:
   $P(\overline{E}) = P(\overline{M \cup S}) = P(\overline{M} \cap \overline{S}) = 0{,}02$

   Somit ergibt sich für die Vierfeldertafel:

   |   | S | $\overline{S}$ |   |
   |---|---|---|---|
   | M | **0,16** | **0,74** | 0,9 |
   | $\overline{M}$ | **0,08** | 0,02 | **0,1** |
   |   | 0,24 | **0,76** | 1 |

   Die berechneten Werte sind fett gedruckt.

   Für die gesuchte Wahrscheinlichkeit ergibt sich:

   $$P_S(M) = \frac{P(M \cap S)}{P(S)} = \frac{0{,}16}{0{,}24} = \frac{2}{3} \approx 66{,}7\,\%$$

2. a) Hier liegt ein „Ziehen mit Zurücklegen" vor.

$$P^{30}_{\frac{2}{3}}(17 \leq X \leq 23) = P^{30}_{\frac{2}{3}}(X \leq 23) - P^{30}_{\frac{2}{3}}(X \leq 16) = 0{,}91616 - 0{,}08977 = 0{,}82639$$

*oder in anderer Schreibweise:*

$$\sum_{i=17}^{23} B\left(30; \frac{2}{3}; i\right) = \sum_{i=0}^{23} B\left(30; \frac{2}{3}; i\right) - \sum_{i=0}^{16} B\left(30; \frac{2}{3}; i\right)$$

$$= 0{,}91616 - 0{,}08977 = 0{,}82639$$

b) Hier liegt ein „Ziehen ohne Zurücklegen" vor.

$$P = \frac{\binom{24}{2} \cdot \binom{6}{1}}{\binom{30}{3}} = \frac{276 \cdot 6}{4\,060} \approx 0{,}4079 = 40{,}79\,\%$$

3.

|     | Einkauf | Verkauf | Spanne | Anteil |
|-----|---------|---------|--------|--------|
| Y3  | 250 €   | 199 €   | –51 €  | 26 %   |
| Y4  | 300 €   | y       | x      | 74 %   |

Erwartungswert einer Spanne:
$E(\text{Spanne}) = x \cdot 0{,}74 + (-51) \cdot 0{,}26$

Der Mittelwert (Erwartungswert) der Spanne soll 97 € betragen.

$$x \cdot 0{,}74 + (-51) \cdot 0{,}26 = 97$$
$$0{,}74x = 97 + 13{,}26$$
$$0{,}74x = 110{,}26$$
$$x = 149$$

Das neue Y4 muss also zu einem Preis von 300 € + 149 € = 449 € verkauft werden.

# Abitur Mathematik (Bayern): Abiturprüfung 2015
## Prüfungsteil B – Geometrie Aufgabengruppe 1

BE

In einem kartesischen Koordinatensystem sind die Ebene E: $x_1 + x_3 = 2$, der Punkt $A(0 \mid \sqrt{2} \mid 2)$ und die Gerade g: $\vec{X} = \vec{A} + \lambda \cdot \begin{pmatrix} -1 \\ \sqrt{2} \\ 1 \end{pmatrix}$, $\lambda \in \mathbb{R}$, gegeben.

a) Beschreiben Sie, welche besondere Lage die Ebene E im Koordinatensystem hat. Weisen Sie nach, dass die Ebene E die Gerade g enthält.
Geben Sie die Koordinaten der Schnittpunkte von E mit der $x_1$-Achse und mit der $x_3$-Achse an und veranschaulichen Sie die Lage der Ebene E sowie den Verlauf der Geraden g in einem kartesischen Koordinatensystem (vgl. Abbildung). 6

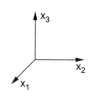

Die $x_1$-$x_2$-Ebene beschreibt modellhaft eine horizontale Fläche, auf der eine Achterbahn errichtet wurde. Ein gerader Abschnitt der Bahn beginnt im Modell im Punkt A und verläuft entlang der Geraden g. Der Vektor $\vec{v} = \begin{pmatrix} -1 \\ \sqrt{2} \\ 1 \end{pmatrix}$ beschreibt die Fahrtrichtung auf diesem Abschnitt.

b) Berechnen Sie im Modell die Größe des Winkels, unter dem dieser Abschnitt der Achterbahn gegenüber der Horizontalen ansteigt. 3

An den betrachteten geraden Abschnitt der Achterbahn schließt sich – in Fahrtrichtung gesehen – eine Rechtskurve an, die im Modell durch einen Viertelkreis beschrieben wird, der in der Ebene E verläuft und den Mittelpunkt $M(0 \mid 3\sqrt{2} \mid 2)$ hat.

c) Das Lot von M auf g schneidet g im Punkt B. Im Modell stellt B den Punkt der Achterbahn dar, in dem der gerade Abschnitt endet und die Kurve beginnt. Bestimmen Sie die Koordinaten von B und berechnen Sie den Kurvenradius im Modell.
[Teilergebnis: $B(-1 \mid 2\sqrt{2} \mid 3)$] 5

d) Das Ende der Rechtskurve wird im Koordinatensystem durch den Punkt C beschrieben. Begründen Sie, dass für den Ortsvektor des Punkts C gilt:
$\vec{C} = \vec{M} + \vec{v}$. 2

e) Ein Wagen der Achterbahn durchfährt den Abschnitt, der im Modell durch die Strecke [AB] und den Viertelkreis von B nach C dargestellt wird, mit einer durchschnittlichen Geschwindigkeit von $15 \frac{m}{s}$. Berechnen Sie die Zeit, die der Wagen dafür benötigt, auf Zehntelsekunden genau, wenn eine Längeneinheit im Koordinatensystem 10 m in der Realität entspricht. 4

20

## Tipps und Hinweise

**Aufgabe a**
- Was fällt an der Ebenengleichung auf?
- Warum taucht kein $x_2$ auf?
- Wie lautet der Normalenvektor der Ebene?
- Welche Lage hat dieser Normalenvektor im KOSY?
- Auf welcher Koordinatenachse steht der Normalenvektor senkrecht?

*oder:*
- Benennen Sie einen Punkt, der auf der Ebene liegt.
- Benennen Sie – ohne weitere Rechnung! – weitere Punkte, die auf der Ebene liegen.
- Alle diese Punkte bilden eine Gerade. Welche spezielle Lage hat diese Gerade?
- Eine Gerade gehört einer Ebene an, wenn ein Punkt der Geraden der Ebene angehört und der Richtungsvektor der Geraden senkrecht auf dem Normalenvektor der Ebene steht.
- Bestimmen Sie eine Gleichung der $x_1$-Achse (bzw. der $x_3$-Achse) und schneiden Sie die Achse mit der Ebene E.
- Um den Schnittpunkt einer Geraden mit einer Ebene zu bestimmen, setzt man die einzelnen Koordinaten der Geradengleichung in die Normalenform der Ebene ein.
- Es ergibt sich eine Gleichung für den Parameter der Geraden.
- Einsetzen des errechneten Parameterwerts in die Geradengleichung liefert die Koordinaten des Schnittpunkts.
- Zeichnen Sie die Schnittpunkte $S_1$ und $S_3$ mit der $x_1$-Achse bzw. $x_3$-Achse ein.
- Die Parallelen zur $x_2$-Achse durch diese Schnittpunkte veranschaulichen die Ebene.
- Zeichnen Sie den Geradenaufpunkt A ein.
- Berechnen Sie außerdem den Schnittpunkt der Geraden mit der $x_1$-$x_3$-Ebene.
- Dieser Schnittpunkt $S_g$ liegt auf der Strecke $[S_1 S_3]$.
- g verläuft durch A und $S_g$.

**Aufgabe b**

- Gesucht ist der Winkel α, den g mit der $x_1$-$x_2$-Ebene einschließt.
- Berechnen Sie den Winkel β zwischen dem Richtungsvektor der Geraden und dem Normalenvektor der Ebene.
- Wie lautet der Normalenvektor der $x_1$-$x_2$-Ebene?
- Die $x_3$-Achse steht auf der $x_1$-$x_2$-Ebene senkrecht.
- Die Formel zur Berechnung des Winkels zwischen zwei Vektoren finden Sie in der Merkhilfe.
- Da Sie den spitzen Winkel zwischen dem Richtungsvektor der Geraden und dem Normalenvektor der Ebene suchen, setzen Sie Betragsstriche in der Formel.
- Der gesuchte Winkel α ergänzt den berechneten Winkel β zu 90°.

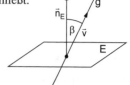

**Aufgabe c**

- Der Viertelkreis liegt – ebenso wie g – in der Ebene E.
- Auch das Lot $\ell$ von M auf g liegt in der Ebene E.
- Der Richtungsvektor jeder Geraden, die in einer Ebene liegt, steht auf dem Normalenvektor der Ebene senkrecht (siehe auch Teilaufgabe a).
- Der Richtungsvektor des Lots $\ell$ muss auf dem Richtungsvektor von g und auf dem Normalenvektor von E senkrecht stehen.
- Das Vektorprodukt der Vektoren $\vec{a}$ und $\vec{b}$ liefert einen Vektor, der sowohl auf $\vec{a}$ als auch auf $\vec{b}$ senkrecht steht (Normalenvektor).
- Stellen Sie eine Gleichung für das Lot $\ell$, das durch M verläuft, auf.
- B ist der Schnittpunkt von g und $\ell$.
- Den Schnittpunkt zweier Geraden erhält man durch Gleichsetzen der beiden Geradengleichungen.
- Es ergibt sich ein Gleichungssystem aus 3 Gleichungen mit 2 Unbekannten.
- Berechnen Sie mithilfe von zwei dieser Gleichungen die beiden Unbekannten.
- Achten Sie darauf, dass die beiden von Ihnen berechneten Parameter alle drei Gleichungen erfüllen müssen (Probe!).
- Einsetzen eines dieser Parameter in die entsprechende Geradengleichung liefert die Koordinaten des Schnittpunkts.
- Der Radius r des Viertelkreises entspricht der Länge der Strecke [MB].
- Die Länge eines Vektors ist gleich dem Betrag des Vektors. Die Formel finden Sie auf der Merkhilfe.

**Aufgabe d**
- Fertigen Sie sich eine Skizze des Bahnverlaufs.
- Sowohl die Strecke [AB] als auch der Viertelkreis mit dem Mittelpunkt M liegt in der Ebene E (Zeichenebene).
- Zeichnen Sie zunächst eine Strecke [AB].
- Tragen Sie in B das Lot $\ell$ zu g rechts von g (Rechtskurve) an.
- Der Punkt M befindet sich auf dem Lot $\ell$ und hat von B eine Entfernung von $r = 2$.
- Die Strecke [MC] muss ebenfalls die Länge $r = 2$ besitzen und auf [BM] senkrecht stehen, da es sich um einen Viertelkreis handelt.
- Skizzieren Sie den Viertelkreis zwischen B und C.
- Begründen Sie, warum [MC] parallel zu g verläuft.
- Es gilt: $\vec{C} = \vec{M} + k \cdot \vec{v}$
- Bestimmen Sie k mithilfe der Länge von [MC].

**Aufgabe e**
- Berechnen Sie die Länge der Gesamtstrecke im Modell.
- Die Länge eines Vektors ist gleich dem Betrag des Vektors. Die Formel finden Sie auf der Merkhilfe.
- Der Umfang eines Kreises berechnet sich zu $u = 2r\pi$.
- Wie berechnet sich die Geschwindigkeit?
- Geschwindigkeit $v = \dfrac{\text{Strecke s}}{\text{Zeit t}}$
- Lösen Sie nach der Zeit auf.
- Setzen Sie s und v ein. Beachten Sie die angegebene Längeneinheit.

**Lösungen**

a) $E: x_1 + x_3 = 2$ und g: $\vec{X} = \begin{pmatrix} 0 \\ \sqrt{2} \\ 2 \end{pmatrix} + \lambda \cdot \begin{pmatrix} -1 \\ \sqrt{2} \\ 1 \end{pmatrix}$ mit $\lambda \in \mathbb{R}$

E ist parallel zur $x_2$-Achse, da der Normalenvektor der Ebene $\begin{pmatrix} 1 \\ 0 \\ 1 \end{pmatrix}$ auf der $x_2$-Achse senkrecht steht.

*oder:*

E ist parallel zur $x_2$-Achse, da mit dem Punkt $P(1|0|1)$ auch die Punkte $Q(1|q|1)$ mit beliebigem $q \in \mathbb{R}$ der Ebene angehören. Alle diese Punkte liegen auf einer zur $x_2$-Achse parallelen Geraden.

Die Gerade g gehört der Ebene E an, wenn der Aufpunkt A der Geraden auf E liegt und der Richtungsvektor der Geraden auf dem Normalenvektor der Ebene senkrecht steht.

Aufpunkt:
$0 + 2 = 2$ ✓ $\Rightarrow$ $A \in E$

Richtungsvektor:
$\begin{pmatrix} -1 \\ \sqrt{2} \\ 1 \end{pmatrix} \circ \begin{pmatrix} 1 \\ 0 \\ 1 \end{pmatrix} = -1 + 0 + 1 = 0 \Rightarrow \vec{v} \perp \vec{n}_E$

g liegt somit in E.

Gleichung der $x_1$-Achse:

$\vec{X} = \begin{pmatrix} 0 \\ 0 \\ 0 \end{pmatrix} + \lambda \cdot \begin{pmatrix} 1 \\ 0 \\ 0 \end{pmatrix}$

$E \cap x_1$-Achse:

$\lambda + 0 = 2 \Rightarrow \vec{S_2} = \begin{pmatrix} 0 \\ 0 \\ 0 \end{pmatrix} + 2 \cdot \begin{pmatrix} 1 \\ 0 \\ 0 \end{pmatrix} = \begin{pmatrix} 2 \\ 0 \\ 0 \end{pmatrix} \Rightarrow S_1(2|0|0)$

Gleichung der $x_3$-Achse:

$\vec{X} = \begin{pmatrix} 0 \\ 0 \\ 0 \end{pmatrix} + \lambda \cdot \begin{pmatrix} 0 \\ 0 \\ 1 \end{pmatrix}$

$E \cap x_3$-Achse:

$0 + \lambda = 2 \Rightarrow \vec{S_3} = \begin{pmatrix} 0 \\ 0 \\ 0 \end{pmatrix} + 2 \cdot \begin{pmatrix} 0 \\ 0 \\ 1 \end{pmatrix} = \begin{pmatrix} 0 \\ 0 \\ 2 \end{pmatrix} \Rightarrow S_3(0|0|2)$

Um g einzeichnen zu können, benötigt man außer dem Aufpunkt A noch einen weiteren Punkt, z. B. den Schnittpunkt $S_g$ von g mit der $x_1$-$x_3$-Ebene ($x_2 = 0$).

$x_2 = 0$ eingesetzt in g ergibt:

$\sqrt{2} + \lambda \cdot \sqrt{2} = 0 \Rightarrow \lambda = -1$

Einsetzen in g liefert den Schnittpunkt:

$\vec{S_g} = \begin{pmatrix} 0 \\ \sqrt{2} \\ 2 \end{pmatrix} - \begin{pmatrix} -1 \\ \sqrt{2} \\ 1 \end{pmatrix} = \begin{pmatrix} 1 \\ 0 \\ 1 \end{pmatrix} \Rightarrow S_g(1|0|1)$

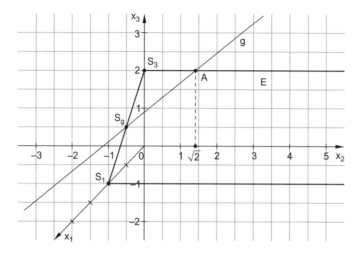

b) Gesucht ist der Winkel α, den g mit der $x_1$-$x_2$-Ebene ($x_3 = 0$) einschließt.
α ergänzt den spitzen Winkel β zwischen dem Richtungsvektor von g und dem Normalenvektor der $x_1$-$x_2$-Ebene zu 90°.

$\cos\beta = \left| \dfrac{\begin{pmatrix} -1 \\ \sqrt{2} \\ 1 \end{pmatrix} \circ \begin{pmatrix} 0 \\ 0 \\ 1 \end{pmatrix}}{\sqrt{(-1)^2 + \sqrt{2}^2 + 1^2} \cdot \sqrt{0^2 + 0^2 + 1^2}} \right| = \left| \dfrac{0+0+1}{\sqrt{4} \cdot \sqrt{1}} \right| = \dfrac{1}{2} \Rightarrow \beta = 60°$

g schließt mit der Horizontalen einen Winkel von α = 90° − 60° = 30° ein.

c) Das Lot von M auf g muss auf dem Richtungsvektor von g senkrecht stehen und in E liegen, also auch auf dem Normalenvektor von E senkrecht stehen.
Der Richtungsvektor von $\ell$ ergibt sich somit als Vektorprodukt von $\vec{v}$ und $\vec{n}_E$.

$\vec{u}_\ell = \vec{v} \times \vec{n}_E = \begin{pmatrix} -1 \\ \sqrt{2} \\ 1 \end{pmatrix} \times \begin{pmatrix} 1 \\ 0 \\ 1 \end{pmatrix} = \begin{pmatrix} \sqrt{2} - 0 \\ 1 + 1 \\ 0 - \sqrt{2} \end{pmatrix} = \begin{pmatrix} \sqrt{2} \\ 2 \\ -\sqrt{2} \end{pmatrix}$

Gerade $\ell$:

$$\ell: \vec{X} = \vec{M} + \mu \cdot \vec{u}_\ell = \begin{pmatrix} 0 \\ 3\sqrt{2} \\ 2 \end{pmatrix} + \mu \cdot \begin{pmatrix} \sqrt{2} \\ 2 \\ -\sqrt{2} \end{pmatrix} \quad \text{mit } \mu \in \mathbb{R}$$

$g \cap \ell$:

$$\begin{pmatrix} 0 \\ \sqrt{2} \\ 2 \end{pmatrix} + \lambda \cdot \begin{pmatrix} -1 \\ \sqrt{2} \\ 1 \end{pmatrix} = \begin{pmatrix} 0 \\ 3\sqrt{2} \\ 2 \end{pmatrix} + \mu \cdot \begin{pmatrix} \sqrt{2} \\ 2 \\ -\sqrt{2} \end{pmatrix}$$

I   $-\lambda = \sqrt{2}\mu$
II  $\sqrt{2} + \sqrt{2}\lambda = 3\sqrt{2} + 2\mu$
III $2 + \lambda = 2 - \sqrt{2}\mu$

Da I = III, setzt man I in II ein und braucht keine Probe.

$$\sqrt{2} + \sqrt{2} \cdot (-\sqrt{2}\mu) = 3\sqrt{2} + 2\mu$$
$$\sqrt{2} - 2\mu = 3\sqrt{2} + 2\mu$$
$$-4\mu = 2\sqrt{2}$$
$$\mu = -\frac{1}{2}\sqrt{2}$$

$$\Rightarrow \lambda = -\sqrt{2} \cdot \left(-\frac{1}{2}\sqrt{2}\right) = 1$$

$\lambda$ in g eingesetzt (oder komplizierter $\mu$ in $\ell$) ergibt den Schnittpunkt B:

$$\vec{B} = \begin{pmatrix} 0 \\ \sqrt{2} \\ 2 \end{pmatrix} + 1 \cdot \begin{pmatrix} -1 \\ \sqrt{2} \\ 1 \end{pmatrix} = \begin{pmatrix} -1 \\ 2\sqrt{2} \\ 3 \end{pmatrix}$$

Der Radius entspricht der Streckenlänge [MB]:

$$r = |\overline{MB}| = \left| \begin{pmatrix} -1 \\ 2\sqrt{2} \\ 3 \end{pmatrix} - \begin{pmatrix} 0 \\ 3\sqrt{2} \\ 2 \end{pmatrix} \right| = \left| \begin{pmatrix} -1 \\ -\sqrt{2} \\ 1 \end{pmatrix} \right| = \sqrt{(-1)^2 + (-\sqrt{2})^2 + 1^2} = \sqrt{1+2+1} = 2$$

d) Eine Skizze veranschaulicht den Verlauf der Achterbahn in der Ebene E.
Da g und $\ell$ aufeinander senkrecht stehen und $\overline{MC}$ auf $\ell$ senkrecht stehen muss, damit ein Viertelkreis entsteht, verläuft $\overline{MC}$ parallel zu g. Somit gilt:

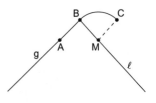

$$\vec{C} = \vec{M} + k \cdot \vec{v} = \begin{pmatrix} 0 \\ 3\sqrt{2} \\ 2 \end{pmatrix} + k \cdot \begin{pmatrix} -1 \\ \sqrt{2} \\ 1 \end{pmatrix}$$

Außerdem muss $|\overrightarrow{MC}| = r = 2$ gelten:

$$|\overrightarrow{MC}| = |\vec{C} - \vec{M}| = |\vec{M} + k \cdot \vec{v} - \vec{M}| = |k \cdot \vec{v}| = \left| k \cdot \begin{pmatrix} -1 \\ \sqrt{2} \\ 1 \end{pmatrix} \right|$$

$$= \left| k \cdot \sqrt{(-1)^2 + \sqrt{2}^2 + 1^2} \right| = |2k|$$

$|2k| = 2 \Rightarrow k = \pm 1$

Da $\vec{v}$ die Fahrtrichtung (auch schon von A nach B) beschreibt, ist nur die Lösung $k = 1$ möglich. Somit gilt:
$\vec{C} = \vec{M} + \vec{v}$

e) Länge der Gesamtstrecke:

$$|\overrightarrow{AB}| + \frac{1}{4} \cdot 2r\pi = \left| \begin{pmatrix} -1 \\ 2\sqrt{2} \\ 3 \end{pmatrix} - \begin{pmatrix} 0 \\ \sqrt{2} \\ 2 \end{pmatrix} \right| + \frac{1}{4} \cdot 2 \cdot 2 \cdot \pi$$

$$= \left| \begin{pmatrix} -1 \\ \sqrt{2} \\ 1 \end{pmatrix} \right| + \pi$$

$$= \left| \sqrt{(-1)^2 + \sqrt{2}^2 + 1^2} \right| + \pi$$

$$= 2 + \pi$$

Formel nach der Zeit t umstellen und die bekannten Werte einsetzen ergibt:

$$v = \frac{s}{t} \Rightarrow t = \frac{s}{v} \Rightarrow t = \frac{(2+\pi) \cdot 10 \, \text{m}}{15 \, \frac{\text{m}}{\text{s}}} \approx 3{,}4 \, \text{s}$$

# Abitur Mathematik (Bayern): Abiturprüfung 2015
## Prüfungsteil B – Geometrie Aufgabengruppe 2

Abbildung 1 zeigt eine Sonnenuhr mit einer gegenüber der Horizontalen geneigten, rechteckigen Grundplatte, auf der sich ein kreisförmiges Zifferblatt befindet. Auf der Grundplatte ist der Polstab befestigt, dessen Schatten bei Sonneneinstrahlung die Uhrzeit auf dem Zifferblatt anzeigt.
Eine Sonnenuhr dieser Bauart wird in einem kartesischen Koordinatensystem modellhaft dargestellt (vgl. Abbildung 2). Dabei beschreibt das Rechteck ABCD mit $A(5|-4|0)$ und $B(5|4|0)$ die Grundplatte der Sonnenuhr. Der Befestigungspunkt des Polstabs auf der Grundplatte wird im Modell durch den Diagonalenschnittpunkt $M(2,5|0|2)$ des Rechtecks ABCD dargestellt. Eine Längeneinheit im Koordinatensystem entspricht 10 cm in der Realität. Die Horizontale wird im Modell durch die $x_1$-$x_2$-Ebene beschrieben.

Abb. 1

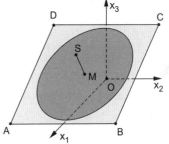

Abb. 2

a) Bestimmen Sie die Koordinaten des Punkts C. Ermitteln Sie eine Gleichung der Ebene E, in der das Rechteck ABCD liegt, in Normalenform.
[mögliches Teilergebnis:
E: $4x_1 + 5x_3 - 20 = 0$]

b) Die Grundplatte ist gegenüber der Horizontalen um den Winkel $\alpha$ geneigt. Damit man mit der Sonnenuhr die Uhrzeit korrekt bestimmen kann, muss für den Breitengrad $\varphi$ des Aufstellungsorts der Sonnenuhr $\alpha + \varphi = 90°$ gelten. Bestimmen Sie, für welchen Breitengrad $\varphi$ die Sonnenuhr gebaut wurde.

c) Der Polstab wird im Modell durch die Strecke [MS] mit $S(4,5|0|4,5)$ dargestellt. Zeigen Sie, dass der Polstab senkrecht auf der Grundplatte steht, und berechnen Sie die Länge des Polstabs auf Zentimeter genau.

Sonnenlicht, das an einem Sommertag zu einem bestimmten Zeitpunkt $t_0$ auf die Sonnenuhr einfällt, wird im Modell durch parallele Geraden mit dem Richtungsvektor $\vec{u} = \begin{pmatrix} 6 \\ 6 \\ -13 \end{pmatrix}$ dargestellt.

d) Weisen Sie nach, dass der Schatten der im Modell durch den Punkt S dargestellten Spitze des Polstabs außerhalb der rechteckigen Grundplatte liegt.  6

e) Um 6 Uhr verläuft der Schatten des Polstabs im Modell durch den Mittelpunkt der Kante [BC], um 12 Uhr durch den Mittelpunkt der Kante [AB] und um 18 Uhr durch den Mittelpunkt der Kante [AD]. Begründen Sie, dass der betrachtete Zeitpunkt $t_0$ vor 12 Uhr liegt.  2

## Tipps und Hinweise

### Aufgabe a
- Welche Eigenschaft besitzen die Diagonalen eines Rechtecks?
- Im Rechteck halbieren sich die Diagonalen gegenseitig.
- M ist der Mittelpunkt der Strecke [AC].
- Die Punkte, die das Rechteck festlegen, bestimmen auch die Ebene E.
- Wählen Sie zwei (nicht parallele) Vektoren im Rechteck als Richtungsvektoren der Ebene aus.
- Der Normalenvektor der Ebene ergibt sich durch das Vektorprodukt der beiden Richtungsvektoren.
- Setzen Sie den Normalenvektor und einen der Punkte (z. B. A) in die allgemeine Normalenform ein (siehe Merkhilfe).
- Die Berechnung des Skalarprodukts liefert die Koordinatendarstellung.

### Aufgabe b
- Die Grundplatte befindet sich in der Ebene E, die Horizontale wird durch die $x_1$-$x_2$-Ebene dargestellt.
- Der Winkel zwischen zwei Ebenen ist gleich dem Winkel zwischen den Normalenvektoren der beiden Ebenen.
- Wie lautet der Normalenvektor der $x_1$-$x_2$-Ebene?
- Die $x_3$-Achse steht auf der $x_1$-$x_2$-Ebene senkrecht.
- Die Formel zur Berechnung des Winkels zwischen zwei Vektoren finden Sie in der Merkhilfe.
- Da Sie den spitzen Winkel zwischen den Normalenvektoren suchen, setzen Sie Betragsstriche in der Formel.
- Der gesuchte Winkel $\varphi$ ergänzt den berechneten Winkel $\alpha$ zu $90°$.

### Aufgabe c
- Die Strecke [MS] steht auf der Grundplatte senkrecht, wenn [MS] parallel zum Normalenvektor von E verläuft.
- Zwei Vektoren sind parallel, wenn sie Vielfache voneinander sind.
- Berechnen Sie zunächst die Länge (Betrag) des Vektors $\overrightarrow{MS}$ mithilfe der Formel auf der Merkhilfe und beachten Sie dann den im Anfangstext gegebenen Maßstab.

**Aufgabe d**
- Modellieren Sie den Sonnenstrahl, der die Polstabspitze trifft, durch eine Gerade s.
- Die Gerade s hat den Aufpunkt S und den gegebenen Richtungsvektor $\vec{u}$.
- Der Schatten der Spitze S entspricht dem Schnittpunkt S* der Geraden s mit der Ebene E.
- Um den Schnittpunkt einer Geraden mit einer Ebene zu bestimmen, setzt man die einzelnen Koordinaten der Geradengleichung in die Normalform der Ebene ein.
- Es ergibt sich eine Gleichung für den Parameter der Geraden.
- Einsetzen des errechneten Parameterwerts in die Geradengleichung liefert die Koordinaten des Schnittpunkts.
- In welcher Koordinatenebene liegen die Punkte A und B?
- Sowohl für A als auch für B gilt $x_3 = 0$.
- Welches Vorzeichen besitzt die $x_3$-Koordinate aller Punkte auf der Grundplatte?
- Welches Vorzeichen besitzt die $x_3$-Koordinate des Punkts S*?

**Aufgabe e**
- Bestimmen Sie die Koordinaten des Mittelpunkts N von [AB], der 12 Uhr markiert.
- Welche besondere Lage hat N?
- Die 6-Uhr-Markierung liegt auf [BC]. Welche $x_2$-Koordinate besitzen alle Punkte auf [BC]?
- Die 18-Uhr-Markierung liegt auf [AD]. Welche $x_2$-Koordinate besitzen alle Punkte auf [AD]?
- Welches Vorzeichen besitzen die $x_2$-Koordinaten aller Schatten der Polstabspitze S vor 12 Uhr?
- Welches Vorzeichen besitzen die $x_2$-Koordinaten aller Schatten der Polstabspitze S nach 12 Uhr?
- Welches Vorzeichen besitzt die $x_2$-Koordinate des Schattens S*?

**Lösungen**

a) Die Diagonalen eines Rechtecks halbieren sich gegenseitig.

$$\vec{C} = \vec{A} + 2 \cdot \overrightarrow{AM} = \begin{pmatrix} 5 \\ -4 \\ 0 \end{pmatrix} + 2 \cdot \left[ \begin{pmatrix} 2,5 \\ 0 \\ 2 \end{pmatrix} - \begin{pmatrix} 5 \\ -4 \\ 0 \end{pmatrix} \right] = \begin{pmatrix} 5 \\ -4 \\ 0 \end{pmatrix} + 2 \cdot \begin{pmatrix} -2,5 \\ 4 \\ 2 \end{pmatrix} = \begin{pmatrix} 0 \\ 4 \\ 4 \end{pmatrix}$$

*oder:*

$$\vec{C} = \vec{M} + \overrightarrow{AM} = \begin{pmatrix} 2,5 \\ 0 \\ 2 \end{pmatrix} + \left[ \begin{pmatrix} 2,5 \\ 0 \\ 2 \end{pmatrix} - \begin{pmatrix} 5 \\ -4 \\ 0 \end{pmatrix} \right] = \begin{pmatrix} 2,5 \\ 0 \\ 2 \end{pmatrix} + \begin{pmatrix} -2,5 \\ 4 \\ 2 \end{pmatrix} = \begin{pmatrix} 0 \\ 4 \\ 4 \end{pmatrix}$$

$\Rightarrow$ C(0 | 4 | 4)

Die Ebene E verläuft durch die drei Punkte A, B und M. Damit spannen die Vektoren $\overrightarrow{AB}$ und $\overrightarrow{AM}$ die Ebene auf.

$$\overrightarrow{AB} = \begin{pmatrix} 5 \\ 4 \\ 0 \end{pmatrix} - \begin{pmatrix} 5 \\ -4 \\ 0 \end{pmatrix} = \begin{pmatrix} 0 \\ 8 \\ 0 \end{pmatrix}$$

$$\overrightarrow{AM} = \begin{pmatrix} 2,5 \\ 0 \\ 2 \end{pmatrix} - \begin{pmatrix} 5 \\ -4 \\ 0 \end{pmatrix} = \begin{pmatrix} -2,5 \\ 4 \\ 2 \end{pmatrix}$$

*Anmerkung:* Sie können statt $\overrightarrow{AM}$ auch $\overrightarrow{AC}$ benutzen, arbeiten dann aber mit den Koordinaten eines nicht gegebenen Punkts.

$$\vec{n}_E = \begin{pmatrix} 0 \\ 8 \\ 0 \end{pmatrix} \times \begin{pmatrix} -2,5 \\ 4 \\ 2 \end{pmatrix} = \begin{pmatrix} 16-0 \\ 0-0 \\ 0+20 \end{pmatrix} = \begin{pmatrix} 16 \\ 0 \\ 20 \end{pmatrix} = 4 \cdot \begin{pmatrix} 4 \\ 0 \\ 5 \end{pmatrix}$$

E: $\quad \begin{pmatrix} 4 \\ 0 \\ 5 \end{pmatrix} \circ \left[ \vec{X} - \begin{pmatrix} 5 \\ -4 \\ 0 \end{pmatrix} \right] = 0$

$$4x_1 + 5x_3 - (20 - 0 + 0) = 0$$
$$4x_1 + 5x_3 - 20 = 0$$

b) Der Winkel $\alpha$, den E mit der $x_1$-$x_2$-Ebene ($x_3 = 0$) einschließt, entspricht dem Winkel zwischen den Normalenvektoren der beiden Ebenen.

$$\cos \alpha = \left| \frac{\begin{pmatrix} 4 \\ 0 \\ 5 \end{pmatrix} \circ \begin{pmatrix} 0 \\ 0 \\ 1 \end{pmatrix}}{\sqrt{4^2 + 0^2 + 5^2} \cdot \sqrt{0^2 + 0^2 + 1^2}} \right| = \left| \frac{0+0+5}{\sqrt{41} \cdot \sqrt{1}} \right| = \frac{5}{\sqrt{41}} \quad \Rightarrow \quad \alpha \approx 38,7°$$

Die Sonnenuhr wurde für den Breitengrad $\varphi \approx 90° - 38,7° = 51,3°$ gebaut.

c) $\overrightarrow{MS} = \begin{pmatrix} 4,5 \\ 0 \\ 4,5 \end{pmatrix} - \begin{pmatrix} 2,5 \\ 0 \\ 2 \end{pmatrix} = \begin{pmatrix} 2 \\ 0 \\ 2,5 \end{pmatrix} = \frac{1}{2} \cdot \begin{pmatrix} 4 \\ 0 \\ 5 \end{pmatrix} = \frac{1}{2} \cdot \vec{n}_E$

$\overrightarrow{MS}$ ist somit parallel zum Normalenvektor der Ebene E, steht also auf der Ebene E senkrecht.

$|\overrightarrow{MS}| = \left| \begin{pmatrix} 2 \\ 0 \\ 2,5 \end{pmatrix} \right| = \sqrt{2^2 + 0^2 + 2,5^2} = \sqrt{10,25} \approx 3,2$

Aufgrund des vorgegebenen Maßstabs („eine Längeneinheit im KOSY entspricht 10 cm in der Realität") besitzt der Polstab eine Länge von etwa 32 cm.

d) Der Sonnenstrahl durch die Polstabspitze S lässt sich darstellen durch die Gerade:

s: $\vec{X} = \vec{S} + \lambda \cdot \vec{u} = \begin{pmatrix} 4,5 \\ 0 \\ 4,5 \end{pmatrix} + \lambda \cdot \begin{pmatrix} 6 \\ 6 \\ -13 \end{pmatrix}$ mit $\lambda \in \mathbb{R}$

Der Schatten S* der Polstabspitze S ergibt sich durch den Schnittpunkt von s mit E:

$4 \cdot (4,5 + 6\lambda) + 5 \cdot (4,5 - 13\lambda) - 20 = 0$
$18 + 24\lambda + 22,5 - 65\lambda - 20 = 0$
$-41\lambda + 20,5 = 0$
$\lambda = 0,5$

$\overrightarrow{S^*} = \begin{pmatrix} 4,5 \\ 0 \\ 4,5 \end{pmatrix} + 0,5 \cdot \begin{pmatrix} 6 \\ 6 \\ -13 \end{pmatrix} = \begin{pmatrix} 7,5 \\ 3 \\ -2 \end{pmatrix}$ $\Rightarrow$ S*(7,5 | 3 | −2)

Da sowohl für A als auch für B gilt $x_3 = 0$, liegt die Grundplatte auf der $x_1$-$x_2$-Ebene auf (die Punkte der Grundplatte haben also für $x_3$ stets einen positiven Wert, vgl. Abb. 2). Für S* gilt jedoch $x_3 = -2$; der Punkt liegt also unterhalb der $x_1$-$x_2$-Ebene und damit außerhalb der Grundplatte.

e) N sei der Mittelpunkt der Kante [AB].

$\vec{N} = \frac{1}{2} \cdot (\vec{A} + \vec{B}) = \frac{1}{2} \cdot \left( \begin{pmatrix} 5 \\ -4 \\ 0 \end{pmatrix} + \begin{pmatrix} 5 \\ 4 \\ 0 \end{pmatrix} \right) = \begin{pmatrix} 5 \\ 0 \\ 0 \end{pmatrix}$ $\Rightarrow$ N(5 | 0 | 0)

N liegt auf der $x_1$-Achse und hat die $x_2$-Koordinate 0.
Da außerdem für den Mittelpunkt von [BC] gilt $x_2 = x_B = 4$ und für den Mittelpunkt von [AD] gilt $x_2 = x_A = -4$, besitzen die Schatten der Spitze S aus dem Zeitraum vor 12 Uhr eine positive $x_2$-Koordinate, die Schatten der Spitze S aus dem Zeitraum nach 12 Uhr eine negative $x_2$-Koordinate.
Da die $x_2$-Koordinate von S* ($x_2 = 3$) positiv ist, liegt $t_0$ also vor 12 Uhr.

*oder:*

Vergleicht man die $x_2$-Koordinaten von N und S*, so ist die $x_2$-Koordinate von S* ($x_2=3$) größer als die von N ($x_2=0$). Wandert die Sonne von 6 Uhr ($x_2=x_B=4$) nach 12 Uhr ($x_2=x_N=0$), so erreichen die Schatten der Spitze S den Punkt S* vor dem Punkt N. $t_0$ liegt also vor 12 Uhr.

# Notizen

Liebe Kundin, lieber Kunde,

der STARK Verlag hat das Ziel, Sie effektiv beim Lernen zu unterstützen. In welchem Maße uns dies gelingt, wissen Sie am besten. Deshalb bitten wir Sie, uns Ihre Meinung zu den STARK-Produkten in dieser Umfrage mitzuteilen:

## www.stark-verlag.de/feedback

Als Dankeschön verlosen wir einmal jährlich, zum 31. Juli, unter allen Teilnehmern ein aktuelles Samsung-Tablet. Für nähere Informationen und die Teilnahmebedingungen folgen Sie dem Internetlink.

Herzlichen Dank!

**Haben Sie weitere Fragen an uns?**
Sie erreichen uns telefonisch **0180 3 179000**\*
per E-Mail **info@stark-verlag.de**
oder im Internet unter **www.stark-verlag.de**

Lernen • Wissen • Zukunft
**STARK**

\*9 Cent pro Min. aus dem deutschen Festnetz, Mobilfunk bis 42 Cent pro Min. Aus dem Mobilfunknetz wählen Sie die Festnetznummer: **08167 9573-0**

# Erfolgreich durchs Abitur mit den **STARK** Reihen

**Abiturprüfung**

Anhand von Original-Aufgaben die Prüfungssituation trainieren. Schülergerechte Lösungen helfen bei der Leistungskontrolle.

**Abitur-Training**

Prüfungsrelevantes Wissen schülergerecht präsentiert. Übungsaufgaben mit Lösungen sichern den Lernerfolg.

**Klausuren**

Durch gezieltes Klausurentraining die Grundlagen schaffen für eine gute Abinote.

**Kompakt-Wissen**

Kompakte Darstellung des prüfungsrelevanten Wissens zum schnellen Nachschlagen und Wiederholen.

**Interpretationen**

Perfekte Hilfe beim Verständnis literarischer Werke.

**Und vieles mehr auf www.stark-verlag.de**